湖文湘化

关于文化产业的系列深度思考

湖南科学技术出版社

国家一级出版社 全国百佳图书出版单位

花建——编著

我认识的花建先生

　　21世纪初，"湖南文化现象"——精准表述应为湖南文化产业异军突起的发展现象，悄然而兴，声名鹊起，引起业界、学界广泛关注。赞美之声、质疑之言，热度不减。而湖南文化产业就在不断争议声中持续改革创新，走到今天。

　　在众多关心湖南文化的观察者、研究者之中，花建先生是较为特别的一位。他是全国文化产业研究领域知名的学者，多年来一直致力于文化产业新技术、新业态、新模式的研究，推出了一大批质量较高、针对性较强的理论与应用对策研究成果，获得政、产、学、研各界的一致好评。他的学术职称为研究员，也是大学教授，大家都习惯称之为花教授。花教授身居上海，目及湖南，二十多年来，对湖南文化现象的关注与研究绵绵用力、新见连出，调研与理论成果累积为这部著述。

　　花建教授非常关心和关注湖南文化创意产业的改革发展。首先，他敏锐发现了当时湖南经济文化不平衡发展现象，即文化产业的比重、质量、规模、品牌等因素超出了与经济同步的关系。其次，他深入探究其中一些规律性的东西，尤其是人才与创意所产生的推动作用。其三，他重视宏大叙事之下的个案研究，给文化市场主体以理论指导。其四，他注重文化市场中要素配置对文化与金融、文化与科技、中华文化走出去等相关的趋势，做了精准的前瞻性判断。最后一点，他的研究蕴含一种文化的质感，带有一些文学的气息，用这样的文字形成的文论，更可读、更容易被接受。

因为共同的文化使命，我与花建教授的友谊因此结缘，延续至今。我们第一次见面的情景仿佛就在昨天，他带一个团队入湘，为电视专题片《奔腾的长江》采访选点，交流之中，我第一次领悟到湖南与长江、与大上海的关系。

2005 年前后，花建教授以文化产业专家身份再次应邀入湘。对湖南文化产业系统调研，给省委决策起草了一份颇有分量的意见书。那次，他在湘停留了二十多天，连续的湘菜尤其是湘辣热情，让他有些"吃不消"。我们四处打听，总算在长沙市内找到了一家沪菜，让其一解乡思，颇为快意。后来，意见书得到省委主要领导高度评价，作了长篇批示。后来，他成了湖南文化产业界的老熟人，经常以专家的身份参加湖南文化的论坛、企业的现场、高校的课堂，紧紧联系湖南实践而又高人一筹、深入一层的真知灼见，让湖南同仁解惑解渴。

自然而然，湖南也有了对上海的学习、回访。他热心带我们参观任职单位——上海社会科学院，那年代久远的洋楼，曾是圣约翰大学的旧址。还有田子坊、八号桥……海派文化产业新地标，新异的差别引发我们对接的期望，虽有"不好学"的外部条件，还有"也能学"的内在规律。

2007 年，湖南省政府举办沪洽周期间，湖南省和上海市共同举办了一次高规格的文化论坛，我与花建教授商量，起草并发布了《沪湘文化合作上海宣言》：

"我们，来自上海和湖南的文化产业企业家和专家，2008 年 6 月聚会于大江和大洋交汇的上海，就全球文化产业的趋势和沪湘文化产业的合作，进行了深入的探讨，形成了以下的共识。

"沪湘文化产业是中国文化产业的重要代表……沪湘文化产业的合作，注重提升自主创新的能力……沪湘文化产业的联合，关键在于抓住历史机遇，建立有效的机制……

"沪湘文化产业具有江海相通、文化同根、产业互补的深厚联系，也有把握先机、壮大实力、走向世界的共同愿景。双方的合作将如澎湃的春潮一样势不可挡。让我们驾起扬子江的万里波涛，迎着太平洋的浩瀚长风，为中国文化产业的发展做出更大的贡献。"

最近找出这篇尘封的文稿，重读一遍，仍可感触其中理想与激情的余温。

我认识的花建教授，是一位学人，带着那个特别"学园"的印记，有一份证据说一份话，不夸大其辞，不作惊人之语；是一位专家，对当代文化创意产业前沿、发展、现状、趋势、经验、教训，可比较可借鉴的案例，了如指掌，如数家珍；还是一位朋友，总是谦以待人，诚以待人，君子之道，让人如沐春风。

在中华文化发展进入新时期，中国式现代化提出了新的文化使命。花建先生系统整理关于湖南文化发展脉络，其中那些可宝贵的经验、可汲取的教训、不可懈怠的使命，无疑是很有意义的工作。为此，再次向花建教授致敬。

蒋祖烜

2023 年金秋于星城

目录

第一篇

文化湖湘，产业之光

第一章
关于湖南文化产业体制改革、机制创新的对策建议

一、湖南的独特优势

1. 湖湘文化的资源

任何一个地区发展文化产业，都是从既有的资源条件入手。文化产业作为一种知识型、创意性的现代产业，需要多样化的资源条件，并且形成一个由下而上的层次建构。它包括：①无机层面上的气候环境、地理类型的多样性汇聚，如地壳、地貌、地质的构成与运动等；②有机层上面的生物环境，即由以上物理环境带来的有机层面的生物资源，如植物、动物、生态环境、气候条件等；③历史层面上的文化积累，即在以上物理和生物环境基础上的社会积累，包括民族文化、人文资源的传承；④社会层面上的人文环境，即由制度、政策、资金、人力、物力等构成的文化创造和文化生产环境。

由于自然、历史和现实的多种因素作用，湖湘文化形成了一系列得天独厚的资源：①丰富多样的民俗风情——湖南地理风貌复杂而奇特，从富饶的潇湘流域到京广线沿线的民俗风情，从崛起的长株潭城市群到大湘西的秀丽山水，孕育了多民族"和而不同"的民俗风情；②心忧天下的人文情怀——"先天下之忧而忧，后天下之乐而乐"的价值观念和人文精神在湖湘文化中占有核心地位，与 21 世纪中国建设和谐社会、和谐亚洲，推动共建共享的价值观念深刻契合；③深厚积累的国学文脉——从诸子百家、程朱理学到岳麓书院，中国历史的人文精神在这里获得绵绵不绝的传承，恰与当今国际对中国文化

的关注形成呼应；④革命爱国的红色遗产——从中国跨入近代史以来，湖南屡屡成为民主革命、爱国救亡之社会潮流的策源地之一，绵绵不绝的爱国主义、英雄主义情怀至今还是中华崛起的精神力量；⑤历史名人的人格启迪——从柳宗元到曾国藩，从毛泽东到彭德怀，一代代湖湘籍名人使湖湘文化获得了一种人格化的凸显，并且以巨大的知名度和感召力扩大了湖湘文化的影响。在一个省份中，集中了这样丰富而厚重的文化资源之金矿，在海内外实属罕见，它赋予湖南文化产业重要而独特的发展基础。

2. 内源的创新动力

湖南作为内陆省份，既不靠海，又不靠边，既不享受特区政策，又不是全国文化体制改革的试点地区，不能够采用试点单位的先行政策。湖南的总体经济实力相对不强，经济国际化程度相对不高，2005年全省GDP总量6473.61亿元，人均GDP10366元，在中部6省中排行第4位，低于全国平均水平，本土文化消费市场容量有限。从这些条件来看，湖南不具有明显的现代文化产业发展优势。但是，从1996年以来，湖南文化产业获得了长足的发展，2005年全省文化产业增加值达到271.08亿元，就经济贡献值而言在中部6省排行第2位；湖南文化产业占全省GDP总量的4.2%，就经济比重而言在中部6省中排第1位。

湖南人的文化精神成为湖南文化产业发展的关键动力。历史悠久的湖湘文化精神在世纪之交激荡起湖南人开发文化产业的热情。这些热情一旦有了政策和体制的鼓励，就会转化成为强大的物质生产力。那就是：①身无分文，心忧天下；②勇于斗争，敢为天下之先；③实事求是，经世致用。湖南文化产业的许多大举措，在中国文化产业的全局中，都具有理念上、体制上、方法上的突破性意义，一旦实施，就产生了巨大的冲击波。例如，湖南打造了中国广电产业上市公司第一股，掀起"选秀"冲击波，形成省级广电、省级出版、省级报刊、动漫产业、歌厅文化等五大产业板块，打造著名品牌（如"超女""蓝猫""虹猫""三湘都市报""田汉大剧院"等），开发热点行业（长沙歌厅等），形成了以创新、创意、创造为主的基本特征，奠定了湖南作为中国文化产业生力军的地位。

湖南人始终发扬"领先一步"的敢闯敢干精神，成为中国解放文化生产力的"火车头"。中国在计划经济体制下形成的文化体制，不能适应改革开放时代对文化建设的需求，也远远不能适应现代文化产业自身的发展要求。而这一个漫长的改革过程，会通过一系列相互交合的改革阶段来展开。前一个阶段的改革成果，又会成为下一阶段的改革对象，如此循环，不断提升。因此，湖南文化产业从来不故步自封，从不停留在一个水平上，而是不断破解当下面对的挑战和难题，同时又瞄准下一阶段的机遇，居安思危，敢于争先。这启发我们：文化产业是一种经济现象，又不同于一般的制造业和工商业，而是一种特殊的文化生产。它体现了一个国家和地区，在人文精神和创新活力、产业体系和市场体系、优秀人才与企业培育等方面所达到的综合高度。它所反映的深刻规律是：文化生产与物质生产既相互联系，又具有一定的不均衡性，文化生产在一定条件下有可能实现跨越式增长。正如恩格斯所说："经济上落后的国家在哲学上仍然能够演奏第一提琴。"①

3. 宽松扶持的环境

湖南省党政领导在推动文化产业的发展中，坚持放开、放权、放心的领导和管理思路，始终以鼓劲、扶持、态势、发展为主导，而非以限制、处罚、禁止、推卸为主导。这为湖南发展文化产业创造了良好的环境，形成了以国有文化产业集团为主导，国有、民营、合资企业共为主体，以丰富独特的地理人文资源为依托，以名人、名事、名地、名牌为标志，以省会和市州县及乡镇相呼应，以旅游产业等多个领域为延伸的文化产业大格局。

从1996年以来，湖南文化产业始终把体制改革和机制创新作为攻坚破隘的利器。1996—2000年，湖南以市场引导为主，鼓励各单位引入竞争机制，实行劳动、人事和分配制度的改革，特别是以湖南广电的改革和电广传媒的上市，突破了广电行业难以上市的禁区，拉开了全国广电行业融资体制改革的序幕。随后，湖南以政府推动为主，在省委省政府"发展文化产业，建设文化强省"战略的引导下，通过理顺管理、整合资源、组建集团，促进体制机制创新。如果没有这样宽松的环境，湖南文化产业要呈现如此辉煌的成果，是不可想象的。

从湖南文化产业集群的角度看，"电视湘军""出版湘军""动漫湘军"迅速崛起，引起全国的震动。海内外学者评论：电视湘军所培育的"超女"品牌，

① 《马克思恩格斯全集》第37卷。

吸引了成千上万热情的"粉丝"，其意义远远超过了一般娱乐节目——中国新一代青少年亚文化＋多元投资＋现代媒体，形成了三元驱动、聚合引爆的强大动力。因此，文化产业的一个本质动力是人的精神创造，而精神创造只有在一个宽松、愉快、自由的环境中才能形成，主流文化不应该排斥多元文化，而是要积极引导多元文化，并且在与多元文化的和谐并存中，相互借鉴，壮大主流文化的吸引力和影响力。文化消费的一个本质特点，则是人的精神创造和休闲体验。随着中国经济的快速增长以及和谐社会的发展，中国必将进入一个休闲经济时代，而湖南恰恰领风气之先，揭示了一个潜力巨大的娱乐消费市场。

二、面对的矛盾和挑战

面对湖南文化产业生机勃勃的局面，我们必须看到其进一步发展所面临的重大挑战。

1. 经济和文化的不平衡

湖南文化产业的快速发展影响了全国，但是湖南作为内陆的农业大省，总体的经济发展和城市化水平不高。2005 年湖南省城市化水平为 37%，相当于全国平均水平[①]。它对文化产业发展的制约突出表现在三个方面：①企业群体发育不够，缺少市场主体；②城市化和市场体系发育不够，缺少多层次的消费内需；③制度建设不够，缺少良好的促进机制。我们在张家界、湘西、永州、衡阳等地考察时，一个强烈的感受是文化产业的企业数量少，规模小，有的城市很难找出几个年产值 1000 万元以上的文化产业企业，而且少有境外资本进入文化产业领域的成功合作案例。这并非个别现象，而是与湖南整体的经济发展水平密切相关。

根据 2005 年全国经济普查反映的中国各地区每 1000 人平均企业数量，上海 12.4 个，北京 9.32 个，天津 5.7 个，浙江 5.4 个，江苏 3.7 个，广东 3.3 个，湖南约为 2 个。一般来说，每 1000 人平均企业和民营企业数量比较多的地方，是经济比较发达、创业条件比较好、能够大幅吸引投资和劳动力的地方，反之，

---

① 《潇湘晨报》，《以城市化推动工业化》2006 年 11 月 8 日。

则是难以吸引投资、向外挤出劳动力的地方①。再从各地企业法人和个体工商户增长的情况看，2005 年全国内资企业比 2004 年减少了 30.1 万户，下降 7.9%，其中各省市情况不同，而湖南的实有内资企业数量比 2004 年减少了 15.3%，下降幅度是全国平均下降幅度的 2 倍②。这从侧面说明，湖南的创业环境不理想，创业准入的门槛高、环节多，政府各部门的乱收费现象和罚款比较多，企业用于对付行政审批、执法和融资的灰色和黑色成本比较高。这明显损害了企业投资和发展的积极性，导致内资企业总数不是在增加而是在减少。对比之下，上海、浙江、江苏、广东文化产业企业的数量增加比较快，比如近 10 年来，广东印刷企业规模年增长率达到 15%，2005 年的企业数量达到 1.5 万家，就业人数约 60 万人，占全国印刷企业数量 10.5 万家的 1/7，企业数量的增长体现了产业实力的增长。文化产业的发展在一定阶段上可以领先于整个地区经济的发展，但是整体经济发展的滞后，又会影响到湖南文化产业的创业发展环境。

2. 改革和发展的不配套

20 世纪 90 年代中期开始，湖南文化产业以"电视湘军""出版湘军""动漫湘军"等为代表，走过了"改革引领发展"的阶段。以湖南广电为例，其大体经历过三个阶段，到 2005 年湖南广电影视集团的广告收入突破 11 亿元，加上其他收入，总收入 18 亿元，是 13 年前的 36 倍，取得了前所未有的成果。随着中国文化生产力的增长，文化产业体制和机制的进步进入到"发展推动改革"的新阶段，而且从宣传文化系统本身延伸到了金融、教育、工商、税务、城市规划等领域，要求更大范围的配套改革。这犹如一个稚气的儿童成长为花季少年之后，只有更大的活动空间和更高级的组织形态，才能释放他日益增长的活力。

文化产业最基本的四大资源包括：资本资源（大量的优良投资）、物力资源（基础设施、技术装备、数字化网络等）、信息资源（信息、知识、创意、版权等）、人力资源（决策领导型、专业技术型、经营管理型、技能操作型人才）。随着湖南对各类文化资源质量和数量的需求日益增长，而目前的体制和机制

---

① 周天勇：《鼓励创业和就业是实现社会公平的基础》，中国经济体制改革研究会，《中国改革论坛文集》，2006 年 11 月 4 日。

② 同上。

还远远不能满足。例如，本土培养、外部引进是培养文化产业人才的两大基本途径，文化产业中心城市的优势就在于丰富的人力资源供给，如纽约就集中了朱丽叶音乐学院、时尚工艺学院、纽约大学艺术学院、美国芭蕾学院、视觉设计学院、帕森设计学院（美国电视真人秀节目 "Project Runwey" [①] 和时尚设计电视秀的诞生地）、普瑞特设计学院等，每年培养出数千名优秀的文化艺术产业人才，形成了文化创意产业的源源后劲。而湖南少有专门培养文化产业人才的学院、综合实训基地、产学研一体化基地。"粮草不足，兵马何强"？湖南亟待教学体制与文化产业的配套改革。

产业的发展需要更有力的扶持政策。大量事实证明：许多文化产业的中小企业在创业和发展阶段缺少资金。文化创意产业的先进地区，必然是创业投资和金融服务非常发达的地区。例如，上海不但有市委宣传部主管的上海文化发展基金会、上海大剧院艺术发展基金会和上海东方艺术中心发展基金会等，也有相关的文化产业投资基金，开展了为文化科技类企业提供资金担保和风险投资的专业服务。但是湖南不少地方政府还缺少类似扶持新材料、先进制造、电子信息、生物医药、工程机械、钢铁有色等产业的有效投入，也缺乏专业化的文化产业投资基金和金融服务，特别是在边远市州，情况更为突出。比如一些有创意的动漫企业，因为缺乏资金，只能把创意卖给大公司，无法自主运营品牌。

这一方面是因为地方政府的扶持不够。如有些地方每年投入农业产业化的资金达 4000 万元以上，而对文化产业的投入却很少。在一些地市州，没有很好地落实鼓励社会资本进入文化产业领域的政策，如企业开展文化捐赠可以抵扣税的政策就难以落实等，亟待文化投融资机制的配套改革。另一方面，还缺乏多种形式的文化投资机构，也缺乏民营融资的有效形式，以破解中小企业缺乏资金的难题。

3. 省直与市州的不协调

湖南省是一个内陆大省，常住人口达到 6440 万人，土地面积 21 万平方公里，不但有交通便利的中心城市，而且有遍布全省的中小城市和广阔的农村。湖南文化产业需要发动全省各市州之力，也需要让全省人民共享文化发展的

---

① 美国一档高收视真人秀节目，被译为《天桥骄子》。

成果。因此，比较合理的省直和市州文化产业分工协作的布局应该是：省直建设文化研发的平台、文化生产的基地、文化市场的中心，而市州形成文化资源的宝库、文化市场的腹地、文化产业的多样主体和协作网络。

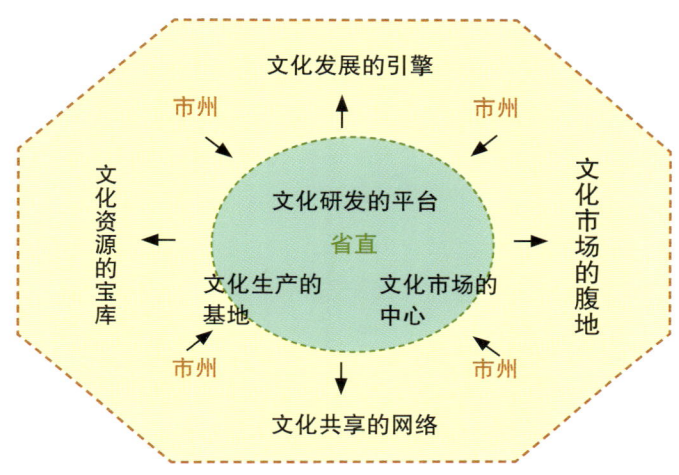

图 1-1　省直与市州文化产业分工协作示意图

所谓"文化研发的平台"，是指省直所拥有的投资、人才、技术和政策优势，可成为全省文化研发的平台；所谓"文化生产的基地"，是指省直可以形成文化生产的规模化优势，形成优良文化产业的集群；所谓"文化市场的中心"，是指省直可以成为各种产业要素和产品的市场化配置中心，加快各类要素的流通，对全省文化产业发挥良好的带动作用。

所谓"文化资源的宝库"，是指市州所蕴藏的丰富资源，得到很好的保护和逐步开发；"文化市场的腹地"，是指市州所拥有的巨大的人口，将随着消费能力的增强而成为市场的腹地；"文化共享的网络"，是指市州公共文化服务设施的建设，将便利各地的群众共享文化成果；"文化发展的引擎"，是指各市州共同投入，以加强文化建设的合力。

但是，目前省直和省会与市州文化产业发展的不协调现象比较突出。从总体上说，市州文化产业明显落后于省直。2005 年省直文化产业集团总资产达到 150 亿元，收入 78 亿元，在全省举足轻重。在 2004 年全省市州文化产业增加值的比重中，省会长沙占有压倒优势，占 54.8%，此外，岳阳占 9.2%，株洲占 6.1%，其余 12 个市州所占比重分别在 0.9%~4% 之间，形成了"一览众山小"的格局。这些市州蕴含着丰富的自然、历史、文物、民俗资源，如张家界的秀美山水、湘西的人文传统、永州女书的千古之谜、衡阳的抗战名城、岳阳的湖光山色等，皆闻名天下，但是由于历史形成的文化事业体制，加上经济欠发达，公共财政属于温饱财政，缺少对文化的投入。如 2005 年长沙文化事业经费的实际支出为 21864 万元，而湘潭、邵阳、岳阳、张家界、益阳、永州、娄底等市州文化事业经费的实际支出分别在 2300 万元以下，相差约 9 倍到 10 倍。永州有的文化单位 10~20 年没有进一个新人，缺少文化科技、经营管理、创意设计、网络服务等新型文化产业人才；一些地方的国有文化单位，基本没有资金用来投资产业和拓展业务，被称为"有钱养兵，无钱打仗"，在管理方面还处在 20 世纪 90 年代初的发展水平，"干好干坏一个样，干与不干一个样"的弊端，其文化生产力的效率比较低。

因此，湖南进一步发展文化产业要从全省的大格局着眼，不但要依托市场"看不见的手"，还要发挥政府"看得见的手"，在对省直和省会文化产业扶强扶大的同时，还要双管齐下地扶持市州文化产业的发展。要从基本的文化用人体制、财政拨款体制、绩效考核体制改革入手，扩大投资、政策拉动、盘活资源、改革解套，加强文化基础设施建设，确定政府对文化投入的比例，改革国有文化单位的用人机制，形成面向市场的运行机制，同时在各市州移植省直的经验，放手、放心、放权，大力扶持民营文化企业，通过招商引资和招商引智，吸引更多的投资者、建设者和经营者进入市州的文化产业领域，让广阔的湖湘大地激荡起文化产业的澎湃春潮。

三、存在的主要弱点

1. 劳动生产率相对低下

经过 20 世纪 90 年代以来的改革与发展，湖南文化产业在全国名声扩大，影响广泛，"湖南经验""湖南模式"成为许多媒体争相报道的热点名词。但是，从人均劳动生产率和产业核心竞争力的意义看，湖南的优势实际上并不明显。

2005 年湖南省文化产业实现增加值 271.08 亿元，占湖南省 GDP 总量的的比重为 4.2%，但是文化产业从业人员人均创造增加值仅为 34538 元，略低于 2004 年全国平均水平，约为上海文化产业从业人员人均创造增加值的

28.6%，为香港创意产业从业人员人均创造增加值的 11.2%。即使剔除统计口径不完全一致等原因，湖南文化产业从业人员所创造的增加值也明显低于上海和香港，而处在一个比较低的劳动生产率水平上。这说明湖南文化产业从业人员不少，但是人均创造的财富不多，劳动生产率不高，而人均劳动生产率等是代表一个地区文化产业核心竞争力的重要指标，低文化劳动生产率意味着湖南文化产业的经营管理尚未达到国内外的先进水平。

表 1-1　湖南与全国及有关省市文化产业劳动生产率的对比

文化产业劳动	全国	湖南	上海	香港
文化产业实现增加值	3440 亿元	271.08 亿元	509.23 亿元	461 亿港元
从业人员	9960000 人	828100 人	444500 人	153190 人
人均创造增加值	34538 元	32700 元	114500 元	307467 港元
备注	2004 年数据①	2005 年数据②	2005 年数据③	2001 年数据④

　　湖南文化产业人均效益的低下与劳动力素质的相对低下、管理的粗放和产业增长方式的滞后，具有很大的关系。通过深入的研究可以发现：湖南发展文化产业，不能简单地走民俗、历史和自然的资源型、粗放型的开发道路，不要以为某个地方有独特的风貌和遗产，就可以大兴土木来搞文化产业开发；更不能简单地依赖于增加投资、扩大规模来提升效率，而是针对国内外市场的需求，通过提升产业结构，特别是发展科技含量高、创意含量高、商业附

　　① 2006 年 5 月 19 日，在深圳举行的"第二届文化发展战略论坛"上，国家统计局首次发布了根据经济普查的基础数据重新测算的我国文化产业统计数据。2004 年，我国文化产业实现增加值 3440 亿元，占 GDP 总量的 2.15%；从业人员 996 万人（其中个体从业人员 89 万人），人均创造增加值 34538 元。

　　② 湖南省统计局：《湖南文化及相关产业统计概况 2005—2006》。

　　③ 参看《中国经济时报》2006 年 9 月 28 日和上海市统计局等：《上海文化统计概览 2006 年》。

　　④ 香港特区政府中策组委托顾问报告《香港创意产业基线研究 2003 年》，以后未正式公布 2004 年和 2005 年的数据。

加值高、市场前景广阔的重点产业，持续研究开发一批先导型、规模化的优秀文化产品和服务，在国内外市场上不断扩大占有率，同时通过培训提高劳动力素质，建立现代企业制度和提升经营管理水平，以形成可持续发展的强大动能。

2. 开发能力亟待提升

湖南拥有极为丰富的自然地理、历史遗产、名人名城、民俗艺术等资源，从岳麓书院到永州女书，从湘西名人和魅力凤凰到衡阳南岳和抗日名城，如此丰富多彩且集中在一个省的领域内，可谓难能可贵。但是，湖南缺少将资源开发成为既有文化和科技内容，又有市场扩散效应的文化产品的能力，而且近年来有表面化、浅薄化的倾向。比如湖南的某些广电、娱乐产品和服务项目，近年来遭到有关部门管制的"阻击"。如果撇开外部原因，从湖南文化产业本身来看，可以发现湖南文化产业的产品开发能力不强，科技领先度不高，易于被人模仿和复制，存在表面化和浅薄化的弱点，尚不能进入更加广阔的国际市场。

在相对边远的地州，如张家界、湘西、娄底等，虽然出现了一些优良的文化品牌，如张家界的土家族老院子、张军声等的砂石画、魅力湘西大剧院、沈从文故居、李达故居、南岳抗日名城等人文景观，但是缺乏具有产业规模的核心产品。例如，在凤凰等地的街上，除了大同小异的姜糖，难以找到富有创意、附加值高、受市场欢迎的纪念品和特色产品，这些地州所吸引的旅游者数量很多，但所产生的经济效益不高。

从文化和旅游联动的角度看，湖南 2005 年接待国内游客 230 万人次，入境游客 34 万人次，旅游总收入 453.72 亿元人民币，国内来湘旅游者人均消费支出 592.65 元，其中购物占 20% 以下。而对比上海，同年接待国内游客 8500 万人次，入境游客 350 万人次，旅游总收入 1400 亿元，国内来沪旅游者人均消费支出 1500 多元，其中购物占 35%。再对比香港，2005 年入境旅游者达 2200 多万人次，人均消费支出 5000 港元，其中购物占 50.9%，旅游总收入 1100 多亿港元，高于美国入境游客的支出和购物比例。可见：经济文化越发达的地区，旅游者的支出越高，而且其中购物的比重越高，说明当地开发能力很强，各类商品和文化产品十分丰富。

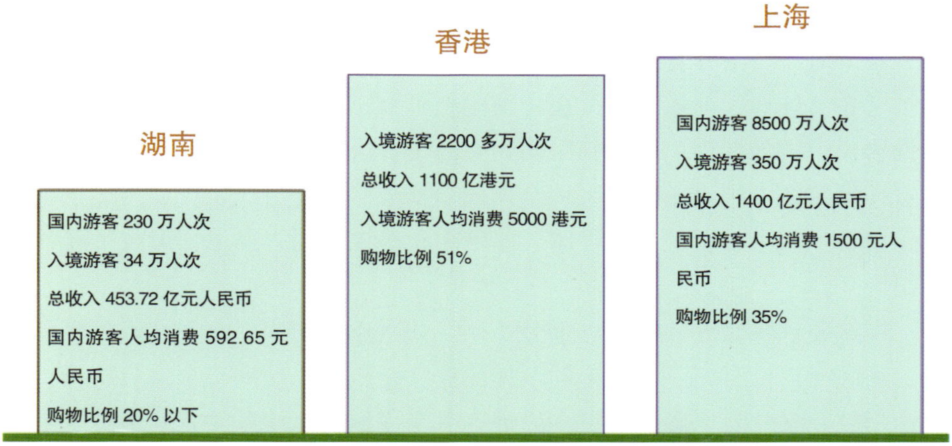

湖南

国内游客 230 万人次

入境游客 34 万人次

总收入 453.72 亿元人民币

国内游客人均消费 592.65 元
人民币

购物比例 20% 以下

香港

入境游客 2200 多万人次

总收入 1100 亿港元

入境游客人均消费 5000 港元

购物比例 51%

上海

国内游客 8500 万人次

入境游客 350 万人次

总收入 1400 亿元人民币

国内游客人均消费 1500 元人
民币

购物比例 35%

图 1-2　湖南、香港、上海旅游产业数据对比示意图（2004 年）

究其原因，主要是湖南文化产业的创意人才和开发能力不足。大量的事实证明，对待文化资源的开发，有三种态度：①靠山吃山，守株待兔；②无中生有，移花接木；③优化组合，创意提升。湖南一些市州采取的是第一种态度，而对比之下，国内外文化产业的一些发达地区，虽然没有突出的自然资源和人文遗产，却强化了资源整合能力和创意开发能力，反而在产品开发方面形成了更强的竞争力。比如长三角地区的常州，虽有"龙城"之美称，却从来没有出土过恐龙的化石。但是常州率先建立了大型主题公园——中华恐龙园，又与湖南的宏梦卡通公司合作拍摄恐龙题材的动画片，打出了"中国恐龙之乡"的品牌。可见"资源＋创意＝财富"，是文化产业的一个竞争利器。

3. 产业链条有待组合

一个地区文化产业的最佳生态格局，应该是一个上下游衔接、左中右联动，以及投资商、开发商、经营商、销售商、演出商、服务商各得其所、相互配套的网络，这样才能降低风险，联动市场，获得整体效益的最大化。特别是在知识经济、休闲经济、娱乐经济、创意经济等新兴经济形态不断涌现的情况下，"生活娱乐化，娱乐生活化"已经成为一种生活常态，有时文化内容的上游开发不赚钱，但是通过产业链的延伸，可以为下游带来滚滚财源。

对比之下，湖南文化产业开始出现整合开发的良好势头，比如张家界政府与宏梦卡通合作，推动动漫产业与旅游产业联合，打造中国第一部中华传统武侠卡通连续剧《虹猫蓝兔七侠传》；又比如"超女"在 2006 年系统地推出了"超女娃娃"卡通形象，在全国建立了数百家特许专卖店，实现了较大的销售额；再如湖南广电"快乐购物有限责任公司"，突破了零散录播、广告宣传的传统电视直销，而采用全国同步播放，聚合有线电视、卫星电视、数字电视、网络、型录、新媒体、体验中心等多种销售渠道，形成了新的媒体销售平台。

但这还仅仅是开始，在大部分市州，如岳阳、衡阳、永州、张家界、湘西、娄底等，虽有亮点如岳阳的汇泽商业文化广场、株洲千金文化广场、衡阳南岳抗日文化景区等，而更多的地方只是零散的点状开发，其整体水平还相对滞后。尤其湖南明显缺乏文化创意＋休闲娱乐＋房地产、文化节庆＋美术馆＋娱乐休闲旅游＋大型生态社区、动漫开发＋电视频道＋大型综合商厦、文化内容＋多种媒体综合网络等新型的产业形态，没有形成全面的整合经营规划，缺少精细的测算，缺乏延伸产品与连锁经营，缺乏资本、品牌、营销网络的战略合作伙伴，缺乏贴牌、定牌生产。而越是缺少产业链条，开发的成本就越高，市场的风险就越大，政府和企业越不敢投入，以致"独木不成林，独环不成链"，湖南文化产业越难以形成完整的产业链条。

4. 市场空间急需扩大

文化产业的生存空间是市场，如果市场被别人抢占了，湖南文化产业就失去了最重要的资源。地方行政体制对市场的分割以及部分中央政府直属机构对一些文化资源的高度垄断，造成湖南文化产业发展的空间不足。最典型的就是 2005 年之前湖南"超女"是一枝独秀，而 2006 年以后其他省市的竞争对手以"好男儿""我型我秀"等，展开天空争夺战，挤压了湖南文化产业的市场空间。一些外地政府欢迎湖南的民营资本去投资，却不愿意国营的湖南文化产业集团去发展。

由此看到：一个地区文化产业的壮大，必然需要突破本地市场的限制。仅靠本地人的文化消费能力，也只是一个浅浅的池塘，无法浮起文化产业的巨轮。政府要做的最重要工作之一，就是想方设法扩大文化市场容量。这些工作在湖南或是空白，或刚刚起步，亟待与海内外的文化产业集团形成战略合作伙伴关系，通过资源互换和共享、共同开发新产品、互为市场代理等，进入有待开发的市场空白点。比如上海广电与著名国际机构合作，迅速形成"第一财经"电视、广播、网站、平面媒体群等，就是一个值得借鉴的案例。

要加快建立艺术品、设计、印刷、版权、创意数码、影视节目等的交易博览会，形成活跃的文化产业要素交易市场，成为吸引海内外商家的权威交易平台。例如，法兰克福书展（Frankfurt Book Fair），号称国际图书展之王，外国参展商的比例高达 60%，是国际上著名出版公司、发行和销售商的必争之地。比如每年推出 8000 种出版物的兰登书屋（总部在纽约），每年有 160 多种出版物跻身于《纽约时报》畅销书排行榜，而这些畅销书事先大多在法兰克福书展亮过相。

要通过市场细分，打破原有的市场分类方法，倡导新的文化消费理念，避免与其他竞争者发生面对面的碰撞；努力发现过去未注意的市场空白点，跃入广阔的"蓝海"。这不但需要"创意"和"寻找"，而且需要"鼓动"和"培育"。可见把引进来和走出去相结合，是湖南文化产业有待突破的一大课题。

5. 创业环境有待优化

大量事实说明：要培育文化产业之花，仅仅有全国统一的扶持政策是不够的。因为市场竞争从来就是不平等的，发达地区的区位、资金、管理、人力资源、基础设施等，在相同的政策条件下，会形成明显的竞争优势，而欠发达地区的企业和人才会逐渐流向发达地区。最近，湖南本来数量就不多的动漫画人才，有许多被吸引到长三角、珠三角和其他发达地区，这就是一个严重的警示信号。通过分析可以发现：长三角地区的常州、苏州、无锡等地原来没有动画产业的基础，但是仅仅几年时间，已经快速崛起。常州的动画产业历史虽短，却有扶持创业的肥沃土壤，它是全国经济最发达的中等城市之一以及全国著名的轻纺城和玩具城，其中全国排名前十位的卡通玩具制造企业，有三家都在常州，具备了动画衍生产品等开发的产业基础。相比之下，湖南文化产业的扶持机制尚有许多缺门：

缺少政府、企业、非政府（NGO）和非盈利组织（NPO）的三元合力，除了政府的金字塔形文化管理体系以外，非政府的文化组织和机构很少，少有文化发展促进中心、文化基金会、文化行业协会、文化社团、中介机构等。在市州这一级，非政府的文化组织和机构更是寥寥无几，企业所需要的各种服务，如人力资源、版权保护、集资融资、市场调研、园区开发等，在当地难以满足。这相当于是花园里缺少了穿针引线的蜜蜂和蝴蝶，提高了企业经营的成本，降低了企业创业的成功率。

缺少战略投资者和发达的文化投融资机制，缺少政府主导的文化产业投资基金，也缺少利用证券、债券、期货、拍卖、艺术品抵押等多种方式扩大融资的机制，这造成难以通过金融工具把稀缺的资源配置到效率最高、最有发展潜力的文化产业领域。亟待通过多渠道吸引民营资金、外资及社会资金参与，为文化创意类企业提供更多资金担保和风险投资的引导服务，为湖南文化产业提供投资的强大动能。

缺少培育文化产业企业的专业服务平台。一般来说，中小微企业在创业初期，在资金、器材、技术、场所、产品研发、市场营销等方面，都面临许多困难。而在互联网背景下，专业化的服务平台已经成为集聚资源、扩大流通、推广品牌、供需对接的重要枢纽，成为培育强大文化产业的生态要素。因此，伦敦先后成立"创意伦敦"作为扶持创意产业专门机构，其任务之一就是提供物业、办公室、创意实验室，举办伦敦设计节、伦敦互动游戏节、伦敦电影节等。

缺少政府为文化产业服务的完善机制。政府应该确立优秀服务者、培育者、推介者的角色，帮助企业解决实际困难。世界银行通过对中国 120 个城市和 12400 家公司的调查后出台了《中国政府治理、投资环境与和谐社会：中国 120 个城市竞争力的提高》，发现虽然与产业有关的法律法规在全中国是基本相同的，但是地方政府的管理效率差别非常大。[1] 湖南所有城市中只有长沙和株洲两个城市入选，而湖南其他城市的排名都在 120 名以外，政府服务效率就更低了。世界银行发现在 120 个中国城市中：在排名前 10% 的城市中，企业缴纳的税费平均占企业销售收入的 3.1%，排名最后 10% 的城市相应为 6.9%，即越是欠发达城市，政府向企业征收的税费越高，政府和社会加给企业的负担越重；在排名前 10% 的城市，企业与政府机构打交道的时间平均为 36 天 / 年，排名最后的 10% 的城市为 87 天 / 年，即越是欠发达城市，政府的服务效率越差。排名前 10% 的城市进出口通关时间合计平均为 5.4 天，

---

① 《中国 100 个城市竞争力提升》，中国财政经济出版社，2007。

排名最后的 10% 的城市相应为 20.4 天，即最发达城市的政府服务效率是欠发达城市的 4 倍。可见：产业的可持续发展，要靠先进的体制和创业的沃土。在这方面，湖南文化产业体制和机制建设还有巨大的潜力可以挖掘。

四、应对的发展策略

1. 形成战略流程，培育龙头企业

湖南要大幅度提升文化生产力，不仅仅是要突破一个项目或者是一个企业，而是要树立战略流程的理念，追求系统性的提升。从整体上看，湖南文化目前只有板块的资源优势或者"点"的单位优势，而没有形成系统的优势和"面"的规模强势。要实现湖南文化产业从"点"的优势向系统优势的转化，必须实现一个历史的跨越。它要通过打造一套科学的流程，利用六大环节的组合来实现。

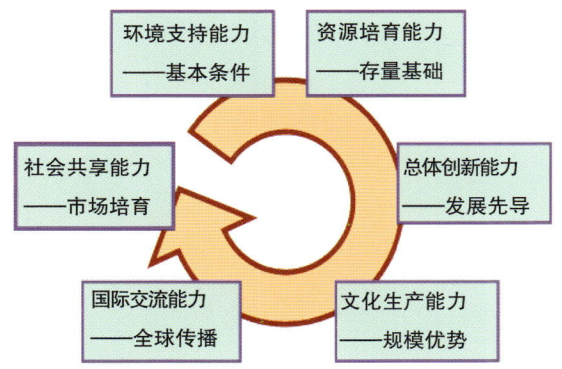

图 1-3 提升湖南文化产业竞争力的战略流程示意图

上述这六大环节，构成了湖南文化竞争力的六个基本方面，它们是一个互相联系、循环推进的有机整体。其中环境支持是文化发展的社会基础（基础设施、政府管理、市场培育等）；资源培育是文化发展的存量和增量（人力资源、文化遗产、大型艺术场馆等）；总体创新是文化发展的创意先导（创意设计、原创剧目、版权、专利等）；文化生产是产业发展的规模优势（产业链条、市场占有、产品结构）；国际交流是海外市场的有效拓展（对外贸易、国际影响等）；社会共享是文化消费的市场培育和人文指向（文化消费、社会共享等）。这种流程的运作越是顺畅，文化产业的整体效益就越高，反过来，如果流程的运作环节彼此断裂了，就会影响文化产业的总体效益。遵循这种战略流程思路，要采取"舞龙"战略，通过资源集中、重点扶持、品牌保护等手段，把"龙头、龙身、龙尾"等连接起来，形成上下联动的效果，在全省形成更多的龙头型企业和企业集团，提高产业集群的整体效益。

2. 培育新型主体，发展新型业态

在推动文化要素的市场化组合方面，要突出一个"流"字，即市场流通。尽可能地减少政府行政配置文化资源的范围，在国家法律和政策的大框架内，让尽可能的资源，如人才、技术、设备、创意、剧本、品牌等，进入文化要素的流通市场，让它们在要素市场的竞争中，获得最有效的配置。同时，顺应文化市场的竞争态势，倡导"两个走出去，两个立起来"，即国有文化机构要从体制内走向体制外，从本地走向外地和境外市场；树立新型的国有市场主体，树立多样化的文化经营主体，大大提升湖南文化产业主体的数量和能级。

在推动国有企事业单位走向市场方面，要突出一个"变"字，即灵活变通，巧妙地避免与现有体制的刚性冲突。例如，可借鉴上海新华发行集团为"借壳上市"而全额投资建立新型企业"新华传媒"并将优良资产注入其中的经验，组建新的上市公司。湖南的新型市场主体上市后，母体公司在不影响控股的情况下，还可以转让部分股权套现，以降低市场风险。2006年11月，《北京市促进文化创意发展的若干政策》正式发布，它明确规定：为文化创意类企业在国内外资本市场融资创造条件。辽宁新华发行集团等也在积极推动上市。2006年秋天，时任香港特区政府民政局局长何志平也希望吸引10家内地文化创意类企业在香港上市。可以说：积极支持符合条件的文化创意类企业改制上市，已经成为海内外共识。这给湖南文化创意类企业探索上市提供了宝贵时机和逐渐放宽的空间。

在建立新型的文化产业主体方面，要突出一个"新"字，即新型业态。它包括：建立新娱乐经济主体，主要推动田汉大剧院等在内的创意、演艺、娱乐、品牌授权等经营主体，逐步建立演艺集团等多个文化产业集团，形成"内容为王，渠道制胜"的格局，鼓励他们打造精良的核心产品；同时大力发展娱乐品牌连锁经营等方式，做到"一个新剧目，院线共享用"。根据2005年

9月1日修订的《营业性演出管理条例》，外资和国内企业已经被允许通过合作、合资的方式，参与戏剧演出和剧院管理。湖南的演艺产业应该把握时机，通过建立院线，首先覆盖长沙演艺娱乐市场，并且向省内外其他城市的娱乐市场拓展，形成内容为王、渠道制胜的规模优势。

在推出主打产品和主打项目方面，要突出一个"优"字，即相对优势。它包括：利用湖南娱乐产业的优势，推动电子信息产业与文化内容开发组合；采取组建合资公司、形成战略合作伙伴、进行项目合作等方式，大力开发手机数字化内容产品、建立快乐热线，开发、经营、推广无线增值业务，包括语音业务、彩信业务、网络游戏及 WAP 游戏业务、百宝箱业务等，并且以市场为导向，逐步打造国内一流的集娱乐、教育于一体的综合性文化信息服务平台。

在盘活存量和扩大增量方面，要突出一个"活"字，即多样化拓展。它包括：利用湖南广电集团等的改革冲击力，千方百计地做大品牌和平台优势。湖南广电的品牌火了，就能够迅速带动下属媒体的相关增量业务，而创意和演艺资源又能够有力地支撑湖南的广电频道和平面媒体。这样，既能提升存量的增长，又能够拉动增量的放大，不断打造出更多的内容品牌，并且从强势内容扩展，走向多渠道、多终端的盈利。由于发展增量业务存在机遇性的问题，当绝大部分省市广电、新闻、出版还在分而治之的时候，湖南应该率先突破，获得体制机制改革的先发效应。

在生产内容和铺设渠道的互动方面，要突出一个"跨"字，即跨越边界。由于广播、电视和报纸等主流媒体具有很强的意识形态属性和行政管理职能，所以，湖南的媒体不可能直接与市场全方位对接。有鉴于此，当渠道平台受到一定限制的时候，"内容为王"的重要性就更加突出。与媒体平台受到体制的管控不同，创意内容的开发可以率先进入广阔的空间。要发挥湖南在内容创作方面的优势，采用合资、合作等形式，与旅游、科技、培训等领域的机构合作，打造一批各具特色的创意开发机构，以多样化的内容，实现多渠道、多空间、多平台的市场拓展和效益回报。

必须指出：2006 年 11 月，成都市率先建立了成都传媒集团，把平面媒体、广电媒体、新媒体等多种形式组合在一起，成为首家打破行业界限的综合文化产业集团。它给人们的启发是：为了解放文化生产力，未来的广电可以投资报业，出版也可以投资网络媒体，谁是市场的强者，谁就可以通过投资进入其他领域。虽然这一改革进程可能会有反复，但是可以预测这种跨行业的文化产业形态会有更大的生命力。湖南要未雨绸缪，做好预案，通过以强联弱、以强购弱、强强合资等形式、把湖南的新媒体、演艺、艺术品、设计和广告等产业进一步做大做强。

3. 重视人才培养，坚持能力导向

树立人才是湖南文化产业的第一资源、第一资本、第一要素的思想，把培养大批的文化产业专业人才，特别是三大门类的重点人才，包括文化经营管理人才、文化经纪人才、科技和艺术创新人才，作为增强动力的关键举措。通过人才数量的不断增长和能力的提高，来满足湖南文化产业对人才的巨大需求。比如湖南省的网络游戏产业起步相对较慢。在这一快速增长的新兴市场中，湖南可能面临"缺席"的不利局面。这与湖南缺乏网络游戏产业的优秀人才密切相关。

树立以"能力为导向"的人才评估机制，建立必要的文化产业人才职业资质考核和能力鉴定制度，通过严格而科学的考核和鉴定，来提升湖南文化从业人才的素质，并且逐步与国际接轨，推动湖南文化发展的国际化竞争力。

对现有的文化产业从业人员进行普遍的职业培训，提升他们的职业素质和经营管理水平，同时逐步调整文化从业人员的培训比重和人才结构，把重点放在技能型和复合型的中级人才方面。截至2005年底，湖南拥有文化和相关产业从业人员82.81万人，如果按5%的年增长率，到2010年会达到90万人，到2015年会超过95万人。这些体能型人才（主要依靠体能和简单初级的劳动技能的人力资源）、技能型人才（主要依靠培训和熟练操作的中级以上的劳动技能的人力资源）、智能型人才（主要依靠创造性劳动和智力运作的高级技能的人力资源），将面临结构优化升级。

根据国际上大量专家的研究，在低收入和低城市化（35%以下）发展阶段，文化和相关产业的人才结构是金字塔形，即对体能型人力资源需求最大，技能型人力资源次之，而智能型人力资源需求极少；在中等收入和中等城市化（35%~65%）发展阶段，文化和相关产业对体能型人力资源需求逐渐萎缩，技能型人力资源快速增长扩大，而智能型人力资源增长较缓，呈现梯形结构；到了高收入和高等城市化（65%以上）发展阶段，文化产业和相关产业对体能型人力资源需求进一步萎缩，技能型人力资源稳定增长扩大，而智能型人

力资源增长加快，逐渐形成钻石型结构。湖南省正处在从中等城市化水平向高等城市化水平发展的过渡阶段，应该把人力资源开发的重点放在技能型和复合型的人力资源方面。在这一阶段，体能型人才是基础，而智能型人才则是宝塔之尖，是领先和示范，而技能型和复合型人才特别是兼备开发能力、管理能力、创新能力的技能型人才，则具有承上启下的骨干作用。所以，抓好了技能型和复合型人力资源的开发，就能够"抓中间，带两头"，推动整个劳动力结构向高度化和国际化方向发展。

4. 开发知识产权，提升原创活力

湖南省的文化产品开发能力不够强，从本质上来说，是对知识产权的开发、转让、移植、交易等的综合能力不强。在文化生产力领域，核心价值是具有知识产权的文化内容。知识产权制度本质上是一种激励机制，鼓励创新，保护创新，不鼓励模仿和复制的制度；是一种肯定人的主动性、创造性和积极性，反对抄袭和垄断的制度。一座富有创意的城市，应该是最鼓励、最宽容、最爱护和最善于保护创意人才的城市，应该是汇聚了高素质、高能力和高产出率的创意劳动的城市。所以，大力开发知识产权包括版权与专利，推动知识产权创新战略，是许多发达国家和国际化城市发展文化的关键举措之一。长沙等城市在这方面有所滞后，建议在保护和推动知识产权创新方面奋起直追，采取如下举措：

建立考核文化创意成果的"综合性评价指标体系"，引导研究人员重视知识产权创造。比如日本根据《国家研究开发评价大纲指针》，制定了一个包括专利转让业绩、共同研究、开业实绩等内容在内的"综合性评价指标体系"，而且在实践中加以运用。日本在发展动漫产业的过程中，在宏观层面上建立了"动漫明星为产业龙头＋产品特许经营＋相关产业纵横交错"的大运行模式。该体系不仅用于对单位研发工作的评估，还包括了对科研人员的工作业绩评估，获取知识产权则是研究成果评价的重要指标。对转让技术多、获得专利收入多的科研人员，在研究经费分配上优先予以考虑，将大学和公共研究机构研究人员的思想意识从"重视论文""重视职称"转到"重视知识产权"上来。

尽快建立一批创意大师工作室，吸引国内外创意设计的大师和专家来湖南设立专业工作室。实践证明："千军易得，一将难求。"一位大师，就是

一面旗帜，就是一个带动发展的领头羊，在必要的条件支持和督促下，可能带动一条城市的文化产业链，提升一个城市的现代服务业水平。例如，成都市引入大师团队，不但看重大师的品牌，更看重以大师创意为核心，形成一条新的文化产业链；上海的做法是对享受优惠政策的大师工作室建立专利和知识产权申报的"考核指标"，加强对专家领衔的专业团队的引入，尽快形成集群的优势，同时在知识产权局的支持下，为他们申报知识产权保护等，建立快捷便利的"绿色通道"。这些经验都值得湖南认真地借鉴。

在主要院校和大型企业集团建立专业的知识产权服务机构，使大学和大型企业集团成为知识产权创造的源头。大学研究本是国家基础研究体系的基石与创新的基本力量，在发达国家，大学研究体制已成为提升国家竞争力的重要因素，其作用远远超出所承担的研究项目本身。比如日本在跨入 21 世纪后，就一再检讨：过去太看重应用领域的研究，对大学基础研究重视不够，使得大学的潜力没能充分发挥。为了确保日本产业的国际竞争力，近两年来，日本注重建立从知识创新到研究成果产业化的知识创新机制，推动大学设立"知识产权总部"，实现知识产权的一元化管理。日本有关政府机构制定了《大学知识产权总部推进计划》，促使各大学设立"知识产权总部"等机构。这样做有利于完善大学内部的知识产权政策，统管大学的知识产权事务，包括知识产权创新、权利获取和经营管理，并加强与校外机构的合作，形成良性的知识产权开发机制。

5. 实行一业一策，强化分类指导

文化产业包括了十分广阔的领域，如果对各细分领域实施简单化的"一刀切"政策，无助于焕发文化产业的多样化发展活力，必须实行"一业一策"，分门别类，加强指导，重点是建立新型的文化产业形态。政府部门要把领导文化产业的思路由"抓项目→抓市场→抓产业"变为"扶持企业→培育市场→推动项目"，对于湖南文化产业来说，逐步淘汰旧的产业形态，建立新的产业形态，是全省的文化生产关系适应生产力发展的必然过程。就如同蝴蝶的生长要经历蜕壳脱蛹，才能羽化成蝶一样。

在出版物和文化产品的发行销售领域，逐步打破目前出版行业过分狭隘的分割，真正树立出版企业的市场主体地位；把政府管理体制的改革与出版单位建立现代企业制度的改革有效地结合起来，突破国内出版产业原创能力

弱和经营效益差这一致命瓶颈。同时，在产业形态方面，引导和扶持出版物和音像制品连锁商店、文化产品特色品牌商店等，限制小、散、乱、差的店铺和排档，形成品牌化、连锁化和规范化的经营格局。

在网络文化服务领域，要积极开发数字化的内容，推动网络文化服务机构的连锁化、品牌化建设，借助产业联盟、合作开发、项目共享和结成战略合作伙伴等方法，加快协调发展的步伐。

在创意研发领域，要大力发展创意产业集聚区，包括工业设计创意、建筑设计创意、时尚创意服务、媒体创意服务等园区，尽快建立为企业提供融资、技术、设计、管理顾问等方面的服务平台，通过企业的集聚，增强品牌效应，提高级差地租，加强竞争和创新的活力。

在会展服务领域，要大力建设有品牌、有规模、有实力的专业会展公司，积极培育一批有重大影响力的权威会展项目，积极争取包括 UFI 在内的国际展览协会资质认证和资格证书，争取在近年内获得若干张 UFI 资质认证证书，形成湖南会展产业的骨干力量，在海内外的会展市场上显示湖南会展产业的国际吸引力。

在要素交易领域，要大力发展国际博览会、拍卖会、交易会等，建设文化要素的中介服务机构，加强文化产品的确真、确权、抵押、拍卖等专业化服务，大力发展网络交易等数字化新形态，提高要素配置的效率。

在演艺娱乐领域，要鼓励发展专业的艺术投资公司、艺术集成公司、艺术管理公司。特别是引进和培育一批既懂文艺创作，又善于经营的艺术管理骨干；针对国内外演艺市场的要求，加强对大型演艺场馆的管理，引进战略合作伙伴，使之从单纯的演出场所向综合性的创作研发、节庆会展、演艺推广、社区服务等平台发展。

在文化产业的批发和零售领域，可以突破原有的条条框框，与餐饮、工艺品、旅游、商贸等部门合作，建立销售境内外文化用品的主题型文化大观园、推介名牌产品的品牌型文化商品园，以及与湘菜、湘茶、湘绣等结合的民间特产文化园等；要加快建立综合性的湖湘票务网络，打造全省统一的票务平台，向旅游、服饰、时尚等领域扩展，向全球市场公布全年节目，提供"一年早知道，半年买到票"的票务服务。

在文化产品的市场推介领域，要尽快建立具有湖南特色的特许经营网络，可考虑依托长沙出版物交易中心，积极推进与邮政合作的出版物物流配送和零售网络，形成全国性的邮政报刊零售网＋湖南文化品牌推介网＋文化产品配送服务网，形成"内容＋路径"的优势组合，扩大湖南文化品牌在全国的影响。

6. 结合长株潭城市群建设，确立两大服务导向

以长株潭为中心的特大型中心城市正在兴起，湖南的工业化进入了快车道。湖南省"十一五"规划指出：要通过长株潭为龙头的"一点一线"地区聚集生产要素，紧紧抓住以工业化为核心的"三化"进程，促进产业集聚化、工业园区化和分工专业化。保持工程机械、轨道交通、钢铁有色等先进制造业的优势，改造提升建筑材料、食品加工、林纸加工等传统产业。这说明湖南正处在工业化的发展阶段，这恰恰是湖南文化产业大有作为的好时机。

要以长沙、株洲和湘潭为中心，积极培育和引入一大批创意研发的企业，成为湖南和中部地区的创意设计中心。长沙不但应该是魅力之省、娱乐之城，而且应该成为具有强大设计力量的创意之都，辐射到长株潭周边市州及中小城市，为先进制造业和现代服务业服务，走出"材料＋工艺＋劳力"的低附加值的产业模式，用创意组合技术，激活产品和服务，获得"品质＋品牌＋品味"的较高利润。

要在长株潭城市群文化产业的发展中，确立两种服务导向的理念。一种是大众服务，即以消费者为对象，提供大量的文化消费品和服务；另一种是专业服务，即以各类企业作为对象，提供专业化的设计、创意、咨询、印刷、包装、广告等服务。在长株潭城市群的发展中，要在用地、规划、投资、政策等方面，把扶持专业服务型的文化产业放在优先的位置，鼓励文化产业向先进制造业、现代农业、商贸业、房地产业等注入优良的文化要素，提高相关产业的附加值和竞争力。

7. 吸引战略投资者，创新投融资机制

要在长株潭城市群的发展中，积极引入针对文化产业的投融资机构。投资是文化产业的动力，世界上文化产业最发达的城市，都依托活跃而强大的资本市场。目前深圳成为中国创业投资最活跃地区，创投资本总额118.59亿元，占全国创投资本总额的四成。深圳市专业性创投机构及相关中介机构共有144家，占全国的1/3，其中创业投资公司71家，创业投资管理公司70多家，有

不少境内外的创业投资机构积极介入了文化产业的项目。在上海，活跃的投融资也对文化产业的增长发挥了重要作用。有鉴于此，为了扩大湖南文化产业的投融资机构，可以采取以下措施：

政府的工作重点既要"投"，更要"融"，即建立一个有利于文化投资和文化融资的良好环境，促进优质资本和优良项目的配对。要积极引入海内外的投融资机构，鼓励他们开展针对湖南文化产业的投融资项目。采用"重点机构、重点联系、优先合作、积极支持"的办法，先建立湖南文化产业投融资机构联系网，由文化体制改革和发展办公室出面，邀集海内外投融资机构参加，及时向他们推荐优良的湖南文化产业项目，帮助他们及时总结经验，进行信息的沟通，吸引更多的海内外投资者近悦远来。

借鉴海内外的成功经验，建立将"风险投资"与"园区及孵化基地建设"相结合的模式。即在园区的开发过程中，把专业从事多媒体企业孵化、高新技术企业创业投资及高科技园区和孵化基地的管理机构结合起来。这一复合型的服务机构坚持"简单高效"的服务理念和"以人为本"的管理理念。建立将"风险投资"与"园区及孵化基地建设"相结合的模式，并组建专业管理团队来帮助入驻企业，为其成长壮大提供战略规划、资金筹措、市场开拓、财务及法律事务处理、IT 技术、人力资源、行政管理等各方面的支持，降低企业创业风险，并最终帮助企业走向成功。

完善针对文化产业的个人和企业征信系统。我们在调查中发现：许多投资者有心投资文化产业，但是对法制管理水平低、政策波动大、风险系数高、无形资产比重大的文化项目望而生畏。在目前的国情下，仅靠全国统一的个人和企业征信系统是不够的。要积极建立文化产业的专业数据库，包括企业人力资源、获奖情况、项目效益、信用额度等，以方便投融资机构介入文化产业项目，为开展文化产业的投融资提供必要的支持。

8. 利用湖湘文库，启动原创工程

原创的内容是文化产业的核心价值。从沈从文的小说到英国作者 J.K. 罗琳创作的《哈利·波特》，一部优秀的原创作品，往往可以供几代人反复欣赏，并开发成为其他样式的作品。湖南人杰地灵，历史悠久，具有丰富的地理、人文、历史和特产资源，这是湖南文化产业难能可贵的资源宝库。但是，原生态的资源并不能成为文化产业的产品，还必须经过创意提炼，才能转化成为受市场欢迎的产品。

从这个意义上说，一个地区的文化资源转化能力和文化产品开发能力，比它拥有的原生态文化资源更重要。有鉴于此，宜由政府指导，与海内外著名文化机构、专家学者、国际组织合作，把《湖湘文库》整理和出版工程拓展成为龙头型的"湖湘文化原创工程"，并囊括三个子系列：①湖湘文库建设系列，主要用于对湖湘经典文化作品的整理、修复和发掘；②湖湘文化原创扶持系列，主要用于鼓励原创的文化工程；③湖湘文化推广系列，主要用于湖湘文化成果的大型推介工程。

拟以"潇湘文脉，湖南原创"为主题，把基础开发放在湖湘资源上，把题材重点放在区域特色上，把形式表达放在原创风格上，把项目设计放在市场导向上，用招标、评选、委托和评奖等多种方法，采用影视、文学、动漫、视听艺术、表演艺术等多种形式，列出重点招标项目，给予资金扶持和协同攻关，形成一批具有时代特点、中国特色、湖南特征的原创文化产品。建议首批项目包括以湖南籍历史名人为背景的文化题材，如毛泽东、刘少奇、彭德怀、贺龙等名人；以湖南的近代革命历史为背景的重大题材，如戊戌变法、辛亥革命、红色根据地、长沙会战、衡阳保卫战等；以湖南的山水景观和远古神话传说为原型的文化题材等；以湖南的文化艺术大师和优秀作品为基础开发的文化题材，如谭盾、沈从文等；以湖南的多民族生活为基础的题材，如土家族、苗族、瑶族等；以湖南的历史文化名城为背景的题材，如湖湘名城——长沙，伟人故里——韶山、名人故乡——凤凰等；以湖南的自然遗产和文化遗产为主的题材，如马王堆、张家界、岳麓书院等名胜。

9. 鼓励多样创新，打造核心产品

在张家界、湘西、岳阳等地的调研证明：湖南的文化资源非常丰富，各地的政府和企事业单位也有发展文化产业的积极性，但是往往处在小、散、乱的阶段，虽然资源丰富，但实力薄弱，效率很低，以至于他们感叹："有文化资源的金矿，可就是缺乏开矿的企业。"另外，这里也缺乏受市场欢迎的核心产品（包括核心的服务项目），难以通过产品参与全省、全国乃至世界的文化市场竞争。因此，国家倡导的科技自主创新战略同样适用于湖南文化产业。要以市场为导向，以创新为途径，鼓励各市州和企事业单位，特别是长沙以外的各市州，以开发核心产品和核心服务为突破口。可以考虑正式

建立湖南文化产业创新奖和评选活动，同时，又要脚踏实地，因势利导，突出以下四个方面的文化创新。

（1）以省和国家战略需求为导向的原始性创新。《国家"十一五"文化发展规划纲要》提出六大任务，包括抓好塑造国家文化形象的重大项目和工程建设，推出一批体现民族特色、反映时代精神、具有国际一流水准的文化艺术精品。湖南要有所作为，不但要有体现国家文化形象的重点项目，也要有体现湖南文化形象的重点项目。

（2）以重大市场需求为动力的集成性创新。紧盯市场的需求，把省内外的文化素材、技术、资本、人才、品牌、营销渠道等组合起来，扩大市场占有率。比如拓维信息集团，通过新设、收购、参股等形式，到2006年上半年拥有6家控股子公司、参股2家公司，设立5家分公司，多个办事处，形成手机动漫、移动电子商务、烟草工业集团信息平台、企业管理信息平台。这样的创新应该多多益善。

（3）以缩短与强手距离，进入市场前沿为目标的引进消化再创新。比如凤凰县力图打造"天下凤凰"产业集群，计划包括开发旅游产品，成立"凤凰姜糖公司""凤凰银饰品公司""凤凰手工艺品公司""凤凰休闲食品公司"等，这要给予鼓励和支持。而以目前凤凰的资金和技术能力而言，难以形成项目和技术上的全部创新，必然要引进消化和再创新，尽快缩短进入主流市场的距离。

（4）以提升总体效益为导向的产业升级创新。如张家界张军声的砂石画和其他艺术家的砂岩画，是极有地方特色的艺术产品，但是作为一个产业尚未形成规模，目前要防止技术扩散、产品低档化的趋势，向品牌化、精品化、组合化方向发展。要鼓励这些项目集中力量打造出核心产品，走"高档看样，中档走量，立足本地，辐射海外"的创新路线。建议设立"湖南文化产品创新开发规划"，对全省的重大文化产品进行前瞻性的预研究，争取"开发一代，储备一代，研究一代"。

10. 打造整体品牌，大力输出产品

湖南发展文化产业，一定要在资源和产品方面两手抓，实现"引进来，走出去"。所谓"引进来"是急需汇聚海内外的大量资源（资金、人才、技术、项目等）。仅有湖南本土的资源是远远不够的，还需要开展全省总体营销。

诚如诺贝尔经济学奖获得者赫特所说："随着信息时代的到来，最有价值的不是信息，而是你的注意力。"这就要打造湖南的品牌，开展总体的营销。所谓"走出去"，是积极开发国内和国际两个市场，大力建设湖南本地的文化跨国公司，开发适销对路的湖南文化产品，扩大其在国际文化贸易市场上的占有率。

要开展总体营销，一定要树立湖南核心品牌，把各市州的分类品牌（如张家界"世界遗产"、湘西"天下凤凰"、长沙"三只猫"、岳阳"汇泽文化广场"等）组合起来，把湖湘文化的主题与湘菜、湘茶、湘绣、湘艺、湘瓷等结合起来，形成纲举目张、长藤结瓜的效果。拟把"魅力之省、娱乐之城、创意之都"等作为湖南文化产业的核心品牌；要针对海内外的目标城市，采取"你们喜欢什么，需要什么，湖南就来推介什么"的办法，在海内外重点地区开展"魅力湖南推介周"等活动。

哪些城市是国际文化之都，拥有人才云集、文化包容的优势，湖南就到那里去展示"魅力之省"——如纽约、东京、波士顿等；哪些城市是娱乐消费中心，具有对各种休闲、演艺、时尚、菜肴等的巨大消费市场，湖南就到那里去推介"娱乐之城"——如香港、广州；哪些城市是财富之都和创业之城，商业气氛浓郁，民间资本强大，具有强烈的投资意向和创业冲动，湖南就到那里去展示"创意之都"——如深圳、温州、东莞等；哪些城市是国内和全球的会展之都，举办大量的国家级和国际级的会展活动，湖南就到那里展示自己的文化产业优势，扩大投资的对接——如北京、上海、法兰克福等，以此为湖南的文化产业拓展更加广阔的市场。

后记

2006 年，根据中共湖南宣传部领导的指示和安排，上海社会科学院文化产业研究中心主任花建研究员应省委宣传部邀请三次到湖南考察文化产业，重点是省直包括湖南广电、湖南报业、湖南出版、田汉大剧院、宏梦卡通、三辰卡通、拓维信息公司和长沙、岳阳、张家界、湘西、衡阳、永州等市州，在上述单位领导的大力支持下，召开了十多次座谈会，邀请了一百多位领导、专家和实际部门的同志参加，汇聚了大量意见和建议，执笔撰写了本建议书。

该项工作得到了省委宣传部领导蒋建国、蒋祖煊、魏委等的亲切关怀和指导。在此一并致谢。

主要参考资料

［1］《中共十六大和中共十六届四中、五中、六中全会文件》.

［2］《中共中央关于制定"十一五"发展规划的建议》.

［3］《中共中央、国务院关于深化文化体制改革的若干意见》〔2006年1月〕及近年来党中央、国务院、文化和旅游部、广电总局等关于发展文化产业的有关文件.

［4］中共湖南省委宣传部.《推进文化大省向文化强省跨越发展—湖南省文化体制改革和文化产业发展报告》，2006年4月.

［5］《联合国全球创意产业研讨会文献·上海》，2005年12月.

［6］亚洲-欧洲基金会、英国学术研究院、上海社会科学院，《创意经济，创意城市国际研讨会发言摘要》，2006年10月.

［7］上海市经济委员会、上海市科学技术情报研究所，《世界服务业重点行业发展动态2005—2006年》，上海科学技术出版社2006年版.

［8］英国研究报告，《英国怎样发展世界水平的创意经济》NESTA: Creative growth: How the UK can develop world class creative business；

［9］韩国学中央研究院Academy of Korean Studies：《韩、中、日大众文化交流活性化方案（研讨会文献）》，2006年8月版.

［10］台湾经济部数位内容产业推动办公室:《2005年台湾数位内容产业推动措施简介》；

［11］《香港立法会资讯科技及广播事务委员会推动香港发展数码娱乐业的策略》（2005年6月）.

［12］新加坡创意产业发展战略Creative Industries–Development Strategy: Propelling Singapore's Creative Economy, Report of the ERC Services Subcommittee Workgroup on Creative Industries. September 2002.

［13］约翰·哈特利主编.《创意产业》.英国布莱克维尔出版社2005年版，Creative industries / edited by John Hartley.. Oxford ; Malden, MA : Blackwell Pub., 2005.

第二章
湖南科技文化创新体系建设及文化创意基地建设研究

2016 年 11 月，湖南省第十一次党代会报告提出大力实施创新引领、开放崛起战略，着力建设经济强省、科教强省、文化强省、生态强省、开放强省，为建设富饶美丽幸福新湖南而努力奋斗。这一重大任务落实为"三个着力""四大体系""五大基地"，其中"三个着力"即落实习近平总书记对湖南提出的着力推进供给侧结构性改革，着力加强保障和改善民生工作，着力推进农业现代化；"四大体系"即加快构建科技文化创新体系、现代产业体系、新型城镇体系、综合交通枢纽体系；"五大基地"即着力打造以长株潭国家自主创新示范区为核心的科技创新基地、以中国智能制造示范引领区为目标的现代制造业基地、以精细农业为特色的优质农副产品供应基地、以影视出版为重点的文化创意基地、以"锦绣潇湘"为品牌的全域旅游基地。湖南科技文化创新体系及文化创意基地建设已经成为湖南省创新引领、开放崛起的中心任务之一。

本报告根据湖南省第十一次党代会关于"三个着力""四大体系""五大基地"的重大任务，围绕科技文化创新体系及文化创意基地建设，为湖南科技文化创新提供前瞻的理论和实践指导。其总要求是：坚持创新引领、开放崛起，确立湖南科技文化创新体系及文化创意基地建设的总体思路、基本目标与发展定位，提出完成这一重大任务的空间布局，研究湖南科技文化创新体系及文化创意基地建设的主要任务、重点工程与推进路径，规划湖南科技文化创新体系及文化创意基地建设的平台体系、重点举措和推进政策等，突破湖南在科技文化创新方面面临的问题和瓶颈，吸引和集聚国内外的科技文化战略资源，形成鼓励科技文化创新的生态环境，建设布局优化、科技含量高、创新活力强、具有湖南特色的科技文化创新体系和文化创意基地。

一、国内外科技文化创新及文化创意基地建设的趋势

从全球范围看，世界多极化、经济全球化深入发展，文化多样化、社会信息化持续推进，国际格局和国际秩序加速调整演变。全世界的主要国家正抓紧调整各自的发展战略，推动变革创新，转变经济发展方式，调整经济结构，开拓新的发展空间，以科技文化创新推动了产业结构优化调整，培育出大批知识型、智慧型、创意型的生产力形态。这已经成为湖南科技文化创新体系及文化创意基地建设的重要背景。

（一）科技文化创新成为提升文化软实力的强大引擎

跨入 21 世纪的第二个十年以来，科技文化的融合创新从供给侧和需求侧两端发力，成为提升文化软实力的强大引擎。它的带动作用集中体现在两个方面：第一，从供给侧发力，研发出大量的科技文化新业态、新装备、新模式，特别是以移动互联网、云计算、大数据、物联网为显著特征的 ICT 潮流，重塑了文化创意产业的总体面貌，推动了虚拟现实、数字影视、数字出版、数字教育、数字音乐等新兴业态快速增长；第二，从需求侧发力，尤其是移动互联网帮助全世界越来越多的人分享文化创意产品和服务，催生出一个不断壮大的新型文化消费市场。诚如联合国贸发会议创意经济协调官员卡罗琳娜指出的："内容"和"连通"规模的结合成为国际竞争力的基础，技术、创新和创意的融合将成为发展的关键驱动力，而发展中经济体的大量人口进入创意经济消费市场，成为引人注目的潮流[①]。

根据联合国教科文组织干事长作序、2015 年 12 月颁布的 EY 研究报告《文化时代——第一张全球文化创意产业热图》显示，全球的文化创意产业收入达到 2.250 万亿美元，文化创意产业的从业人员达到 2950 万人，其中增长最快的领域是数字文化内容产业，增长最快的区域是亚洲和太平洋地区（包括

---

① 卡罗琳娜·琴塔娜：《序言》，载花建：《互联互通的文化产业新业态》，东方出版社，2016。

澳洲）。2013 年全球数字文化产品和服务的销售达到 660 亿美元，在线和移动游戏产业的销售达到 338 亿美元，数字型文化内容产品占到全球实体文化内容产品销售比重的 45%。从 2011 年到 2014 年，网络文化销售领域代表企业亚马逊收入增长了 44%，网络内容服务领域代表企业美国奈飞公司（Netflix）的付费用户增长了 61%，搜索服务代表企业谷歌的用户增长了 18%，社交网络代表企业"脸书"（Facebook）的用户增长了 39%，而依托互联网金融所开展的文化投资众筹增长了 81%[①]，显示了网络化、多样化、数字化的文化新业态正在成为最有活力的新增长点。

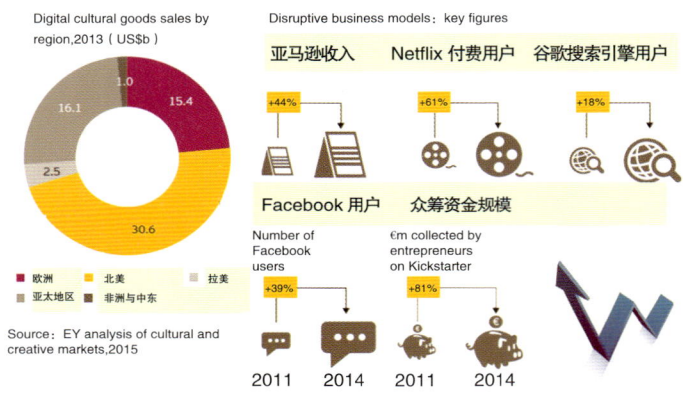

图 2-1　全球增长最快的数字文化创意产业新业态

（二）发达国家出台创新驱动战略培育新兴产业

自 2008 年国际金融危机以来，主要发达国家纷纷调整战略方向，力图通过创新来摆脱危机，实现重生。它们把研发投入即 R&D、创新开发和人力资本等纳入国民经济统计核算体系，相继出台指导性的创新战略。环顾世界，创新已成为新一轮全球竞争的制高点，堪称"无创新，不强国"！如欧盟出台了《欧洲 2020 战略》、德国出台《德国高技术战略 2020》《2014 德国工业 4.0 版》，英国推出《以增长为目标的创新与研究战略》，日本推出《创新 2025 计划》等，其力度之大，堪称有史以来新一轮的创新创业浪潮。其中美

---

① 本文作者根据 EY: Cultural Times —First Global Map of Cultural and Creative Industry. Dec 2015 的资料绘制。

国是引领全球创新浪潮的先锋，在 2009 年、2011 年和 2015 年连续出台三版《美国创新战略》，形成美国新一轮创新创业战略的前瞻性整体布局。如《美国创新战略：确保经济增长与繁荣》（2011 版），突出了三大重点：第一，投资于创新创业的基础要素和基础设施，强调人才、科研和基础设施是创新和创业的基石，实施全球高层次的人才培养和引进计划。第二，培育刺激创新和创业的高效竞争市场，要求美国政界、企业界、科技界合作，从资本获得、创新资助、集群发展等方面推动创新和创业，从微观角度激活创新主体，全面实施《中小企业工作条例》，加强政府对创新型中小企业的政府采购和扶持等。第三，大力培育新一代的科技力量，美国文化创意产业的跨国公司如迪斯尼、苹果、亚马逊、奈飞、皮克斯、谷歌等成为科技与文创融合的排头兵。

美国、日本、欧盟等发达国家和地区的创新驱动战略，都高度重视全球领先知识和技术的创造与传播。比如 2016 年 12 月，美国时任总统奥巴马在匹兹堡召集科技创新前沿大会，谋划和推动重大科技创新前沿发展。从个人、地方、国家、星际四大层面全面部署了美国的创新战略，强调美国科技创新能力建设，必须聚焦那些影响 21 世纪及以后的新技术、新挑战和新目标，这在全世界引起了广泛瞩目。美国等发达国家的创新战略引导了社会资金大量投入原创型研发（Internal R&D）和开发型研发（External R&D），鼓励高校、科研机构和企业研发中心，从创新链的前端入手，开发科技文化的核心资源，如皮克斯动画公司率先研发的三维动画电影技术、维塔公司保持领先的数字化电影特效技术、德州仪器保持领先的数字电影关键芯片技术、科视和 NEC 等研发的数字电影放映设备等，都对科技文化创新体系的发展发挥了积极作用。

（三）科技文化创新体系建设需要顶层设计和整体部署

从全球范围看，创新正在向系统化方向不断升级，科技文化创新体系及文化创意基地建设日益成为一个系统工程。它表现在两个方面：第一，科技文化创新系统的各个要素是一个整体，涉及科技知识的供给、科技人才的运作、科技型企业的培育、科技研发和产业化资金的投入、知识产权制度的保障等多个方面，需要国家和地区决策者的顶层设计和战略部署协同推进。第二，科技文化创新系统内部结构的有机互动存在有序性和趋势优化：科技研发的成果要通过科学研究、实验开发、推广应用的"三级跳"，才能转化成为有效的资本和财富；为了达到这个目标，科技文化创新必须实现创新链、产业链、资金链、政策链的优化组合。

正因如此，发达国家和地区突出了科技文化创新体系建设的顶层设计和整体部署。如《中共上海市委上海市人民政府关于加快建设具有全球影响力的科技创新中心的意见》对此做出了全面部署，提出面向未来的奋斗目标是：努力把上海建设成为世界创新人才、科技要素和高新科技企业集聚度高，创新创造创意成果多，科技创新基础设施和服务体系完善的综合性开放型科技创新中心，成为全球创新网络的重要枢纽和国际性重大科学发展、原创技术和高新科技产业的重要策源地之一，跻身全球重要的创新城市行列①。

2012 年上海在全国各省市中率先制订和颁布了《上海推进文化和科技融合发展三年行动计划》（2012—2015），重点是依托自主创新力量，研发未来 20~30 年可能影响全球科技革命进程的前沿科技和关键技术，从追赶走向领先，甚至实现引领。突破一批满足文化发展需要的共性关键技术，打造系列体现国际大都市特色的文化科技融合创新示范工程，实现若干关键文化产品和装备的升级和国产化。上海明确在"十三五"期间，要结合自身优势，不断推进文化和科技深度融合，重点在超高清、虚拟现实、下一代广播电视无线网、大数据、深度学习与人工智能五个具备高度商业应用价值、能推动文化产业向高端转型的关键技术领域，持续加大技术研发力度，提供领先的技术和知识。截至 2016 年上海已经在三维制作平台、激光投影、全自动 3D 摄像系统、全景视频拍摄系统、下一代广播电视无线网（NGB-W）/4D 动感体验系统、超高清视频服务、声光电协同控制等 10 多项共性关键技术方面实现一系列重要突破，积累了重要的技术和产业化资源，包括 2015 年上海率先开启 4K 超高清电视，进行 2015—2016 年跨年盛典的 4K 直播和点播测试，李安导演的《比利林恩的中场战事》首次采用 3D、4K、120 帧技术和设备拍摄②，全球仅有 5 家影院可以放映该等级的电影，上海影城就是其中之一，这标志着上海在 4K 超高清电视产业化、超高清电影放映等的研究开发和产业化方面取得重要进展。

---

① 《中共上海市委上海市人民政府关于加快建设具有全球影响力的科技创新中心的意见》，2015 年 5 月 26 日，东方网。

② 在电影拍摄和放映中，1 帧代表一个静止的画面，每一秒中放映的帧数越多，代表画面越清晰，视觉效果越发流畅。普通电影放映是每秒 24 帧，《阿凡达 2》是每秒 60 帧，而《比利林恩的中场战事》首次实现每秒 120 帧。

（四）科技文化创新体系建设要把握新机遇和培育新业态

从一个省市推动科技文化创新体系建设的角度看，需要根据自身的优势，通过把握新机遇来培育新优势，尤其是在传统发展动力逐步消减、新增长动力逐步成长的交叉转换时期，更需要高瞻远瞩，跳出因循守旧的模式，引领即将到来的澎湃新潮。如 2005 年时任浙江省委书记习近平在省委十一届八次全体（扩大）会议指出，加快建设文化大省，是顺应文化与经济、政治相互交融客观趋势的战略选择，并提出要重点实施包括文化产业促进工程在内的文化"八项工程"。在"八八战略"的指引下，2014 年浙江文化及相关特色产业实现增加值 2187.8 亿元，占 GDP 比重达 5.45%。浙江省"十三五"规划进一步提出把文创产业培育成为万亿产业，而浙江文创产业与先进科技的结合，不断培育出许多新主体、新载体。

其中浙江省的梦想小镇、云栖小镇、硅谷小镇、电影小镇等特色小镇，都集聚了一批具有科技文化创新特色的市场主体。浙江的特色小镇"非镇非区"，不是行政区划的一个镇，也不是产业园区的一个区，而是按照创新、协调、绿色、开放、共享发展理念，聚焦信息经济、环保、健康、旅游、时尚、金融、高端装备七大新兴产业，融合产业、文化、旅游、社区四大功能的创新创业发展平台。如规划面积仅 2.9 平方公里的梦栖小镇定位服务于高端装备制造业前端的设计产业，打造一个国际级的"设计奥斯卡"小镇，成为设计创新先导区、设计创客朝圣地、设计经济的新蓝海，它规划到 2017 年之后要集聚 3000 名创业人员，引进 200 个设计产业项目，完成 56.5 亿元投资，实现营业收入 50 亿元。又如金华地区的横店影视小镇，创办了第一个国家级影视产业实验区，先后聚集了 500 多家影视相关企业，拍摄制作了 13000 多部（集）电影和电视剧，包括《英雄》《潜伏》等一批获得"五个一工程"奖、百花奖、金鸡奖、金鹰奖的优秀影视剧，占全国拍摄的古装片数量的 2/5，每年吸引旅客超过 1000 万人次。再如浙报集团向"互联网+"借力，推出"浙江新闻 APP""浙江 24 小时"等手机客户端，通过传统媒体与新媒体的重组，打造全媒体业态。与此同时，互联网企业也在寻找与浙江文创产业的契合点。2009 年，中国移动将 8 亿多移动互联网用户与阅读产业对接，在杭州打造了国内数字阅读行业的领先平台"咪咕数媒"，2015 年全网收入达 60 亿元。

（五）文化创意基地逐步升级以培育新兴产业集群

从现代产业竞争的意义上说，文化创意基地和园区以集聚推动创新、共享降低成本、叠加提升品牌、服务提升地租的特色，成为科技文化创新体系建设的重要载体，它本身也需要向智能型、综合型的方向不断升级。根据世界科技园协会（STPs）所做的统计分析，2001—2011年的十年间，该协会在全球的成员园区包括科技型的文化创意产业集聚区，显现出如下重要趋势：①集聚区体量向大型化发展，在这十年间，面积超过1平方公里的大型园区所占比重从20%上升到了25.2%；②集聚区的研究开发与孵化器功能不断增强，集聚区中建设产业孵化器的比重从82.3%上升到91.6%，建设研发机构的比重从78.5%上升到80.7%；③产城融合、以人为本的趋势越来越突出，集聚区中提供住宅服务的比例从12.4%提升到21.8%，上升近1倍；集聚区中能够提供休闲和社会服务的比重从34.3%上升到59.7%，为创业者提供了周到的人性化服务。从全球范围看，文化创意基地和园区正在超越工业园区的传统模式，向知识经济时代的更高阶段升级。

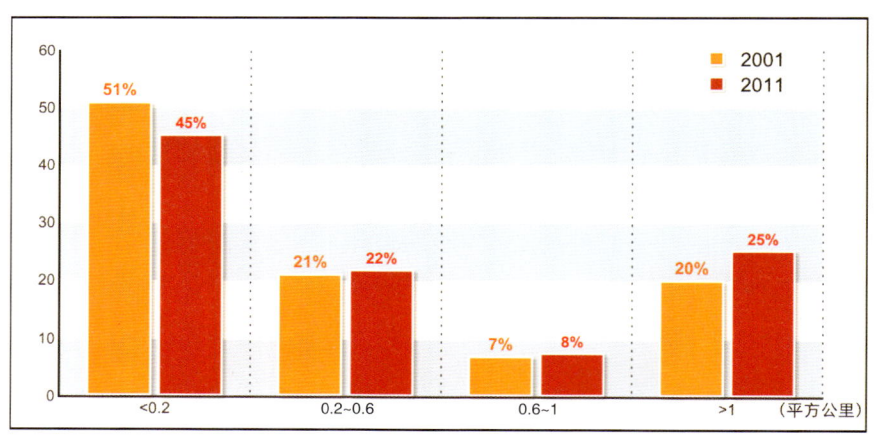

图2-2 十年间（2001—2011年）全球各类规模科技园区比重的变化①

有鉴于此，不仅仅是东部发达地区，四川、安徽、陕西等中西部省市也通过文化创意基地和集聚区的建设，加快新兴产业集群的建设。2014年四川省出台了《四川省深化文化体制改革方案》《四川省人民政府关于加快发展对外文化贸易的指导意见》《推进文化创意和设计服务与相关产业融合发展

① 此图由本文作者根据国际科学园区协会（STPs）2012年9月统计数据和研究报告绘制，参考了《北大方极－未来城市》第140期《科技园区建设与管理的新趋势》，2016年9月16日。

专项行动计划（2014—2020 年）》等重要文件，强调"统筹协调、重点突破、市场主导、创新驱动、文化传承、科技支撑"的原则。四川根据全境丰富多样的产业、交通、历史、地理、民族、物产等的特点，突出了统筹协调、因地制宜的要求，实施"融合发展集聚区建设工程"，2015 年四川文化产业增加值超过 1200 亿元[①]。在空间布局上，四川的文化创意基地以成都为核心，遍及绵阳、内江、宜宾、九寨沟等市州，建立了东郊记忆（原军工厂）、红星路 35 号、蓝顶艺术区、浓园国际艺术村、九寨沟演艺群、绵阳 126 文化创意园、彭州家纺创意设计园区等一批重点文创产业基地。比如 2015 年四川省音乐产业达到 350 亿元产值，成都东郊记忆的中国移动音乐产业基地体现了移动互联网与音乐产业的结合；四川创意设计产业突出了与先进制造业的结合，涵盖了工业设计、美食创意、时尚设计、民间工艺设计等，从 2014 年以来，每年举办的"成都创意设计周"成为四川创意设计的一大亮点。成都已经汇聚了 130 多家工业设计公司、40 多家工业设计中心，以成都为核心的文创设计业主营收入超过千亿元，增加值达到 240 亿元，促进成都全面迈向城乡一体化、全面现代化、充分国际化的世界生态田园城市[②]。

二、湖南科技文化创新体系及文化创意基地建设的基本现状和发展潜力

（一）文化产业总量稳步增长，形成规模化的优势

在中国文化产业的宏观版图中，湖南省文化产业具有鲜明的特色和旺盛的活力。在近年来经济下行压力增大的背景下，湖南文化产业逆势上扬，连续进入全国文化产业发展十强，正在加快打造湖南文化产业发展"升级版"，提高湖南省全面建成小康社会的文化内涵和文化品质。

湖南文化产业创造了"广电湘军""出版湘军"等全国知名的产业集群和文化品牌。据初步核算，2016 年全省文化和创意产业实现增加值 1911.26 亿元，同比增长 12%，占 GDP 的比重 6.12%，其支柱产业地位得到进一步巩固。

---

① 郑晓幸：《四川文化产业去年增加值超 1200 亿》，《成都晚报》2016 年 3 月 10 日。
② 成都市人民政府、国家文化市场调查评估中心：《成都创意设计周品牌价值评估报告》。

尽管湖南文化产业增速有所放缓，从超高速档位向高速档位调整，但稳中有进、总体向好、结构优化、势头强劲。全省文化产业主体不断壮大，根据第三次全国经济普查结果，湖南共有各类文化市场主体7.53万户，其中文化产业法人单位近4万家，规模以上文化产业法人单位2325家。全省文化产业的增长率连续多年保持了两位数的增长，从主要指标来看，高于全省其他产业的平均水平，对经济社会发展贡献持续稳定，成为全省国民经济的支柱产业、千亿产业和战略性新兴产业。

图 2-3　湖南省文化创意产业总产出、增加值和占 GDP 的比重 [①]

在湖南省文化创意产业的主体中，国有文化企业（集团）发挥了骨干和领军作用。省管8家国有文化企业（集团）坚持把社会效益放在首位，做到经济效益和社会效益两手抓、两不误，2016年实现营业收入414.25亿元，利润总额约40.86亿元，继续保持全面盈利。湖南广播影视集团实现营业收入182亿元，同比增长6%，实现利润总额13.4亿元，其中湖南卫视单频道完成广告创收100亿元。湖南出版投资控股集团完成汇总营业收入208.78亿元，实现利润19.17亿元，同比分别增长9.9%、2.8%。湖南广电网络控股集团实现营业收入85.6亿元、利润总额6.75亿元，同比分别增长43.02%、10.47%。湖南省的文化产业整体实力的增强，为进一步实施科技文化创新体系和文化创意基地建设打下了良好的基础。

---

①　此图由本文作者根据湖南省文化创意产业有关数据统计和绘制。

（二）推动科技文化融合，培育新业态和新模式

党的十八大报告提出："促进文化和科技融合，发展新型文化业态，提高文化产业规模化、集约化、专业化水平"。国务院颁布的《关于促进信息消费扩大内需的若干意见》中，将传媒等内容产业纳入 3.2 万亿元的信息消费范畴；《"十三五"国家战略性新兴产业发展规划》指出数字技术要与文化创意、设计服务深度融合。湖南省委省政府先后出台了《湖南省战略性新兴产业文化创意产业发展专项规划》（2011—2015）和《创新型湖南建设实施纲要》，把文化创意产业列入七大战略性新兴产业，积极推进文化科技融合发展的载体建设，健全文化与科技融合发展的服务体系，这些举措有力地促进了文化与科技创新的深度融合。2012 年长沙被列为 16 家首批国家级文化和科技融合示范基地。2014 年 4 月，湖南专门召开了文化与科技融合发展第一次联席会议，研究公布了第一批文化与科技融合发展重点扶持单位名单，涌现出天闻数媒、中广天择、华声在线、芒果传媒、青苹果数据、华凯创意、明和光电等一批在全国有影响的文化科技企业和快速增长的新兴文化业态，完成了一批重大技术研发项目，为文化产业发展提供了强有力的技术支撑。

湖南省科技文化的融合发展，得益于湖南科技实力不断壮大。近年来，湖南省大力推动科技产业化，发挥第一生产力的引擎作用，涌现了一大批科技研究和科技产业化方面的优秀实体。截至 2015 年末，全省有国家工程（技术）研究中心 18 个，省级工程（技术）研究中心 282 个；国家级重点实验室 15 个，省级重点实验室 141 个；国家与地方联合的工程研究中心 14 个，国家（与地方联合）工程实验室 26 个；国家认定的企业技术中心 39 个，签订技术合同 3710 项，技术合同成交金额 105.4 亿元，登记科技成果 777 项；获得国家科技进步奖励成果 14 项，国家技术发明奖励 4 项。"天河二号"超级计算机获全球超算"六连冠""海牛"深海钻机、永磁同步牵引电机、新一代大容量石墨烯超级电容、常导短定子中低速磁悬浮列车等一批高新成果研发成功。湖南省 2015 年专利申请量共 54501 件，比上年增长 23.3%。湖南 2015 年综合科技进步水平指数为 54.29%，增幅位居全国首位。它们为推动湖南文化与科技融合发展创造了重要条件。

图 2-4　湖南省专利申请量和授权量（2010—2015 年）①

　　湖南省把科技创新作为推动文化生产方式发生革命性变迁的有力杠杆，突出科学技术不但是第一生产力，也是推动文化创意产业发展的革命性力量。湖南省鼓励研发文化创意领域的核心技术、关键技术和共性技术，为文化创意产业提供了有力的技术支撑。2014 年以来，湖南省抓住移动互联网这一革命性的技术和产业浪潮，先后出台了《湖南省人民政府关于鼓励移动互联网产业发展的意见》《湖南省移动互联网重点企业认定管理办法》《湖南省移动互联网产业发展 2015 年行动计划》等政策文件，把移动互联网作为战略性新兴产业的发展重点，将长沙高新区作为全省移动互联网产业集聚区。活力澎湃的"广电湘军"与移动互联网结合，积极培育互联网视频等新兴业态。如芒果 TV 的营业收入从 2014 年的 5.67 亿元，快速增长到 2016 年的 19 亿元，预计 2017 年将突破 35 亿元。它积极创新商业模式，依靠《爸爸去哪儿》《我是歌手》等节目，在资本市场进行了 2 轮融资，率先成为全国第一梯队中由国有控股的视频平台。

（三）深化文化体制机制改革，激发内在动力

　　湖南不断深化文化体制机制改革，以形成创新与开放的合力。湖南文化体制改革全面启动于 2006 年，大致可以划分为三个阶段：第一阶段，2006—2008 年，以 2006 年 6 月全省文化体制改革工作会议召开为标志，文化体制改

---

① 本文作者根据《湖南省 2015 年国民经济和社会发展统计公报》等文件的数据绘制。

革由局部试点到全面展开；第二阶段，2009—2012 年，以 2009 年 11 月召开的全省文化强省建设工作会议为标志，文化体制改革由面上推动到逐步深入；第三阶段，2013—2015 年，以 2013 年 11 月召开的湖南省委常委扩大会议为标志，文化体制改革由全面推动到全面深化。

经过三个阶段的改革，湖南的文化生产力不断解放，实现了多个全国科技和文化领域的"第一"，包括率先打造广电和出版的上市公司，率先建设广电媒体领域的中外合资与合作实体，率先组建省国有文化资产监督管理委员会，进一步推动国有文化资源集中，加快整合重组和机制创新，以充分发挥龙头企业在创意、人才、资本、平台、管理、技术等方面的优势。湖南文化体制机制改革的特点集中表现在以下五个方面：

第一，向改革要生产力。"经世致用、敢为人先"的湖湘精神在以往十年的湖南文化改革进程中得到了充分体现。湖南在文化体制改革上坚持"敢于改""改得早""改得给力"，创造了自主创新的湖南样本，推动湖南文化产业的总体规模连续多年进入全国各省市的前十强。

第二，向市场要竞争力。湖南文化产业的宝贵经验之一就是高度重视市场力量，大力建立和健全现代文化市场体系，包括着力建立健全文化产权等专业市场。目前已拥有湖南文化艺术品产权交易所、联合利国文化产权交易所等多家文化产权交易平台，2015 年联合利国文化产权交易所正式开通文化企业股权挂牌交易市场，首批 27 家文化企业成功挂牌上市。

第三，向品牌要影响力。湖南着力打造自己的文化品牌，充分展现出文化产业的"魅力"和"品味"。目前，湖南原创首发、形式新颖、影响广泛的文化创意品牌成果总量和质量位居全国前列。根据《中国文化品牌报告》，截至 2015 年，"湘字号"文化品牌达 42 个，占全部文化品牌的 16.2%。湖南文化领域拥有的中国驰名商标突破 5 个，湖南著名商标达 30 个以上。在三湘大地上，已经基本形成了一个全国领先、国际知名的自主文化品牌集群。

第四，向多元要新活力。湖南积极调整文化产业所有制结构，鼓励多种社会力量办文化，呈现出国有、集体、民营企业相互促进、平等竞争、共同发展的新格局。湖南省委省政府先后印发《关于深化文化体制改革、加快文化事业和文化产业发展的若干意见》《湖南省文化产业振兴实施规划（2010—2012 年）》《湖南省人民政府关于加快文化创意产业发展的意见》《关于进一步支持经营性文化事业单位转企改制和文化企业发展的若干政策》等文件，鼓励民间资本进入文化产业领域，使得全省民营文化企业的比重逐年攀升。如拓维信息成为"中国动漫第一股"，天舟文化成为"中国民营书业第一股"，邵东永吉红包占领全国 70% 以上市场等。目前，在湖南规模以上文化企业中，民营控股企业数量占总数的 76.6%，非公文化企业贡献的增加值占全部文化产业增加值的 1/3，就业人数占全部文化产业就业人数的 2/3。

第五，向融合要驱动力。湖南着力推进文化产业与相关产业深度融合发展。一是推动文化与金融融合发展。省委宣传部、人行长沙中心支行联合省财政厅、银监局等单位出台了《关于进一步加大金融支持力度推动文化产业加快发展的指导意见》，从突出金融支持、切实加大银行机构金融服务力度、大力推动文化产业直接融资、建立健全配套政策体系四个方面，提出了 16 项具体措施；二是推动传统媒体与新兴媒体深度融合，《2016 中国媒体融合传播指数报告》显示：湖南电视台位列电视台融合传播排行榜 TOP30 第 3 位，湖南日报在全国报纸传播融合百强榜中位列省级党报第 6 名；三是推动文化与旅游产业融合。湖南深入挖掘湖湘文化资源，推进文化与旅游深度融合，省委宣传部与省文旅厅、省发改委共同制定出台了《湖南省红色旅游发展专项规划（2006—2015）》等文化旅游融合发展的规划和部署。全省重点扶持洪江古商城等 11 个大湘西文化旅游产业项目，打造了《天门狐仙·新刘海砍樵》《张家界·魅力湘西》等一批旅游演艺精品节目。

（四）湖湘文化精神成为科技创新体系建设的基础

湖南位于中部地区，总体经济发展水平位于全国各省市的中游，地理上既不靠海，也不沿边，尚未列入国家自由贸易试验区建设。然而，当代三湘儿女传承了历史的深厚遗产和现实的时代使命，在科技文化创新体系及文化创意基地建设中表现出强大的活力和鲜明的特点：

①传承心忧天下、家国情怀的湖湘文化，振奋敢为人先的创新精神。让三湘儿女"先天下之忧而忧，后天下之乐而乐"的先进价值观念，与 21 世纪我国的文化强国战略、科技创新战略、"一带一路"倡议等形成了深刻的契合；湖南人绵绵不绝的爱国主义、英雄主义情怀获得发扬，成为湖南文化创意内容的主旋律。

②开发深厚积累的传统文化遗产，创造出大量的优秀文化艺术产品。从诸子百家、屈原情怀到程朱理学、岳麓书院、新民学会，中华民族的人文精

神在这里获得绵绵不绝的传承，成就了"广电湘军""出版湘军"等文化创意产业的强大集群，为亿万人民实现中国梦提供了丰富的文化正能量。

③依托多元化的地理和人文资源，发展丰富多彩的文化创意产业体系。湖南从环洞庭湖流域到大湘南的民俗风情，从崛起的长株潭城市群到大湘西的秀丽山水，发展多业态、多品质、多层次的文化创意产业形态。湖南省委省政府先后出台了《关于进一步扩大消费需求的指导意见》《关于推进消费扩大和升级的意见》等政策文件，体现文化产业的惠民功能，提升民众文体消费热情。据统计，2016 年，湖南城镇居民人均文教娱乐用品及服务支出达3406 元，是 2006 年的近 6 倍；湖南农村居民人均文教娱乐用品及服务支出达1477 元，是 2006 年的 17 倍。

④依托湘籍文化大师和名人资源，树立一大批领军人物形象。湖南文源深、文脉广、文气足。从炎帝舜帝到《离骚》《桃花源记》《岳阳楼记》，从汉墓、老司城、秦简、城头山、岳麓书院，从毛泽东、刘少奇、彭德怀到胡耀邦，从"超级水稻"到"超级女声"……这些文化名人和文化品牌蕴含着博大丰富的湖湘文化因素。湖南文化产业深入传承了这些文化大师和名人资源，并在新的历史时期涌现出一大批德艺双馨、甘于奉献的当代名家和一大批敢为人先、勇于探索的文化领军人物，湖南文化产业得以释放出强劲能量，形成影响广泛的"湖南文化现象"。湖湘文化中蕴含的优秀精华正在进一步被挖掘出来，成为不断增值的文化财富。

⑤依托率先开放的湖南文化精神，推动加快文化"走出去"步伐。在中国近代史上，湖南省就是得风气之先、唤起民众千百万的启蒙源头和先锋省份。在面对新常态、激发新动力、开发新模式的时代背景下，湖南省委宣传部通过借助深圳文博会、沪洽周、港洽周等大型文化经贸平台，组织湖南文化企业宣传推介湖湘艺术精品，并在港澳台、曼谷、巴黎、纽约等地积极开展"湖南文化走进世界"活动，大力推动湘瓷、湘绣、湘书、湘茶、湘影等文化产品走向海外，拓展"湘字号"文化产品的国际市场份额。

（五）文化创意基地成为激发新型生产力的载体

湖南省高度重视文化创意基地、文化产业园区和集聚区等的建设，将其作为壮大文化市场主体，鼓励文化企业做大做实做强的重要载体。省文化改革发展领导小组通过出台《湖南省文化产业示范基地和园区管理办法》等政策文件，引导和推动全省文化产业持续健康快速发展，增强全省文化产业综合实力和核心竞争力。截至 2016 年末，全省共有集聚类文化创意产业园区 58 个，其中有国家级园区 2 个，省级园区 15 个，市级园区 41 个，获得"国家文化产业示范基地"称号的文化企业 11 家。在全省范围内，文化产业集聚示范和辐射带动作用不断增强，规模化、集约化、专业化发展水平稳步提升。

这些文化创意基地和园区按照性质可划分为以下几种类型：产业型（产业集群发展比较成熟，产业链相对完整）15 个；混合型（依托科技园区，结合园区优势产业同步发展文化产业，但园区内并未形成文化产业链条）13 个；艺术型（创作型园区，原创能力强，但艺术产业化程度还较弱）4 个；休闲娱乐型 16 个；地方特色型 10 个。其中，长沙天心文化产业园作为含金量最高的国家级文化产业示范园区，2016 年共有入园文化企业达到 800 多家，实现文化产业产值约 170 亿元，增加值约 60 亿元，对天心区 GDP 贡献约占 8%，体现了对全国文化产业园区建设的示范引领作用。

1.长沙天心文化产业示范园
2.长沙（国家）广告产业园
3.湘潭昭山文化产业园
4.长沙黄花印刷科技产业园
5.岳阳县君山印刷工业科技园
6.锦绣潇湘文化创意产业园
7.临武县通天玉石文化产业园
8.邵东县金华湘包装印刷文化产业园
9.衡阳云集文化产业科技园
10.怀化文化广告创业产业园
11.常德武陵区移动互联网产业园
12.湖南（益阳）工艺美术创意设计园
13.浏阳河文化产业园
14.岳麓文化艺术产业园（后湖国际艺术区）
15.湖南华强文化科技产业基地
16.武陵山民族文化产业园
17.长沙海底世界
18.安化梅山文化生态园
19.长沙世界之窗
20.常德欢乐水世界（常德梦幻桃花岛）
21.湘台文化创意产业园
22.湖南湘绣城
23.醴陵瓷谷文化遗产园
24.湘西非物质文化遗产园
25.浏阳市花炮文化产业园
26.中国（韶山）非物质文化遗产博览园
27.张家界溪步老街

图 2-5　湖南省重点文化产业园区分布示意图 [①]

---

① 此图由本文作者根据湖南省文化创意产业有关数据统计和绘制。

　　湖南省发展文化创意基地和文化产业园区，兼顾了长株潭城市群和环洞庭湖地区、大湘西地区、大湘南地区等全省的大格局，注重扶持中心大城市、中心城市和广大乡镇的不同特色园区，在全省 58 个文化产业园区中，属于地方特色型的就有 10 个，包括湘台文化创意产业园（铜官窑）、湖南湘绣城（湘绣）、醴陵瓷谷文化产业园（陶瓷）、浏阳市花炮文化产业园（烟花）、湘西非物质文化遗产园等，占比约为 17%。而在全省 27 家主要文化产业园区中，有 13 家集中在省会长沙市，有 14 家分别分布在株洲、湘潭、衡阳、益阳、常德、岳阳、邵阳、怀化、张家界、郴州、湘西自治州等 11 个市州。长沙天心文化产业园、长沙国家广告产业园、湘台文化创意产业园、湖南（昭山）文化创意产业园、湖南（益阳）工艺美术创意设计园、中部移动互联网梦工厂等一批国家级、省级重点文化产业园区发挥了重要的骨干和示范作用，全省文创产业的集聚作用和规模化优势不断增强，集聚区的规模化和专业化发展水平稳步提升。目前，各市州拥有文化产业园区建设重点项目 80 多个，其中投资上亿元的项目 30 多个，中长期投资总额超 500 亿元。

三、湖南科技文化创新体系与文化创意基地建设的问题与瓶颈

（一）科技文化创新研发投入比重较低

　　推动科技文化创新体系建设，需要获得资本的驱动力，因而发达国家和地区都加大了研究开发投入，并且把研究开发投入占 GDP 的比重作为提升国家和地区创新环境的一个重要指标。湖南在这方面做出了许多努力。湖南省 2015 年用于研究与试验发展经费支出 412.7 亿元，相当于全省生产总值的 1.43%。这一比例明显低于全国平均水平（2015 年全国研究与试验发展经费支出平均水平为 2.07%），而且在中部地区也仅排在第 4 位（同属于中部地区的陕西省 393.2 亿元，占比 2.18%；安徽省 431.8 亿元，占比 1.96%；湖北省 561.7 亿元，占比 1.90%）。全国研究开发投入总额超过千亿元的省（市）有 5 个，分别为江苏、广东、山东、北京和浙江。研究与试验发展经费支出比重超过全国平均水平的省（市）有 8 个，分别为北京、上海、天津、江苏、广东、浙江、山东和陕西。湖南不在其中。这在一定程度上制约了湖南科技

文化创新体系与文化创意基地建设。

图 2-6 全国有关省市研究与试验发展（R&D）经费投入及占 GDP 比重（2015 年）

（二）文化产业的内部结构不够优化

经过国家认定，2015 年湖南文化制造业、批发零售业和服务业占全部文化产业增加值的比重分别为 68.7%、5.3% 和 26%，而全国的比重分别为 40.6%、9.3% 和 50.1%。湖南文化产业制造业的比重超过全国平均水平 28.1%。相比之下，北京、上海等发达地区的文化服务业所占比重都超过了全国平均水平，如上海达到 71.9%，特别是上海的文化创意和设计服务、文化信息传输服务等中高端服务业的增加值分别达到 789.43 亿元和 208.49 亿元。从文化产业的内部结构上看，湖南省文化制造业内部结构较为单一，而且劳动密集型和初级资源密集型所占比重较大，比如鞭炮烟花产品占全部文化制造业比重达到 40.4%，相比之下，广东省的文化制造业结构比较多样化，主要门类包括玩具制造、珠宝首饰及有关物品制造、电视机制造、音响设备制造、影视录放设备制造等。其中技术密集型和资金密集型的门类在全国占有比较明显的规模优势，玩具制造业增加值达到 316 亿元、珠宝首饰及有关物品制造增加值达到 249.3 亿元。这说明，湖南省文化产业不仅仅要做大，更要做优，要把产业结构的调整列为重要任务，推动技术密集型、资金密集型、创意密集型的产品和服务成为主要门类。

（三）文化产业的区域发展不够平衡

从全省文化产业的分布来看，长株潭核心增长极一家独大，环洞庭湖、大湘西、大湘南三大板块合计占比不足 50%。2015 年长株潭地区、大湘南地区、大湘西地区、环洞庭湖地区文化产业增加值占全省的比重分别为 59%、14.6%、10.1% 和 16.3%。尤其是省会长沙文化产业增加值遥遥领先于其他地区，总量达到 774.73 亿元，占全省总量的 45.4%。2016 年长株潭地区、大湘南地区、大湘西地区、环洞庭湖地区文化产业增加值占全省的比重分别为 56.27%、15.13%、11.05% 和 17.56%。省会长沙实现文化和创意产业增加值 811 亿元，占全省总量的 42.4%。湖南省文化产业总体呈现出省会城市独大、其他地区偏弱的特点，因此需要继续突出长株潭这一个核心，并在环洞庭湖、大湘西、大湘南地区，培育更多的增长引擎，才能形成纲举目张之势，对全省发挥良好的辐射带动作用。

（四）文化龙头企业的优势不够明显

湖南省文化产业规模总量与北上广浙等文化产业大省比较，依然存在较大差距，所谓"标兵越来越远，追兵越来越近"。全省近 4 万多家文化产业法人单位中，规模以上企业占比不到 7%；在全省文化产业的龙头企业中，除了出版、广电等部分企业外，其他企业在全国站位不高，影响不够大。近年来，湖南电广传媒作为中国传媒第一股、中南传媒作为全媒体产业链上市第一股、快乐购作为电视购物第一股、天舟文化作为民营出版第一股，产生了积极的带动作用，但是它们的数量还不多。尤其要指出，科技文化融合创新的领军企业和多元化的领军企业，多向北京、广东、浙江、上海等地集聚，比如互联网企业三大巨头阿里巴巴、腾讯、百度分别在杭州、深圳、北京；全国旅游演艺上市公司第一股宋城、全国最大的舞台演艺设备集成服务商大丰、全国电影上市公司第一股华谊兄弟、全国电视剧上市公司第一股华策影视在浙江；全国主题乐园和电影装备的龙头企业华强、全国数字音乐上市公司第一股 A8 音乐在深圳；全国文化旅游第一股东方明珠、全国最大的网络音频服务平台喜马拉雅 FM 在上海。这些态势形成了对湖南的激烈挑战，亟待湖南省优化创新和创业的生态环境，让更多的龙头企业脱颖而出。

（五）对外文化贸易的规模不够壮大

湖南省的对外文化贸易经过 2015 年的短暂低迷期，在 2016 年获得了明显的恢复，全省文化产品进出口总额累计实现 13.26 亿美元，同比增长82.9%，其中出口额 10.53 亿美元，占进出口总额的 99.1%。中南出版传媒集团等 17 家文化企业入选 2015—2016 年度国家文化出口重点企业，芒果独播视频海外新媒体合作等 4 个文化项目入选 2015—2016 年度国家文化出口重点项目。但是与北京、上海、广东、浙江、江苏等省市相比较，仍然存在差距。第一是总体规模偏小。如上海连续多年文化贸易进出口总额保持在 100 亿美元左右，湖南省与之相比差距比较大。第二是产业结构偏低。近年来湖南省对外文化出口的重点是产品出口，而文化服务贸易包括技术贸易、离岸设计、版权贸易等数量有限，规模偏小；第三是对外投资偏弱。近年来，随着中国成为全球第二大对外投资国，发达省市不断加大对外文化投资力度，鼓励本土科技文化企业通过投资、并购、合作研发等方式，在全球汇聚优质的创新资源。截至 2016 年，上海有 167 家文化企业开展境外投资，其中约 2/3 是投向美国、日本、欧盟、韩国等发达国家和地区，旨在汇聚优质的创新资源；1/3 是投向新兴经济体和发展中国家，旨在推动自身优质产能向外输出，获得土地、劳动力等资源和市场空间。在近年来北京文化企业境外并购的 29 个案例和境外直接投资的 12 个典型案例中，既有中美环球演艺股份有限公司等在发达国家并购和投资的项目，也有数字电视运营平台等投资非洲的项目 [1]。在中部省市中，安徽省也在奋起直追，安徽省出版集团版权输出连续 7 年居全国同行业第一，达到"销售收入和总资产市值双 200 亿"的新高度；安徽新华发行集团成功收购法国巴黎凤凰书店，推动中华精品图书走向国外主流社会。有鉴于此，湖南省在发展对外文化贸易方面，亟待优化结构，加大力度，加快在全球文化市场布局的步伐。

---

[1] 吴承忠，辛婷婷：《北京文化企业境外投资经营支持政策研究》，《国际文化管理》第 4 期，对外经贸大学出版社，2017。

四、湖南科技文化创新体系及文化创意基地建设的基本思路和发展目标

（一）指导思想：一条主线

根据习近平总书记"五位一体"和"四个全面"发展的战略布局，全面贯彻五大发展理念，大力实施湖南省的创新引领、开放崛起战略，着力建设经济强省、科教强省、文化强省、生态强省、开放强省，坚持以先进文化为内容，以先进科技为手段，以实施重大项目为带动，以培育科技文化龙头企业和创新优秀品牌为重点，突破关键技术、升级传统产业、培育新型业态、促进文化消费、壮大文化贸易，统筹国内外两个文化市场，构建结构合理、布局优化、重点突出、竞争力强、具有湖南特色的科技文化创新体系，打造规模集聚、特色鲜明、辐射作用强的文化创意基地，着力提升科技服务业和文化产业的核心竞争力，提升文化事业服务能力，满足人民群众日益增长的精神文化需求，为实现建设富饶美丽幸福新湖南的目标做出积极贡献。

（二）基本目标：两大阶段

1. 基本目标：四大重点

湖南省要形成空间布局合理、产业结构优化、优势特色鲜明、规模效益并重、创新活力旺盛的湖南科技文化创新体系及文化创意基地体系，其四大重点是：

第一，形成具有全球前沿性的科技文化成果创新研发体系。在全省加快战略布局，依托自主创新力量，形成一批产学研结合的科技文化研究开发基地和团队，瞄准未来 10~20 年可能影响全球科技文化发展的前沿科技和关键技术进行攻关，从跟随走向追赶，从领先走向引领，集中力量开发一批具有前沿性、引领性、基础性的重要科技文化研究开发成果。

第二，形成具有规模优势的科技文化市场化主体集群。在全省加强培育科技文化企业的营商环境建设，重点培育和集聚两类湘籍企业，即在全国科技文化研发和产业化的主要领域和细分市场中的龙头企业以及大批充满活力的中小微企业，让"文化湘军"拥有日益强大的科技兵团。

第三，形成高效灵活的科技文化成果产业化机制，在提供文化产业的科

技动力方面，走在全国前列。要在全省构建更具有竞争力的创新生态环境，营造更加良好的产学研合作机制，使得湖南成为科技文化领域的风险投资的重要集聚地之一，也是各种技术和文化产权交易机构、股权交易机构、虚拟技术交易机构、人才市场等的集聚中心和资源配置中心。

第四，形成结构优化、布局均衡的文化创意基地体系。要适应全球范围内科技文化基地向研发型、智能型、综合型升级的大趋势，推动全省各类文化创意基地向带动有力、辐射强劲、结构优化、布局均衡的方向稳步发展，在全省主要区域均建设文化创意基地群落，并且与湖南发展对外文化贸易和对外文化投资相结合，形成立足湖南、辐射全国、联系世界的科技文化创新节点网络。

2. 时间节点：两大阶段

湖南科技文化创新体系及文化创意基地建设在未来 5~10 年间，要立足长远，稳步推进，通过两个阶段来实现战略目标。

第一阶段：2017—2021 年为系统建设期。做好顶层设计、协调推进机制，明确责任分工，集聚各方力量，形成推动科技文化创新体系和文化创意基地建设的强大合力。要确认湖南科技文化研发创新的重点领域和主要项目，集中力量开发 60~100 项具有前沿性、引领性、基础性的重大科技文化研究开发成果；形成具有规模优势的科技文化市场化主体集群，科技文化类上市公司数量扩大到 20 家以上；形成高效灵活的科技文化成果产业化机制，科技文化领域的专利成果转化率达到 25% 以上；形成结构优化、布局均衡的文化创意基地体系，全省文化创意基地在长株潭地区和其他地区的大体分布比例要达到 1:2。

第二阶段：2022—2026 年为全面提升期。在科技文化创新体系及文化创意基地框架基本建成的基础上，努力建设创新型的科技文化协同创新机制和现代治理模式，形成在国内外优化配置科技文化创新资源的优势，全面完成科技文化创新体系及文化创意基地建设的各项主要任务和重点工程，推动湖南省达到全国科技文化创新体系及文化创意基地建设方面领先的地位。

（三）发展定位：三大内涵

根据国家关于文化强国战略、科技创新战略、"一带一路"倡议、长江经济带战略等的部署，湖南省要突出内陆创新型科技文化高地的定位，它包括三大内涵：①成为吸引科技文化资源集聚的大平台，进一步优化湖南科技文化的创新生态，吸引海内外的人才、技术、资金、项目等向湖南的科技文化重点领域集聚，形成创新资源的富集之地；②成为推动科技文化研发和产业化的大引擎，培育一大批特色、新型的科技文化产业集群和文化创意基地，不断推出前沿性、引领性、关键性的重大科技文化研究开发成果，建设多层次的孵化器、加速器、服务平台等，使湖南科技文化成果转化率和产业化率走在全国前列[①]；③成为辐射海内外，开展对外文化贸易和投资的大枢纽，形成立足中部，带动周边，辐射世界的战略优势，以强大的综合实力参与国际竞争，以包容的博大胸怀打造人类命运共同体，打造成为"一带一路"科技文化创新研发体系与文化创新基地建设的先进示范区。

（四）基本原则：五个突出

突出正确引导、以人为本、普惠群众的发展导向。坚持中国梦和先进价值观念的引导作用，以先进科技知识和手段来创造和传播更多的先进文化内容，进一步树立建设社会主义强国的文化自觉性和文化自信心，坚持以科技为手段，促进文化事业繁荣和文化产业发展。坚持服务群众，增加人民群众的文化选择和文化享受，为其提供更加丰富的高层次文化消费产品。

突出数字化、网络化、信息化的发展主题。大力推动与文化相关的数字化技术、智能制造技术、新型视听技术、移动互联网技术、仿真展示技术、物联网技术等的研究开发和应用，推动一大批应用于文化领域的全局性、战略性、关键性的共性技术和基础技术突破，提供一大批具有前瞻性的技术和知识，这既是推动湖南省文化与科技融合的战略资源，也是改造提升传统文化产业、培育壮大新型文化业态的重要基础。

突出政府引导、企业主体、市场驱动的融合发展原则。充分发挥政府在产业转型、政策扶持等方面的引导功能。充分发挥文化科技企业的主体作用，打造竞争力较强的产业集群，鼓励文化企业应用最新科学技术，积极探索文化科技融合相关产业的新型商业模式。充分发挥市场在文化科技资源配置中的决定性作用，推进文化科技产业集群化发展。

---

① 科技文化成果转化率和产业化率，一般是指科技文化创新成果转化为市场化开发产品，并且进一步形成产业化形态而占科技文化成果总量的比值。

突出双向流通、全球配置、开放崛起的融合发展策略。服务于"一带一路"倡议，注重在全球范围内配置科技文化创新资源，把引进来和走出去相结合，融入全球文化创意产业的价值链、供应链和服务链，并且逐步步入到它们的中高端地位，建设合作共赢的文化产业共同体。

突出双轮驱动、双向跨界、园区集聚的融合发展路径。以文化创新和科技创新为基本动力，打造集约型、专业化、规模化的全省文化创意基地（园区）体系，形成大型、重点、特色文化产业园组成的多层次结构，改造传统文化产业，催生新兴产业业态，打造著名文化科技品牌，引导科技企业跨界进入文化产业领域，依托基地（园区）打造重点产业集聚区，形成文化科技创新产业链。

（五）发展重点：五个方面

图2-7　湖南科技文化创新体系及文化创意基地建设发展重点

1. 创新源——先进的科技文化技术研发中心

突破一批满足文化发展需要的共性技术和关键技术，依托高等院校、科研单位、重点实验室、企业研发中心等多方面力量，在超高清电视、虚拟现实技术与文娱的产业化开发、下一代广播电视有线无线融合网、大数据开发与云计算应用、深度学习与人工智能、现代智能化设计、文化智能制造、数字化公共文化服务等领域开展技术攻关，打造系列能够体现富饶美丽幸福新湖南的文化科技融合创新示范工程，实现若干关键文化产品和文化科技装备的升级和国产化。

2. 强主体——优势的科技文化企业规模集群

培育具有新技术、新模式、新业态的科技文化企业集群。在湖南省已有的一批龙头企业包括湖南广播影视集团、湖南出版投资控股集团、湖南广电网络控股集团、湖南日报报业集团等企业的基础上，进一步培育和壮大多元化主体，从全球范围内配置技术、人才、资金、知识等资源，五年内在全省新培育认定高新技术企业300家以上，打造10大创新能力强、引领作用突出、团队效应明显、处于国际领先地位的创新团队。要新培育科技文化龙头企业和领军企业30家、骨干企业100家，实现科技文化类上市公司数量扩大到20家以上、规模以上文化产业法人单位突破3000家。要进一步加强科技文化主体的多元化建设，形成国资、民营、合资三大类市场主体各显所长、发展活力充分涌动的新局面。

3. 新业态——新兴的科技文化业态和商业模式

重点开发先进科技与文创产业相融合的新型视听类、IP和信息类、智能制造类、新型会展类、娱乐旅游类等五大新形态。湖南省研究与试验发展经费支出的投入比重要达到和超过全国的平均水平，进入中部地区最前列[1]，尽快形成6个以上在全国领先、具有自主知识产权和核心竞争力的新业态集群，积极培育创客空间和培育中小微企业，在全省打造20家以上进入国家科技部名录的众创空间。与此同时，根据全省各个市州的不同条件，与建设特色小镇、工业旅游示范区、文化旅游示范区等相结合，建设科技文化融合与相关产业联动发展的新兴业态。

4. 优基地——优良的文化创意基地和园区

建设集约化、专业化、规模化的全省文化创意产业基地和园区体系，推动各类文化创意产业基地和园区向带动有力、辐射强劲、结构优化、布局均衡的方向快速发展。努力打造15家以上国家级文化产业园区和基地；使数字

---

[1]　2015年全国研究与试验发展（R&D）经费投入强度（与国内生产总值之比）平均为2.07%。

出版、文化智能制造、网络视听、动漫游戏、影视制作、创意设计等新兴业态的产值占比超过 60%；净利润过亿元的文化企业数量超过 20 家。加大对基地内产业孵化器、研发中心、服务平台、生活配套项目等重点设施的建设，推动它们向科技型、专业化、智慧型方向发展，同时加大对各级科技文化产业基地和园区的扶持力度。

5. 惠民生——全域的科技文化惠民服务网络

建成数字化、网络化、智能化的公共文化服务体系，结合全省公共文化体系提升工程、"十三五"市级三馆建设等重点项目，完成覆盖主要城市和县域的下一代广播电视有线无线融合网建设，推进广播电视"户户通"和公共区域 Wi-Fi 全覆盖，完成省、市两级图书馆和主要博物馆的数字化建设；结合新型城镇化和特色小镇的建设，完成主要社区（乡镇）文化活动中心的数字化改造；结合非物质文化遗产的保护与传承，以科技进步推进湘绣、湘瓷、湘茶、烟花、戏曲、工艺美术等传统优势产业的提质发展。

五、湖南科技文化创新体系及文化创意基地建设的空间布局

（一）发挥湖南地域优势，优化全省大布局

湖南科技文化创新体系及文化创意基地建设的空间布局，要按照产业集聚、功能分区、错位协同、均衡发展的总原则，积极配合国家"一带一路"倡议，统筹省内外和国内外两大格局，突出龙头带动、加快圈层辐射、强化极核支撑，构建全省科技文化创新体系及文化创意基地"一核两圈三板块"的总体空间布局，形成"一核集聚引领、两圈协同联动、三板块多点支撑"的产业发展大格局。

图 2-8 湖南省文化创意产业的主要空间布局

1. "一核"，即长株潭文化创意产业核心区

要以"新技术、新平台、新体系、新模式、新业态"为战略导向，加快长株潭国家自主创新示范区建设，以"互联网+"、新媒体、虚拟现实、影视节目、数字出版、动漫游戏、广告会展、演艺娱乐、文化信息、创意设计等为重点，加快推进马栏山文化创意集聚区、金鹰城大型全媒体节目生产基地、中南国家数字出版基地、快乐老人文化产业园、潇湘文化创意产业园、县域全民健身中心、省演艺集团文化广场（二期）工程、康乃馨高品质文化养老服务、湘台文化创意产业园、天舟书院、华凯创意国家文化产业示范基地、长沙天心文化产业园、昭山文化产业园等文化创意基地和产业园区建设。

2."两圈"，即文化创意产业协同圈和联动圈

以省会长沙为中心，从空间区位和高铁、高速公路交通联系上划分的两大文化创意产业协同发展圈域。协同圈即以长沙市为中心，形成高铁1小时、高速公路2小时到达所在地级市全域的产业经济圈，包括岳阳市、益阳市、常德市、娄底市、衡阳市等范围。联动圈即以长沙为中心，形成高铁2小时、高速公路4小时到达所在地级市全域的产业经济圈，范围包括张家界市、湘西自治州、怀化市、邵阳市、永州市、郴州市等。要促进各区域科技和文化创新发展的差异化、协调化、系统化，推动科技文化战略性资源的共享和整合。

3."三板块"，即大湘西板块、大湘南板块和环洞庭湖板块

在全省形成三大文化创意产业发展特色功能区域，包括大湘西地区、大湘南地区和环洞庭湖地区。要结合国家"一带一路"倡议，按照差异化、特色化和协调联动发展的原则，立足各板块的资源禀赋、区位特点、产业特色，确定其主导产业、优势领域和重点方向，丰富产业内容，延伸产业链条。近期要在三大板块中结合大王山旅游度假区、南岳衡山"盐湖"国家旅游度假区、大围山生态旅游整体开发、张家界天门山旅游产业园区等18个全域旅游项目推动科技文化与旅游业、工业、现代农业等的深度融合。要在三大板块内突出区域文化产业特色，板块之间形成风格各异、功能整合、协同联动的发展格局，促进全省文化产业协调发展。

（二）服务"一带一路"，突出"东进""南下"重点方向

1.把握全球文化贸易的大趋势

湖南要服务国家"一带一路"倡议，在全面扩大对外开放的前提下，突出"东进"和"南下"的重点方向，融入作为国家两大发展增长极的长三角和珠三角，进一步推动中华文化"走出去"。要不断拓展湖南对外文化贸易的目标市场，不但要经营美国、日本、欧盟等发达国家和地区市场，而且要大力开发东南亚等新兴经济体和发展中国家市场。从全世界范围来看，非西方国家的全面崛起正是21世纪全球经济和政治方面的一个重要趋势。在国际文化贸易领域，发展中经济体在文化产品和文化服务进出口方面所占的比重越来越大。根据联合国贸发会议的资料，2004—2013年，中国创意产品的出口目标地区，仍然以美国、日本、欧盟等发达国家和地区为主，但是向发展中国家特别是"一带一路"沿线地区转移的趋势越来越明显。未来一段时间，在升级版中国—

东盟自贸区和区域全面经济伙伴关系（RCEP）的制度性框架下，预计 2020 年中国与东盟间的贸易额将扩大到 1 万亿美元，到 2020 年的双向投资将新增 1500 亿美元[①]。其中有许多内容与文化产业密切相关。

2004—2013 年，中国创意产品向发达经济体出口额为 5619.25 亿美元，而向发展中经济体出口额为 3475.89 亿美元，但是中国创意产品向发达经济体的出口比重在下降，从 2004 年的 69.79% 逐步降到 2013 年的 51.27%，而对发展中经济体的出口比重在上升，从 2004 年的 27.08% 逐渐上升到了 2013 年的 45.36%。其中，北美和欧盟市场是中国文化创意产业出口的主要目标市场，2013 年的总量约为 700 亿美元，而东盟则是中国文化创意产业出口的次要目标市场，2013 年的总量为 112 亿美元，而且增长的速度正在不断加快，十年间的年出口额增长了约 14 倍。

表 2-1　2004 — 2013 年中国创意产品对世界三大经济区域的出口额[②]

单位：亿美元

年份	2004	2005	2006	2007	2008	2009	2010	2011	2012	2013
北美	168.48	195.68	221.63	268.92	293.92	252.00	315.94	361.18	388.84	406.41
欧盟	87.74	119.11	142.24	169.63	203.88	184.19	227.83	278.14	278.45	291.12
东盟	7.78	8.56	11.11	22.28	36.64	44.16	62.52	73.20	100.55	112.37

湖南要敏锐地把握这一趋势，在保持向美国、日本、欧盟等发达国家和地区市场进行文化产品和文化服务出口的同时，大力开拓"一带一路"沿线的新兴目标市场，适应软件、硬件、服务三位一体的全球趋势。在地理空间

---

① 《李克强：中国和东盟到 2020 年双边贸易额将达 1 万亿美元》，中国广播网，2013 年 9 月 3 日，http://china.cnr.cn/gdgg/201309/。

② 作者根据联合国贸发会议 UNCTAD 的资料，参看王洪涛、郭新茹：《2014 创意经济对外贸易报告》，载罗昌智、董泽平主编的《两岸创意经济研究报告》，社会科学文献出版社 2015 年 10 月版。

上形成两大取向，即"东进"和"南下"双管齐下。

2. 突出"东进"方向，接轨长三角，推动双向流通

"东进"的重点内容，是依托长株潭城市群的核心区和环洞庭湖地区的文化创意产业功能区，积极开发长沙天心文化产业园、马栏山文化创意集聚区、长沙华谊兄弟电影文化城、湖南广播电视台大型节目生产基地、昭山文化创意产业园项目、湖南华强文化科技产业基地、洞庭3517文旅新城、洞庭湖博览园等重点项目，对接长三角城市群，深度融入长江经济带，大力开发科技型、创意型、智慧型的文化创意产品和项目，构建具有国际竞争力的对外文化服务贸易，包括投资贸易、技术贸易、版权贸易、专业外包等，通过上海和长江三角洲的桥头堡作用，依托上海、浙江自贸区的先发优势，辐射美国、日本和欧盟市场，同时积极投资和并购发达国家的优质资产，包括技术专利、优秀企业、文化地产、科技研发机构、电影院线、技术秘密、配送平台、知名品牌等，逐步形成以湖南为基地，辐射海内外的优质科技文化资产网络。

"东进"的重点举措是扩大双向流通，一方面，以开放倒逼改革，争取把上海自贸区等实施的文化市场开放项目，包括允许外资企业从事游戏游艺设备的生产和销售、允许设立外商独资演出经纪机构、允许在自贸区内设立外资经营的演出场所、允许设立从事其他印刷品印刷经营活动的外资企业等举措尽快在湖南落地实施，逐步测试湖南文化产业对于国际贸易自由化的压力承受能力，把握湖南文化产业对国际市场规则的适应能力；另一方面，以创新增强活力，在这个过程中积极实施自主创新战略，培育湖南本土的高端科技文化要素和对外文化贸易优势，加强科技文化项目的研发，发展湘籍的外向型文化企业和湘籍文化跨国公司，扩大湖南在全球文化贸易市场上的话语权。

3. 突出"南下"方向，接轨大湾区，拓展新空间

"南下"的重点内容，是依托大湘南文化创意产业功能区等，大力开发银都文化创意产业园、土家特色科技园区、南岳汉韵文化城、中国桂东生态三元文化创意产业园、瑞鼎文化产业园、永州文化创意产业园建设等重点项目，接轨粤港澳大湾区、北部湾经济区、海峡西岸经济区等，依托广东、福建自贸区和深圳特区等的先行先试作用，融入海上丝绸之路和中南铁路网，进入面向东南亚国家的海陆大通道，在扩大文化产品出口的同时，大力发展文化

服务出口，包括投资贸易、版权贸易、技术贸易、旅游贸易等，发展文化创意服务外包、众筹等新兴业态，获得对于湖南文化创意产业未来发展至关重要的市场资源、劳动力资源、原材料资源，扩大湖南文化创意产业发展的战略空间。

"南下"内容的重点，是多元融合。它不仅仅是指湘粤港澳的地理联通，也是不同制度、多样要素、产业分工的融合。2017 年国家首次提出"粤港澳大湾区"，未来的粤港澳大湾区将发展成为与美国旧金山湾区等比肩的超大型开放型经济体，它的科技创新资源丰富，拥有侨乡、英语、葡语三大文化纽带，是世界重要的科技产业、金融服务业、航运物流和制造业中心，拥有比较完备的创新链、产业链和供应链。而湖南拥有科技湘军、文化湘军等强大主体、著名品牌、创新活力和重要区位，可以通过前瞻性的谋篇布局，依托大湘南文化创意产业功能区及重点项目，实现跨域联动，发挥科技文化创新的优势，以科技文化方面的自主内容、高端装备、专业服务等，形成湘粤港澳的大联通、大布局、大开放。

六、湖南科技文化创新体系及文化创意基地建设的主要任务与重点工程

（一）科技文化创新体系及文化创意基地建设的任务和路径

1. 开发重点的前沿科技和关键技术

结合湖南自身优势，推动政府、科研、企业、社会的协同创新，不断推进文化和科技深度融合，继续发挥湖南"敢为天下先"的改革开放先行作用，"有所为，有所不为"，在今后五年，以产业链促进创新链、以创新链支撑产业链，力争突破一批关键核心技术，形成创新突破点，重点开发先进科技与文创产业相融合的新型视听类、IP 和信息类、智能制造类、会展广告类、娱乐旅游类、社会服务类六大门类。持续加大技术研发力度，集聚强有力的文化科技战略资源，推动文化产业运用现代科技手段，创新服务品牌，推出更具科技竞争力和市场吸引力的文化产品和服务，营造规模化发展、集约化经营、分工协同、可持续发展的文化创意产业新局面。

2. 培育优势的科技文化企业集群

要针对世界范围内文化创意产业向科技型、集约化、智慧型发展的趋势，培育良好的科技文化创新生态，强化企业创新主体地位，壮大科技文化领军企业和骨干企业的规模，鼓励和壮大国有、民营、外资、合资等多元化的产业主体。根据国际专家对香港、伦敦、纽约等的对标研究，世界城市的文化企业与文化社团及民办非企和文化类基金会大体上有一个合理的数量结构，一般为 100∶10∶1，即企业占比 100%，社团及民办非企占比 10%，文化类基金会占比 1%[①]。照这一比例，湖南文化社团及民办非企可达 4000 多家，文化类基金会可达 400 家左右[②]。要发挥湖南文化旅游产业投资基金等机构的作用，鼓励和集聚更多的民办非企和文化基金会，积极储备优质的文化投资项目，吸引各类社会资源汇聚，扩大科技文化成果的公益性服务和惠民效果，形成良性互动的科技文化创新生态结构，犹如一座热带雨林，包括了乔木和灌木、小草，才能让科技文化创新活动蓬勃成长。

3. 培育科技文化的新业态和新模式

充分发挥湖南科技文化创新体系及文化创意基地建设的作用，积极鼓励开发新一代超高清电视和电影[③]、数字音乐、网络广播、互联网内容、智慧教育、家庭互联网、公共区域 Wi-Fi 覆盖七个重点领域，形成以技术为驱动，以内容为引导，以企业为实体，以应用为目标的科技文化新业态。要鼓励开发科技文化领域的新商业模式，包括积极发展众创、众包、众扶、众筹四大模式，以众智促创新，大力发展众创空间和网络众创平台；以众包促变革，鼓励用众包等模式促进生产方式变革，聚合员工智慧和社会创意，开展设计研发、生产制造和运营维护；以众扶促创业，通过政府和公益机构支持、企业帮扶援助等多种方式，共助小微企业和创业者成长；以众筹促融资，发展实物、股权众筹和网络借贷，拓宽金融体系服务创业创新的新渠道新功能。

---

① 花建：《互联互通的文化创意产业新业态》，东方出版社，2016。

② 根据第三次全国经济普查结果，湖南共有各类文化市场主体 7.53 万户，其中文化产业法人单位近 4 万家，规模以上文化产业法人单位 2325 家。

③ 20 世纪末叶以来，日本、欧洲和美国科研机构对超高清数字电视（UHDTV）展开研究，在充分考虑人类视觉系统（HVS）的基础上确定超高清相关参数，通过 BT.1769 和 SMPTE2036（2007）等标准定义出 3 种超高清电视模式，在画面显示比例为 16∶9 的条件下按像素结构可以分为：4K 模式（3840×2160 像素）、8K 模式（7680×4320 像素）和 16K 模式（15360×8640 像素）。

表 2-2 湖南文化科技融合开发的新兴业态

主要门类		重点领域	建设内容
新兴业态主要门类	新型视听类	新一代影视	新一代超高清电影电视、移动电视、手机影视等。
		数字音乐	数字音乐、音乐门户网站、网络下载音乐等。
		网络广播	网络电台、UGC 和 PGC 内容服务。
	IP 和信息类	互联网内容服务	互联网门户网站、短视频直播服务、微信公众号等。
		智慧教育	网络教育、远程培训、数字图书馆、智慧校园等。
		数字出版	网络文学、数字期刊、网上文艺社区、手机动漫等。
		家庭互联网	智能家庭、多屏互动、远程医疗、精准推送。
	智能制造类	文化智能制造	3D 打印、个性化设计定制、基于大数据的创意研发等。
		文化科技装备	数字影视装备、会展装备、舞台装备、印刷装备等。
	会展广告类	新型展览	数字化展览、数字文化产权交易、数字化艺术品拍卖。
		会议服务	数字会议服务、人工智能翻译、远程会议服务等。
	娱乐旅游类	娱乐旅游	数字化演艺、数字化主题公园、AR 和 VR+ 文娱产业化等。
		休闲健康	远程健康服务、文化养老社交网络服务、电子竞技、数字化景观等。
	社会服务类	搜索与物流	搜索引擎、电子商务、物流配送、大数据深度开发等。
		文化金融	互联网文化众筹、文化众包、文化外包服务等。
		创业孵化	虚拟商务区、数字众创空间、网络孵化平台等。

4. 拓展以影视出版为重点的文化创意基地

要推动全省文化创意基地、园区的结构优化和升级发展。它包括三个层次：第一层次，以长沙的环马栏山、环岳麓山、中心城区三大科技文创产业圈为基础，体现长株潭作为全省文化产业核心集聚区的引擎作用；第二层次，以湖南省的 27 个重点文化产业园（基地）为节点，形成集约型、规模化、专业化的科技文化产业基地和园区群体；第三层次，发展各个市州县的特色文化产业园，包括宁乡经济技术开发区文化创意产业园、醴陵·世界陶瓷艺术城（二期）、临武县文化创意产业园及傩戏传承基地等一批重点项目，形成纲举目张的基地和园区网络。

要发挥文化湘军的优势，拓展以影视出版为重点的文化创意基地，既要发挥湖南注重市场规律、善于率先突破、壮大传统品牌的优势，又要推动科技研发，更新先进装备，打造互联网视频、微信、微博、微课等一批新兴业态。要扶持一批发轫于传统产业的文化企业，快速迎接与融合新技术，全员进入、全链介入、平台突进、开放合作，积极拥抱新技术带来的出版传媒数字化变革机遇，推动传统意义上的纸质出版向融合性的数字化出版服务转型。

要不断升级文化创意基地和园区，沿着"创新激励—产业孵化—人性服务—环境优化"的方向，从打造文化创意基地和园区的 1.0 版，即推动企业集聚，扩大规模，注重产能，注重产业组合；到发展文化创意产业集聚区的 2.0 版，即注重打造平台，快速成长，注重效益，推动科技成果产业化的效益提升；再到文化创意产业集聚区 3.0 版，即推动跨界融合，鼓励创业，虚实结合，创意社区，注重知识型创业者的长远发展，加大对基地内产业孵化器、研发中心、服务平台、生活配套项目等重点设施的建设，推动它们向科技型、专业化、智慧型方向发展。

5. 普及科技文化的惠民服务网络

建成数字化、网络化、智能化的公共文化服务体系，结合全省公共文化体系提升工程、"十三五"市级三馆建设、全省村级综合文化服务中心建设等重点项目，完成覆盖主要城市和县域的下一代广播电视有线无线融合网建设，完成省、市两级图书馆和主要博物馆的数字化建设，结合新型城镇化和特色小镇的建设，完成主要社区（乡镇）文化活动中心的数字化改造，提高广播电视户户通、国家文化信息资源共享、农村数字电影放映、农家书屋等国家重点工程的技术服务水平，并在有条件的区县试点开展农家书屋数字化阅读服务。继续推进数字图书馆和博物馆建设，建设面向互联网和移动互联网的新型数字内容投送系统，扩大公共文化服务的影响力和覆盖面。推进农民工电子阅览室建设，搭建全省公共文化服务信息集成平台。

1.长沙天心文化产业示范园
2.长沙（国家）广告产业园
3.湘潭昭山文化产业园
4.长沙黄花印刷科技产业园
5.岳阳市君山印刷工业科技园
6.锦绣潇湘文化创意产业园
7.临武县通天玉石文化产业园
8.邵东县金华湘包装印刷文化产业园
9.衡阳云集文化产业科技园
10.怀化文化广告创业产业园
11.常德武陵区移动互联网产业园
12.湖南（益阳）工艺美术创意设计园
13.浏阳河文化产业园
14.岳麓文化艺术产业园（后湖国际艺术区）
15.湖南华强文化科技产业基地
16.武陵山民族文化产业园
17.长沙海底世界
18.安化梅山文化生态园
19.长沙世界之窗
20.常德欢乐水世界（常德梦幻桃花岛）
21.湘台文化创意产业园
22.湖南湘绣城
23.醴陵瓷谷文化产业园
24.湘西非物质文化遗产园
25.浏阳市花炮文化产业园
26.中国（韶山）非物质文化遗产博览园
27.张家界溪步老街

图 2-9　湖南省重点文化产业园优化结构示意图

6. 打造对外文化开放的新优势

"一带一路"倡议为湖南科技文化创新体系建设带来了广阔的发展空间和新的课题，它包括：通过互联互通而优化整合战略资源，通过培育外向型文化企业而壮大产业主体，通过扩大文化服务出口而优化文化贸易结构，通过联接"丝路城市"而形成合作共赢的网络。这既有助于提升湖南在全球文化产业价值链、文化资源供应链、文化品牌服务链中的地位，扩大战略资源和市场空间，形成比较优势，也有利于建设互利共享的国际文化产业共同体。

图 2-10　湖南省在"一带一路"倡议大格局中的地位

　　要优化湖南对外文化贸易的结构，加快发展科技密集型、资金密集型、智力密集型的对外文化服务贸易。在对外文化投资、知识产权授权使用、离岸设计、电脑服务、工程与建筑及技术服务、音乐服务、视听外包服务等方面尽快形成国际竞争力强项，同时保持湖南在工艺美术品、图书期刊、演艺等方面的出口优势。要大力培育湘籍外向型文化企业和湘籍文化跨国公司，从小到大、由弱到强，逐渐形成湖南外向型文化企业的优势群体。要不断提升湖南的国家文化出口重点企业和国家文化出口重点项目的数量。

　　要加大全省对外向型文化企业和文化跨国公司的培育力度，重点是在以负面清单管理为核心的投资管理制度、以贸易便利化为重点的贸易监管制度、着眼于实体经济发展的金融开放创新制度、与开放型市场相适应的政府管理制度、改革创新的法治保障制度五大领域，对标国际规则和发达地区先行先试的经验，尽快形成对外文化贸易的优势集群。

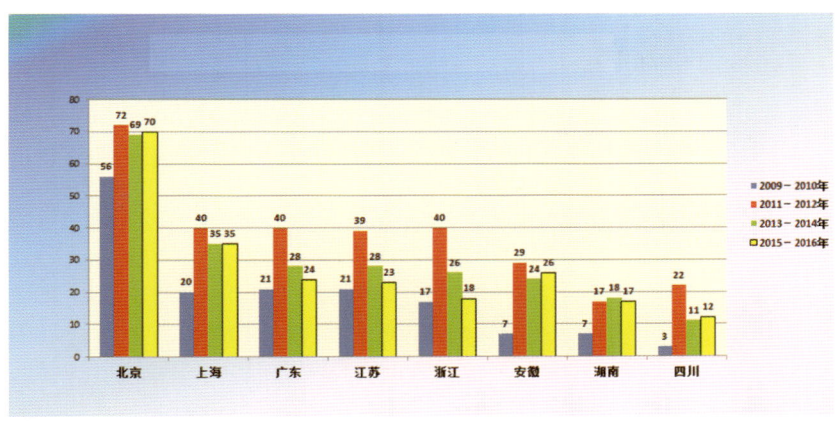

图 2-11 有关省市的国家对外文化出口重点企业数量（2009—2016 年）①

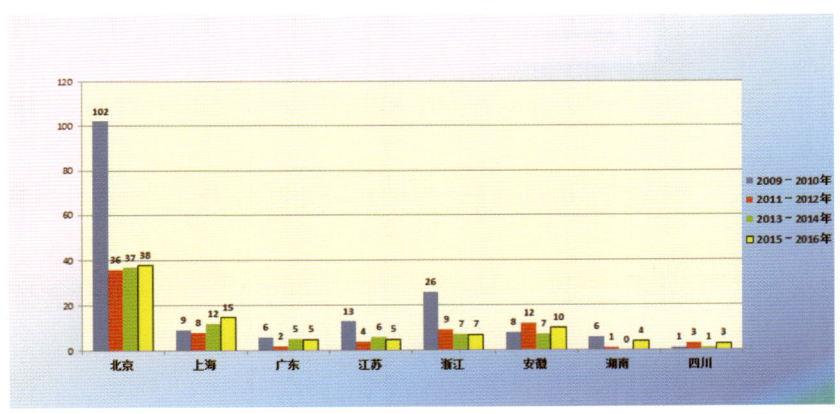

图 2-12 有关省市的国家对外文化出口重点项目数量（2009—2016 年）②

（二）科技文化创新体系及文化创意基地建设的重点工程

湖南省科技文化创新体系及文化创意基地建设要突出重点，确立七大领域，开展创新示范工程，提升技术支撑水平，创新文化表现模式，促进文化繁荣发展。

---

① 作者根据国家商务部官方网站和各省市政府网站数据整理绘制，参考汪素芹、汪丽：《京沪粤苏浙五省市文化贸易比较研究》，《浙江树人大学学报》2015 年第 1 期。

② 作者根据国家商务部官方网站和各省市政府网站数据整理绘制，参考汪素芹、汪丽：《京沪粤苏浙五省市文化贸易比较研究》，《浙江树人大学学报》2015 年第 1 期。

1. 互联网视听内容开发和服务工程

进一步发挥湖南在移动互联网产业方面的基础优势，依托快乐阳光、金鹰卡通、中广天择、湖南映客等领军企业，开发互联网视听内容开发和服务方面的新技术、新项目，创新视频服务商业模式，丰富互联网视听节目的创作生产，鼓励网络短视频直播、网络电视剧、微电影、网络电台、远程教育等新业态，形成基于移动互联网的视听内容产业链。

主要内容：①开发移动互联网与视听内容结合的前沿技术，开发全视频直播和多终端视频等新兴业态；②研究建立全开放式的专业视频数字内容发布平台，在深度和广度上聚合正版优质数字内容，提供高品质的网络视频分发；③研究电脑屏、互联网电视和移动终端视频服务相结合的多屏互动发展路线，打造一个平台、多个屏幕和多种营收的全媒体模式。

2. 前沿科技与新型演艺融合创新工程①

依托演艺湘军的优势，开展前沿科技与新型演艺融合创新工程，推动省演艺集团、红太阳、琴岛文化、天门狐仙、魅力湘西、湘西烟雨凤凰、韶山润泽东方等一批领军企业，开发具有科技内涵的新型演艺项目。

主要内容：重点推动硬件升级和内容开发两大领域：①在工具和设备方面，重点开发智能化的输入设备、输出设备、显示装备、灯光设备、相关软件等，在低成本快速建模技术、实时三维图形生成和显示技术、新型演出娱乐设备的研制和产业化方面获得优势；②在内容方面，重点开发前沿科技与演艺内容相结合的项目，包括虚拟现实游戏与娱乐、虚拟主题公园及演艺新媒体融合传播等一批新业态，推动前沿科技在舞台演出、娱乐旅游、教育培训等各方面的内容开发。

3. 新一代高清影视内容制播设备和节目建设工程

开展三维、高清、超高清影视内容生产制作和传播技术的研发，依托湖南广播影视集团、电广传媒、潇湘电影集团、楚湘影业、中广天择、和光传

---

① 前沿科技与新型演艺融合创新包括许多内容，如虚拟现实和增强现实技术与演艺的结合。它们是指借助计算机系统及传感器技术等生成三维环境，创造出崭新的人机交互方式，通过调动用户各种感官（视觉、听觉、触觉、嗅觉等）来享受更加身临其境的体验。2015 年中国 VR 和 AR 市场规模为 15.4 亿元，预计 2020 年国内市场规模将超过 550 亿元，中国 VR 和 AR 产业正在进入一个高速发展阶段。

媒、好样传媒等一批领军企业，建成国内一流的集技术开发、内容制作、跨媒体分发的新一代电视内容制作体系和节目制播基地，建设多个示范应用点，制作若干经典超高清影视作品，覆盖用户达300万，提升湖南在全国影视产业市场中的竞争力和影响力。

主要内容：①开展对超高清影视的全产业链技术和内容的研究开发，主要包括超高清的内容制作、超高清播控平台、超高清内容深度压缩编码、超高清传输系统、超高清的应用终端设计五大部分；②形成成套立体电视采编播系统解决方案，生产制作一批优质的立体电视节目源；③研究适应多屏多终端多传输方式的版权保护、内容转码等技术，研制立体电视节目制播关键设备及内容制播平台，引领带动新一代电视内容创作和产业化发展。

4. 基于数字化技术的媒体融合与升级工程

要运用数字化技术，改造提升出版、印刷、广告会展等传统产业，推动图书、电视、广播、报纸、通信等跨界融合，依托湖南出版集团、湖南日报报业集团、湖南教育报刊集团、四海通达等领军企业，创新交互式、多屏、跨网络的多媒体应用，提升现代网络传媒的产业化水平，形成新兴媒体和传统媒体融合发展的产业集群。积极研发海量数字内容的高效表示与存储、自适应编码与在线聚合技术，实现开放高效的内容存储。

主要内容：①重点推动上述领军企业的媒体融合平台做大做强，建设成为全国领先的新型主流媒体集团；②加快推动传统新闻出版企业数字化转型和印刷企业数字化改造。加快海量传统出版资源和公共文化内容的数字化转化，注重具有产业化前景的数据资源库建设；③鼓励有实力的电子商务企业进入数字出版分销领域，建设开放的数字内容投放体系，推动全领域内容提供、技术提供和平台运营和终端服务的一体化整合；④继续发挥湖南出版企业在数字出版等研发方面的优势，发展基于网络环境的全数字化多媒体教室及装备，研发专业化线上互动教育培训平台。

5. 文化智能制造和文化科技装备产业工程

文化智能制造是基于新一代信息技术和大数据开发的新型文化产品制造模式，能够有效缩短产品研制周期，提高生产效率和质量；文化科技装备是基于先进科技应用而发展的文化装备制造和服务产业，包括舞台演艺装备、电影装备、景观装备、互联网装备等，是文化科技与先进制造业相结合的重要领域。要结合湖南省发展高新技术和先进制造业的优势，结合湖南省政府实施20个工业新兴优势产业链行动计划、长沙打造国家智能制造中心、入选"中国制造2025"试点示范城市等有利条件，依托明和光电、天闻数媒、高斯贝尔、华曙高科等领军企业，使得湖南省在文化智能制造和科技装备的研究开发方面，逐步形成追赶、并行、领跑的优势，并且从研发、制造向服务的深广度延伸，形成著名品牌和规模优势。

主要内容：①以马栏山文化创意集聚区等为重点，以长株潭城市群为中心，通过合理布局，形成扬长避短，相互依托，专业合作的文化智能制造和文化科技装备合作网络；②加快科技文化装备产业成果的流通和转化，结合文化体制和管理政策的改革，使文化科技装备在扩大内需、激活市场、扩大中国文化创意产品出口方面，发挥更大作用。③把文化智能制造与大数据相结合，为文化产品的智能制造提供强大的数据收集、存储、管理和分析能力，形成大量化、高速化、多样化、价值化等优势。

6. 动漫游戏产业创新和升级工程

发挥动漫湘军的优势，依托金鹰卡通、天舟文化、联盛科技、山猫卡通、蓝猫动漫、善禧文化、草花互动、漫联卡通、拓维信息、中清龙图等领军企业，进一步推动动漫游戏产业创新和升级，在前沿科技与动漫内容的开发方面获得新优势。

主要内容：①推动前沿科技包括人机互动技术、新型视听表达等在动漫游戏的创意设计、内容制作、角色创造、音效制作、整体合成、传输配送、互动系统、营销管理等环节的开发和应用；②推动手势识别技术与动漫游戏的结合，通过不断更新的手势识别技术，实现手部信息的捕捉、处理、分析、识别以及与控制命令的转换，推进空间信息采集方式和交互模式的改变，完成从电子器件到相关产业再到实体化产业的发展路径；③推动增强现实技术在动漫游戏领域的应用，形成科技与娱乐传媒产业结合的新突破口。通过虚拟技术增强用户对现实世界的感知，强化受众娱乐体验，实现实体资源和虚拟资源整合。

7. 新型会展广告及现代创意设计工程

推动由前沿科技支持的新型会展广告及现代创意设计服务发展，推动中南会展、湖南省国际会展中心、华凯创意、麓山文化、中南勘测设计院、湖南省电力勘测设计院、中机国际工程设计研究院等一批领军企业，提升湖南会展产业和文化创意设计产品的科技含量和整体水平，推动湖南工业设计、时尚设计、建筑设计、展会设计、珠宝设计等产业发展。

主要内容：①提高全省会展和广告业的科技装备和应用水平，推动新型会展与广告、新媒体集成管理、大数据开发、云服务等技术的集成应用；②研制基于多传感器的设计平台与相关设备，提升大规模复杂场景下的高逼真虚拟现实重建以及精准服务能力，形成支撑现代设计产业链的大数据深度开发能力；③研究跨屏幕内容展现与多通道交互技术，研制数字化三维模型制作设备，为实体经济和文化创意产品提供全面感知、个性化定制、智能制造、智慧服务的有力支持；④建设面向数字设计的参数化设计技术及服务平台，加强数字设计软硬件设备领域的关键技术应用和推广。

七、湖南科技文化创新体系及文化创意基地的支撑平台建设

湖南科技文化创新体系及文化创意基地的支撑平台要积极发挥平台经济的作用，集聚大量的金融资本、文化资源和社会装备，推动优化整合与有效提升，成为覆盖全省的服务平台体系。

（一）建设科技文化创新的跨界服务平台

推进科技文化创新的跨界服务平台，促进科技文化创新与实体经济的结合，与工业、现代农业、城市建设业、旅游业等的联动，通过组合创意研发和设计的供需双方或多方，依托优良的基础设施和市场信息的精确匹配，加快创新研发的适度和产业化效益。近年来，德国提出"工业4.0"战略，日本提出"技术创新25"战略，美国提出"再工业化"战略和"先进制造伙伴计划"等，其目的都是吸取世界金融危机的教训，重振先进制造业的优势。湖南省的一、二、三产业都需要通过科技文化创新，不断提升科技内涵和文化附加值，而湖南的科技文化创新也需要在跨界服务中获得广阔的市场空间。有鉴于此，要通过建设科技文化创新的跨界服务平台，不但进行横向的跨界产业链拓展，而且进行垂直的价值链整合，创造高质量的就业机会，汇聚综合创新的协同效应。

图 2-13　湖南省文化创意设计研发的平台形态

（二）建设科技文化创新的知识产权评估中心和要素交易平台

要形成科技文化创新的知识产权评估中心和要素交易平台。聘用优秀的专家与学者，汇聚精通科技文化创新和知识产权价值评估及管理应用，熟悉国内外相关法律政策的行业精英，形成以科技要素知识产权评估和服务为主，兼顾其他资产评估的格局。开展专利权、著作权、软件著作权、商标权等的价值评估，开展非专利技术、网站价值评估、企业家价值评估等无形资产评估项目的咨询服务，特别注重提供以科技成果入股、资产重组和作价入股、质押贷款、合资合作、转让购买等为目标的知识产权价值评估服务，加快科技创新要素的市场化流通和优化整合，打通研发、中试、产业化推广等环节，尽快把科技创新要素转化成为可投资、可兑现、可增值的资产。

（三）建设科技文化创新的资源和设备共享平台

要建设和加强科技文化创新资源和设备共享平台，让更多的科技文化信息、装备、实验室等在共享经济的平台上发挥更大的作用。湖南省现有国家工程（技术）研究中心 18 个，省级工程（技术）研究中心 282 个；国家级重点实验室 15 个，省级重点实验室 141 个；国家（与地方联合）工程研究中心 14 个，国家（与地方联合）工程实验室 26 个；还有数十所大中专院校。但目前有不少科研设备和实验室的使用率很低。据统计，2013 年我国大型科学仪器年均有效工作时间为 1157 小时，对外服务率为 10.6%[①]，许多设备"冷落闺中"而需求用户则"僧多粥少"。有鉴于此，湖南省要制订统一的标准规范，建立统一的全省科技文化创新资源和设备共享管理服务平台，通过有偿服务，建立后补助等激励机制，这样不仅可以发挥科技文化创新资源和设备的作用，也可以弥补设备折旧和管理费用。

（四）建设科技文化众创平台

建设科技文化众创平台与众创空间体系，支持科技文化领域的创新工场、创客空间、社会实验室、智慧小企业创业基地等新型众创空间发展。要进一步贯彻湖南省政府办公厅印发的《湖南省发展众创空间推进大众创新创业实施方案》，提出对接中央和省委省政府"互联网+"行动计划，鼓励"大众创业、万众创新"，在 2015 年湖南省科技厅启动众创空间建设试点的 8 家创新创业服务平台获得支持的基础上，再发展一批创新创业服务平台，重点在文化传媒、移动互联网、创意设计、智能控制等领域发挥众创空间的示范带动效应。

（五）建设对外文化贸易的服务平台

要建设对外文化贸易的服务平台，顺应国际文化贸易规则的新变化，争取国家有关部委的支持，建立湖南省艺术品保税仓库等项目，开展国际艺术品的保税交易和非保税交易，开展保税仓储、保税租赁、保税展示、保税交易等新兴业务，开展非禁古董文物的进出口交易，通过对国际文化贸易规则的实时把握，为中外文化贸易企业在投资、项目、技术、人才等方面的双向流通，提供咨询、通关、保税、租赁、保险、仓储、会展等便利。实现"在场、在地、在线"服务的有机结合，为中外文化企业的双向流通提供渠道，设立多语种的语言服务中心、知识产权调解中心、文化行政审批咨询中心及保险、金融、物流、会计等专业机构，推动更多的文化企业进入国际市场，运营海外文化资产和科技文化项目。

（六）建设对外文化传播的服务平台

要拓展湖南对外文化传播平台，把"这里是湖南"系列外宣平台和《世

---

① 王战、翁史烈、杨胜利等：《转型升级的新战略与新对策》，上海社会科学院出版社，2015，第 204－205 页。

界看湖南》电视栏目等做优做精，支持"新湖南"开设英文栏目、出版集团推进海外并购等，加快构建技术先进、传输快捷、覆盖广泛的国际传播体系。积极搭建文化出口交易平台，支持文化企业参加境内外国际性知名展会、接洽活动及文化交流，支持在省内举办国际性文化及相关产业交流活动，积极打造湖湘特色文化产品跨境电商交易平台，加快文化走出去海外营销渠道和落地平台建设。

（七）建设科技文化投融资和交易平台

建设科技文化投融资和交易平台，推动金融资本、社会资本、文化资源的广泛流通、优化配置和有效结合，发挥五个方面的重要作用：①资金融通功能。以知识产权作为核心资产，让科技文化企业以合理的成本筹措到需要的资金。②资源配置功能。让金融机构监督科技文化企业使用资金，并且通过共同分担和重新包装的方式改变风险，运用产权交易等方式和规范化的市场运作，把资源分配到回报率较高的科技文化项目上。③风险管理功能。通过有效的金融市场机制，帮助科技文化机构进行有效的风险管理。④价格信号功能。实现对各类科技文化资源和成果的价值发现，通过有效的金融手段，向实体经济提供明确的金融信号。⑤国际化平台功能。推动科技文化领域的资金跨境流动，实施"一线审慎监管，二线有限渗透"，人民币境外借款、跨境双向人民币资金池、企业跨境投资等举措。

八、湖南科技文化创新体系及文化创意基地建设的政策与保障措施

（一）加大政府对于科技文化创新研发的投入

加大对湖南科技文化创新体系及文化创意基地建设的资金投入，要以政府财政投入带动企业、高等院校、科研机构等多元化的社会资金投入，使得湖南省对研究与试验发展经费支出水平，总量达到500亿元，尽快达到和超越全国平均水平，达到中部地区领先的水平，并在基础研究、应用研究和试验发展经费支出的比例方面达到适当的平衡。

（二）不断深化文化体制机制的改革

把不断深化文化体制改革，作为推动科技文化创新的关键突破口。要进一步建立健全科技文化产业领域的现代企业制度，完善国有文化资本授权经营、预算管理、审计监督等方面制度，健全党委领导和法人治理相结合的内部管理运行机制，不断激发科技文化企业的内生动力。要进一步推进公司制、股份制改造，形成符合现代企业制度要求、体现文化企业特点的资产组织形式和经营管理模式，切实提高市场竞争力。要实施重大项目带动战略，提高科技文化企业集约化经营水平，鼓励跨国度、跨地区、跨行业联合或重组，推动优质资产向优秀科技文化企业聚集，发挥其示范效应和产业拉动作用。鼓励文化上市公司与产业并购基金对国内外优质文化企业进行联合投资并购，对被并购企业在省内项目落地和运作给予政策和资源支持。进一步推动人才制度的创新，在科技人员兼职创办科技文化公司、实施技术成果参股和入股等方面给予积极扶持。

（三）实施更开放的国际人才引进政策

实施更积极、更开放、更有效的海外人才引进政策，吸引全球范围内的科技文化人才向湖南集聚，包括优化永久居留证申办条件，放宽居住时限要求，健全完善市场认定人才机制等。经人才主管部门认定的外籍科技文化高层次人才来湖南工作，可不受 60 周岁年龄限制，方便其申请 5 年有效期的工作类居留许可等。加快推进外国专家证和外国人就业证"两证合一"试点，建立一口受理机制，为外籍科技文化人才来湖南工作提供更大便利，如对已连续在湖南申办过 2 次工作类居留许可且无违法违规行为的外国人，第 3 次申请工作类居留许可时，可申请有效期为 5 年以内的工作类居留许可等。

（四）集聚国内外的科技文化创新企业和机构

吸引海外一流高校和科研机构来湖南开展合作办学和合作研究，鼓励外资研发机构与本省高校、科研院所、企业共建研发中心和实验室及人才培养基地。鼓励跨国公司在湖南建立地区总部或者研发中心，吸引科技和文化类的国际组织总部、学术论坛落户湖南，在湖南设立分支机构。鼓励有条件的湖南高校、科研院所参与国际组织活动。鼓励和培育科技文化类跨国公司和外向型文化企业，对总部机构的税率降低到 8%~15%，对科技文化类跨国公司和外向型文化企业进口自用设备和试剂等减免税，实施文化科技自用试剂等通关便利化。同时，鼓励湖南省有条件的高校在海外建立办学机构、科研院所在海外建立科研机构。

（五）提高科技文化国际合作与贸易的便利化

吸取上海、广东、福建、天津等自贸区改革开放经验，进一步推动科技文化企业扩大国际投资和贸易的便利化，实行对外文化服务贸易的出口免退税。鼓励湖南的科技文化企业开展在岸服务和离岸服务，包括知识产权授权使用、电脑服务、工程与建筑及技术服务、音乐服务、视听服务、软件服务、影视服务、现场事件的广播和纪录服务等诸多领域，比照出口货物免抵退税的概念公式，实施"免、抵、退"等有效举措，从而吸引集聚科技文化企业开展对外出口业务。

（六）培育骨干型的科技文化企业

要推动骨干型科技文化企业"顶天立地"式发展，发挥它们在资源、人才、资本、品牌、技术、市场、管理等方面的优势，不断提高集约化、规模化、专业化经营水平。要在湖南省具有优势的广播影视和新闻出版等产业，支持骨干企业进一步拓展与移动互联网、短视频直播、超高清影视、数字出版、网络电视与电台、先进制造等相结合的新兴领域，鼓励芒果 TV、映客、微歌等领军企业和新锐企业的健康发展，积极培育湖南科技文化企业的上市公司，鼓励它们通过资本市场获得更加有效的资本动力，在构建科技文化创新体系方面发挥更大的作用。

（七）扶持小微科技文化企业的发展

要推动小微文化企业"铺天盖地"式发展。湖南省拥有文化和创意产业法人单位近 4 万家，其中 80% 以上为小微文化企业。要把小微文化企业作为推动科技文化创新的重要源头，为"专、精、特、新"小微文化企业的发展搭建公共服务平台，落实土地税收等优惠政策，协调解决融资难、融资贵等问题。要让税收优惠政策贯穿于中小企业的创办、发展、转让等各个环节，实行多样化的税收政策扶持手段，广泛运用亏损结转、税收抵免、费用扣除、加速折旧、出口退税、提取风险准备金等间接税收优惠支持方式，引导和激励企业投入更多的资金用于文化科技设备更新和自主技术创新，增强科技文化创新的活力。

（八）落实鼓励科技文化创新的财税政策

要落实鼓励科技文化创新的各项财税政策，包括落实企业研发费用税前加计扣除的政策，推动文化科技企业用足用好"营改增"改革试点的税收优惠政策。实行文化科技产品和服务的出口退税政策，推动文化科技产品和技术服务"走出去"。要支持发展科技文化类研发和平台营运中心，根据业务规模、税收贡献等因素，筛选符合条件的文化企业，提交给相关部门审议认定，经过认定的科技文化类营运中心和平台型文化企业，可获得更大力度的税收优惠和其他扶持政策。

（九）构建多级别的科技文化创新奖励机制

要构建更加完整的文化产业奖励激励机制，设立省级文化创新奖，推动科技文化创新体系建设对影视制作、网络游戏、移动通信增值服务等平台的渗透，特别是在产业经济发展成就显著的动漫、卡通、数字游戏、影视、音乐、信息技术、娱乐、移动网络等产业诸多领域加大政府奖励支持的力度。借鉴浙江省建设特色小镇的经验，对科技文化创新体系和重点文化创意产业基地建设，优先给予土地指标等方面的安排，在其达到各项建设指标的基础上，给予一定的开发用地奖励配套支持。

（十）加强科技文化领域知识产权的保护

要完善数字出版、动漫游戏、网络视听、创意设计等文化科技融合重点领域的知识产权评估体系，建立健全知识产权信用保证机制。鼓励文化科技企业自主创新，并对形成的成果及时申请、注册、登记知识产权。设立数字著作权登记中心，鼓励文化科技企业登记著作权。积极营造知识产权保护环境，加大知识产权保护和违法侵权执法力度。搭建艺术版权产业授权平台，结合艺术品金融的建设，加强与有关文化产权交易所、版权服务中心等专业机构的合作，搭建"湖南省艺术家原创作品版权授权交易平台"，确保企业获得权利明晰的艺术作品版权资源，以进行产品开发和服务推广。

后记

为贯彻湖南省第十一次党代会的精神，在省委宣传部领导的关怀下，由湖南省社会科学院文化产业研究中心邀请花建研究员带领研究团队，在省文化厅、省新闻出版广电局、省社会科学院、省科技厅等部门的支持下，针对湖南科技文化创新体系及文化创意基地建设，进行了专题调研，撰稿完成了这一研究报告。本报告的研究，获得了湖南省委宣传部及有关政府部门、科技和文化企业等的支持，获得了湖南省社会科学院文化产业研究中心主任王毅老师的热情指导和帮助。谨此一并致谢。此次征得该中心的同意，将部分内容在此发表出版。

第二篇

战略布局，双向流通

第三章
"一带一路"倡议与我国文化产业的空间新布局①

一、打造文化强国的"π"型动力带

以"一带一路"倡议和长江经济带等为联动轴，打造文化产业发展的"π"型动力带，是我国文化产业空间新布局的核心内容。"一带一路"和长江经济带布局包括三大发展轴。第一条发展轴：我国沿海的南海、东海、黄海和环渤海的 11 个省市的发展轴，为我国海上丝绸之路的起点和重要内容。第二条发展轴：我国亚欧大陆桥发展轴，起点为江苏连云港，向西通过海陆联动江苏、安徽、河南、山西、甘肃、青海、新疆等 7 个省区，贯穿我国东中西区域，从新疆阿拉山口出境，联动西亚、中亚和欧洲，是 21 世纪新丝绸之路陆上经济带的重要发展轴。第三条发展轴：长江经济带，它覆盖上海、江苏、浙江、安徽、江西、湖北、湖南、四川、重庆、贵州、云南等 11 个沿江省市，贯穿东中西。中国学者王战、郁鸿胜等指出：中国地图上这三条发展轴，如同一个巨大的"π"字②。此外，"一带一路"倡议还包括渝新欧（重庆、新疆、

---

① 本文首次发表于《福建论坛》（人文社会科学版）2015 年第 6 期（CSSCI 核心期刊），由《中国人民大学复印报刊资料·文化创意产业》2015 年第 5 期全文转载，荣获国家行政学院文化政策与管理研究中心和中国人民大学书报资料中心颁发的第二届"中国文化创意产业优秀论文奖"（2017 年），收入祁述裕、钱蓉主编：《第二届中国文化创意产业优秀论文集》，社会科学文献出版社，2019 年 1 月版。

② "上海参与建设长江流域经济新支撑带的若干问题研究"课题组：《"π"型战略格局中，上海该怎么做》，《解放日报》2014 年 12 月 25 日。

欧洲）、蓉新欧（成都、新疆、欧洲）和义新欧（义乌、新疆、欧洲）等发展轴。

"一带一路"倡议和长江经济带既有空间的广度，也有历史的厚度。丝绸之路是中华民族早期的国际商贸通道，包括陆上丝绸之路和海上丝绸之路。长江是中华民族的母亲河，长江经济带在历史上吸引和哺育了众多的民族向心集聚，是中国成为文明国家的动力源，联系起吴越、湘楚、巴蜀三大地域文化形态和10多个次级地域文化形态，文化商脉源远流长。2014年9月，《国务院关于依托黄金水道推动长江经济带发展的指导意见》将长江经济带定位为具有全球影响力的内河经济带、东中西互动合作的协调发展带、沿海沿江沿边全面推进的对内对外开放带以及生态文明建设的先行示范带。我国文化产业建设要依托"π"型三大发展轴，打造成为文化内外贸易的大通道、文化生产力的动力联动轴。

从全球范围看，文化产业和创意经济的发展，显示出集约化、规模化、区域性分布的趋势。它们并非在各个地区均衡分布，而是集中在文化、科技、金融结合度高、科技综合实力强、法律制度完善、市场体系发达、全球化联系密切且有一定区位优势的地区。比如美国华盛顿州和加利福尼亚州的沿太平洋海岸，是著名的新兴产业集聚带；西雅图是亚马逊、微软、波音等企业巨头的聚集地；洛杉矶是世界级视听娱乐产业的重镇；旧金山湾区－硅谷是信息通信、网络服务、动画视听等的摇篮，硅谷面积4700平方公里，人口仅为300万，2013年贡献的GDP达到2580亿美元，成为驱动通信、电脑、影视等产业发展的引擎。

"与其临渊羡鱼，不如退而结网"。中国要建设21世纪的世界文化强国，也必须有这样强劲的文化产业动力带，其重点就是充分利用长江经济带的金融资本、社会资本和文化资源，释放出如核动力般巨大的能量。长江经济带从东到西，存在发展阶段和经济能量上的明显差距。以上海为龙头的长三角地区，人均GDP达到1.5万美元左右，按世界银行的标准已经进入到中等发达地区的行列；长江中游的湖南、湖北、安徽等省市，人均产出为6千~7千美元，达到中国大陆平均水平；长江上游的云南、贵州等省市，人均GDP达到3千~5千美元。如果孤立地看待，沿江省市的差距是一种消极的地区发展不平衡的标志，但在中国特色社会主义制度优势的背景下，它们可以连接成一个整体空间，恰恰可以通过沿江省市的要素流通、产业转移、发展互动，体现资源和模式的多样性，释放出巨大的资源禀赋、市场潜力和发展后劲。

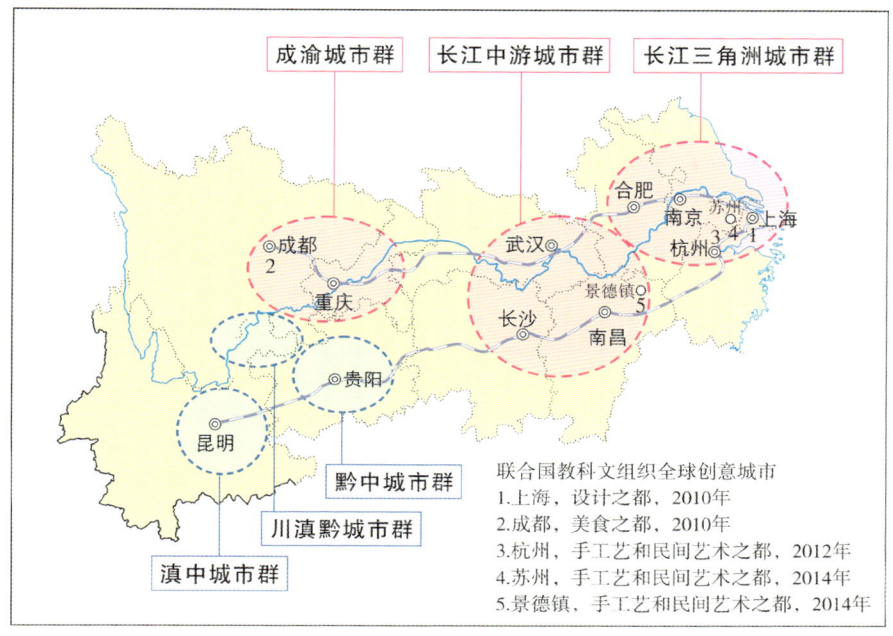

图 3-1　长江经济带上的全球创意城市和主要城市群

　　长江经济带文化产业的新布局，将有力地推动这一广阔区域的文化产业向集约化、规模化和国际化发展。当年的"亚洲四小龙"和其他一些原本相对滞后但有较好的国际贸易区位条件的国家和地区之所以能够实现经济追赶的目标，和它们与发达国家之间的要素流动、产业转移以及市场的一体化密切相关，而这些在中国长江经济带内部就能实现。沿江省市可以相互学习、互相补充，成为中国文化产业融合发展的黄金水道和强大动力带。如长三角是我国对外文化贸易的增长极之一，上海是我国发展对外文化贸易最有成效的领军城市之一，上海已经连续五年保持文化贸易顺差，2013 年上海文化进出口总额达 159.60 亿美元，贸易顺差达 31 亿美元。上海国际文化服务贸易平台于 2007 年 9 月启动，并于 2011 年 10 月 27 日由文化和旅游部命名为国家对外文化贸易基地，2013 年依托上海自贸区的正式运作而进入一个新的阶段。截至 2014 年，它聚集了 301 家从事国际文化贸易的企业，注册资本 87 亿元，贸易规模达 90 多亿元；2013 年国内第一家艺术品保税展览服务机构——上海国际艺术品交易中心在基地开始运行①。上海和长三角过去的对外文化贸易主要是向东特别是美、日、欧等国家开放。成都借鉴上海等的经验，在 2014 年为中西部地区第一个艺术品保税仓库揭牌，主题是"境内文化艺术品走出去，境外高品质文化艺术品走进来"。这一有效态势将与长三角地区形成一江贯通、东西呼应的大格局，带动中西部把丰富的文化资源开发成为大量的文化产品，在向西和向东开放中发挥强劲的动力。

长江经济带文化产业的新布局，将推动和壮大"全球创意城市黄金水道"，这在全世界范围内是独一无二的壮观现象。从联合国教科文组织 2004 年首次倡导发展"创意城市"（UNESCO Creative City Network）以来，截至 2015 年 1 月，全球已经有 69 座城市入选。其中中国有 8 座城市，成为全球拥有联合国创意城市最多的国家。而且其中有 5 座恰好沿长江经济带分布，包括设计之都——上海、美食之都——成都、手工艺和民间艺术之都——杭州、苏州、景德镇②。正如联合国 2013 版《创意经济报告》所说："文化在创意城市中扮演了更加普遍的角色，艺术和文化促进了城市的宜居性（Liveability）、社会凝聚力（Social cohesion）和文化认同（Cultural Identity）"，形成了以人的知识、智慧、想象力和创造力为主要资源的新增长模式③。这 5 座创意城市把全球城市、川菜故乡、人间天堂、千年古城、工艺重镇等文化特色开发成为生机勃勃的文化创意产业，兼顾了设计、美食、工艺等不同的产业领域，相互呼应、取长补短，对周边城市群和广大乡镇，乃至对整个长江经济带都形成了文化创意产业的增长极作用。这一"创意城市黄金水道"显示了中国在全球文化创意产业中的宝贵经验，也提升了中国在全球文化领域中的话语权和影响力。

---

① 根据我们在上海自贸区国家对外文化贸易基地的调研材料。

② www.unesco.org.

③ UNESCO & UNDP Creative Economy Report 2013 Special Edition.

二、推动区域文化产业的多样模式

适应国家"一带一路"倡议，发展多样化的文化产业区域模式，是加强我国文化地缘战略的重要举措。中国超辽阔的疆域、超巨大的人口、超悠久的历史，形成了区域资源的多样性和区域发展不平衡性，正如马丁·雅克等国际学者所言："与近代许多单一的民族国家不同，中国实际上就是一个具备多样性的文明实体"[①]。有史以来，中国以超强的凝聚力融合了极为多样的文化实体，在历史纵向轴上累积了从华夏先祖、唐诗宋词、康乾盛世等的巨大遗产，如我国三星堆、金沙、马王堆等遗址在发掘中发现了多达 5~10 层的文化层；在空间横向轴上展开了齐鲁、燕赵、三秦、三晋、湘楚、吴越和巴蜀 7 大地域文化形态和 20 多个次级地域文化形态。中国这样以超大型的文明体与现代民族国家形态完全重合，在全世界范围内几乎是绝无仅有的。中国又是一个尚未完全实现统一的新兴大国，而历史上英、美、德、日、俄等大国，在崛起前至少 10 年就基本完成了国家的统一，中国恰恰面临着实现祖国统一的历史性任务。中国还是世界上周边邻国最多的大国，不仅仅与 14 个周边国家接壤，与另外 10 多个国家在陆域和海域上邻近。而近年来支撑我国区域经济发展的许多基础性条件发生了深刻变化，包括国家对交通通信等基础设施的长期大量投资产生的累积性效应，特别是高速铁路网、高速公路网、区域航空网、江海联运网的形成，推动了要素资源在不同属性区域间的快速流动，从而为重塑我国区域发展的新格局提供了有利条件。

针对这样一个特殊的大国国情和历史性机遇，中国必须形成文化软实力的地缘新布局，重点是发展多样化的区域文化产业模式。全国各地近年来形成了近 10 种区域性文化产业发展模式，包括国际化大都市型、工商业强市 / 县和专业镇 / 街型、工业资源型和资源枯竭地区型、民族文化资源和历史遗产地区型、生态功能地区型、农林牧副渔功能地区型，对外开放前沿地区型等模式，培育了上海张江、浙江横店、陕西曲江、山东曲阜、深圳华侨城等区域文化产业先进典型，在这方面取得了初步的成效。要鼓励各地扩大探索，

---

① 马丁·雅克：《当中国统治世界——中国的崛起和西方世界的衰落》，张莉、刘曲译，中信出版社，2010，第 159 页。

以优秀典型引路，从边疆地带到中原腹地，从沿海大城市群到工业资源型城市，因地制宜形成老工业基地型、沿海和岛屿型、港口城市型等20多种文化产业发展模式，用以分类指导"一带一路"和各个城乡的文化产业发展。

　　探索区域文化产业的发展模式，不是分散用力、平铺直叙，而是必须结合国家建设创新型国家的战略，服从产业升级的大局，特别是贯彻《国务院关于推进文化创意和设计服务与相关产业融合发展的若干意见》，在诸多经济中心城市、工商业强市／县和专业镇／街地区，推进文化创意和设计服务等新型服务业与实体经济融合，探索创新驱动的新增长模式。我国东南沿海的山东、江苏、浙江、福建、广东等是海上丝绸之路的重点地区，也是我国经济实力最强、工商业强市／县和专业镇／街最集中的地区。改革开放30年来，这些省在"县域经济""镇域经济"蓬勃发展的背景下，形成了一大批工商业强市（县）和专业集镇，包括长三角的江阴、无锡、昆山、萧山、诸暨、平湖等，福建的石狮、珠三角的顺德、南海、东莞、宝安等，出现了一批GDP超千亿元的产业强市（县），它们下属的容桂、狮山、乐从、龙江、花桥、大唐、巴城等也形成了GDP超百亿元和双百亿元的产业强镇。2013年广东省专业镇GDP总量突破1.65万亿元，占全省GDP比重突破28%。与此同时，它们也面对着提升"珠江水，广东粮，粤家电，岭南衣"的传统广货优势，大力发展新兴产业，扩大"广货世界行"的紧迫任务。顺德、南海等著名城镇把文化创意产业作为创新驱动的动力，用文化创意反哺区域经济的升级。如美的集团在顺德建立了全国首个企业工业设计协会，获得国际工业设计最高奖项——红点奖。顺德以广东工业设计城、顺德创意设计产业园、德胜时尚创意产业园三大园区为核心的国家级基地初步形成，而以"国际家具设计之都"著称，号称"为30亿人提供家具"的乐从镇，则计划通过3~5年努力，引入300~400名国际知名设计师，成为广东第三大工业设计产业集聚区之一，到2020年顺德文化产业总产值将突破520亿元，占GDP比重8%[①]。

　　探索区域文化产业的发展模式，必须统筹兼顾，攻坚克难，善于"借力"和"造势"。发展工业资源型和资源枯竭型城市的文化产业，就是我国"一

---

　　① 根据我们对顺德文化产业的实地调研。

带一路"地区推动转型升级的另一项重要任务。这些城市一般是指依托自然资源包括矿产、森林等资源开发而兴起，以自然资源开采和初级加工业为支柱产业的城市。我国拥有工业资源型城市 118 个，其中煤炭城市 63 座、有色金属城市 12 座、黑色冶金城市 8 座、石油城市 9 座。全国约 80% 的资源型城市分布在中西部地区，有许多是分布在"一带一路"和长江经济带周边地区。这些城市发展文化产业必须把握三大要素：设计科学的定位，把握好人无我有，人有我优的差异化角色；进行目标的取舍，在发展替代性产业的过程中，选择最能发挥优势的文化产业领域；推动要素的配置，重点吸引优质资本、知识型人才等的集聚。例如，唐山市、枣庄市、铜陵市等工业资源型城市在发展文化产业过程中，融入产业整合和城市转型的大战略，与经济转型、社会转型、城市转型等相适应。铜陵地处长江铜铁成矿带上，是国内外著名的"铜都"。在推动产业和城市双转型的背景下，铜陵对传统铜矿资源进行了系统的文化产业开发，初步形成以文化旅游、工艺美术、演艺娱乐、出版印刷、传媒广告五大板块为主导的产业结构，形成了飞越文化中心等十三个文化产业项目，均被列入 2013 年安徽省"861"计划项目库。从现代文化产业的角度看，铜陵之铜，不仅仅是一脉矿产，而且是辉煌的古文明、雄浑的铜文化、丰富的铜艺术、壮丽的铜景观。铜陵青铜帝国铜文化产业集聚区，以 3000 米"铜韵水街"为经，展示了从古巴比伦花园，到商周青铜艺术神殿的人类铜文化史册，在工业资源型城市的转型发展道路上进行了有效的探索，类似这样的区域性文化产业发展模式应该是多多益善。

三、建设文化产业的服务平台体系

适应国家"一带一路"倡议，壮大我国文化软实力，要面对东西部发展的不平衡，以文化产业服务平台体系为框架，集聚和联通各地文化生产力的资源。

中国国家领导人清醒地告诉全世界："中国仍然是世界上最大的发展中

国家，发展中不平衡、不协调、不可持续问题依然存在，需要逐步解决。"①
从中国东部、中部、西部、东北地区四大区域文化资源和实力的分布看，基
础设施、文化投资、产业主体、文化人才等大多集聚在东部地区，特别是三
大城市群即京津唐城市圈、长三角城市群、珠三角城市群及东部沿海地区。
根据亚太文化创意产业协会对中国（包括台湾地区）的城市分析，采用文化
支持度、文化内涵度、文化融合度、文化创造力、文化发展力、文化影响力
六大指标在两岸城市中选出 42 个具有较强文化创意竞争力的城市进行评估，
其中的东部地区拥有 32 个占 76%，中部地区拥有 6 个占 14%，西部地区拥有
4 个占 10%。东部地区城市具有绝对的优势。

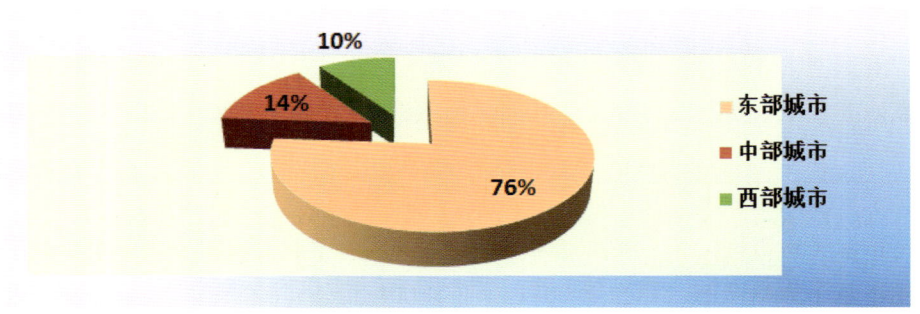

图 3-2　两岸 42 座具有较强文化创意竞争力的城市分布比例（2013 年）②

　　再从近年来全国各地的国家级文化产业示范项目看，在国家级文化产
业示范基地（1~5 批）共 273 个单位中，东中西和东北地区的比重分别为
46%、19%、25% 和 10%；在最有影响力的国家文化产业示范基地（1~2 批）
共 20 个单位中，东中西和东北地区的比重分别为 80%、10%、10% 和 0%；
在国家级对外文化贸易基地共 3 家单位中，东中西和东北地区的比重分别为
100%、0%、0% 和 0%。说明在中西部和东北地区缺少强有力的文化产业主
体支撑点，有些方面还是空白。

　　①　《李克强出席博鳌论坛 2012 年年会开幕式并发表主旨演讲：中国经济发展态势没有
改变》。
　　②　亚太文化创意产业协会：《2013 两岸 42 座城市文化创意产业竞争力调查报告 CCIA》

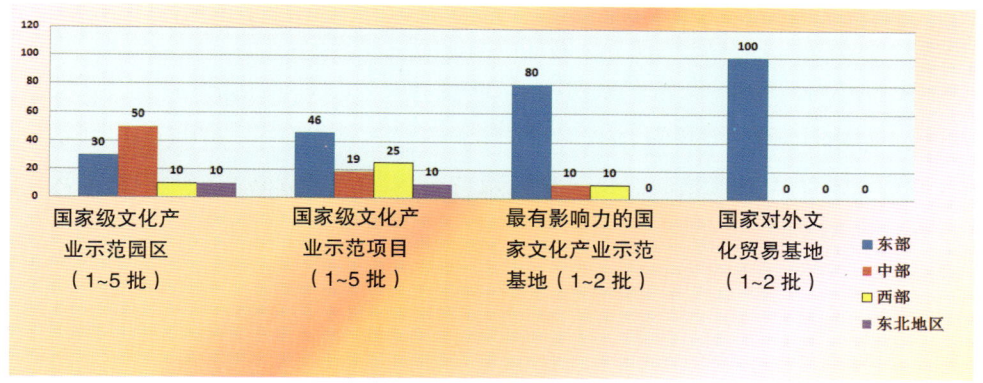

图表 3-3　国家级文化产业示范园区、基地、对外文化贸易基地在四大地区分布比例

　　"工欲善其事，必先利其器，"为了扭转这种文化资源和文化主体不平衡的状态，迫切需要把文化服务平台链建设作为突破口，形成既适应区域战略规划，又能够辐射服务全国，联接全球文化资源和市场的专业化、集约化和国际化的文化产业服务平台体系。国内外大量实践证明：文化产业作为知识型、智慧型、创意型的新兴产业，需要依托服务平台体系，实现多种金融资本、社会资本和文化资源的集聚。"平台经济（Platform Economy）"本意指借助有效的服务系统和交易空间，促使经济活动的双方和多方之间形成广泛的交易和合作增值效应。而随着互联网的升级和国际文化贸易市场的扩大，大量的金融资本、社会资本和文化资源被纳入文化产业领域，这一领域中的平台建设可以发挥多种功能：①资源配置和交换交易功能，吸引大量的资金、技术、人才和项目集聚，有利于资源的优化配置；②企业孵化和产业培育功能；依托优良的基础设施和服务实体，有助于创造新的文化企业，培育新兴业态；③集成创新与产业联动功能，带动周边产业，产生物流、信息流、人流和资金流，形成产业集群。在国家推动"一带一路"和长江经济带战略的背景下，要在文化产业平台建设方面采取三大举措：

　　第一，在具有地缘战略意义的城市群，重点建设五类文化服务平台，包括：①创意研发设计平台。通过组合创意研发和设计的供需双方／多方，依托优良的基础设施和市场信息的精确匹配，降低开发的成本，加快创新研发的适度和效益。②投融资和交易平台。建立规范的投融资和交易规则。③资源配送和社交平台。通过信息精确匹配等方式，依托线上和线下相结合，把海量的客户和供应方形成双边／多边的配对，提高各类资源供应的效益。④企业孵化培育平台。通过降低服务成本，培育新兴的产业集群；⑤国际文化贸易平台。为国内外文化贸易企业在投资、设备、项目等的双向流通，提供通关、保税、租赁、仓储、会展等便利。

第二，以文化投融资和交易平台为核心，形成互联互通、统筹运行的平台链。在文化产业服务平台配置资源的多种功能中，核心是对资金的配置，关键是创新金融服务体系。在大工业时代，大规模生产的需求，催生了以土地、厂房、设备、矿产、石油重要自然资源和重型资产抵押和评估的金融体系。而在后工业化社会／创意经济时代，原有的金融服务体系已经不能适应，必然要求轻资产型、知识型的新型金融服务体系，把传统意义上难以进行价值界定的文化资源和文化产品，转化为可以抵押、投资、交易、租赁的文化资本，并且与文化金融信用征信系统相结合。2015 年 2 月，上海文化产权交易所等联合多家金融机构，在上海建设了全国第一个文化金融信用征信体系和相关数据库，与此同时，国家级文化金融征信系统建设项目正式启动，它包括建设文化产权市场机构信用评级体系和文化金融行业个人信用征信系统，发布"文金信用分"产品，把文化金融征信数据库投入市场化应用，这样的基础工程应该是持之以恒、联点成网。

第三，要推动"双平台并举"，即鼓励政府投资的政策型文化服务平台和企业投资的商业型文化服务平台，形成两者的优势互补。前者应该体现国家意志和长远布局，在扶持文化产业的战略导向、基础设施、国际合作、培育新锐等方面多做贡献，如南京国家级文化与科技融合服务产业基地、雨花台区国家数字出版基地、中国（浙江）影视产业国际合作实验区等；后者应该体现市场敏锐度和服务灵活性，大力开发新兴文化市场，如南京文化艺术产权交易所钱币邮票交易中心作为全国首家钱币邮票实物挂牌交易平台和线上交易平台，从 2013 年 5 月获得批准，到 2014 年注册的经纪会员机构已达几百家，有 5 万多交易会员，大部分来自江苏以外的 28 个省份，日均交易额达 5 亿元。

第四，要扶持平台型的文化企业，它们具有"平企合一"（企业自主经营与平台服务功能合一）的特点。如盛大、百度、聚力、东方财富等新型企业。传统意义上的企业，是追求利润最大化的主体，不把提供公共服务作为主要功能。而根据互联网时代的叠层结构规律，这些新兴企业可以有多层结构。

最下面的是免费/低价的公共服务层，吸引海量的用户集聚，在上面可以叠加诸多的付费/增值的商业服务层，其中腾讯2014年4月QQ/微信在线用户就达2亿人。它们的"供应链管理支持平台"，控制了管理多用户、多供应商、多渠道的订单履行程序，实现用户与供应商、服务商的无缝连结，成为开发新兴市场的强劲引擎。

四、拓展近中远三重对外文化辐射带

中国"一带一路"倡议，具有"第二次地理大发现"的深远意义。它包括了"一带一路"和"两廊"（从中国新疆喀什联接巴基斯坦瓜达尔港到阿拉伯海的走廊、从中国云南联接中南半岛交通网经过未来的泰国克拉大运河直通印度洋的走廊）的大战略框架，使新丝绸之路经济带和海上丝绸之路相互联通，形成一个巨大的地缘平行四边形。该战略覆盖40多个国家，总人口超过40亿，经济总量超过20万亿美元。随着这一战略的实施，中国将扭转由于近代的积贫积弱，遭受外强割疆裂土，失去东北方向出海口的地缘灾难，推动中国中西部成为直通欧亚大陆、联接太平洋和印度洋、海陆兼备的大枢纽，也充分发挥中国作为全球经济增长的动力作用，让欧亚非澳诸多国家的人民，依托一个互联互通的地缘经济合作网络，共享发展的成果。

历史上15世纪开始的第一次地理大发现，经过19世纪、第二次世纪大战之后、20世纪后期的三次地缘政治大扩散，把西方民主价值观扩散到了欧美、澳洲、拉丁美洲、东亚和东欧地区，正如新加坡学者郑永年所说："西方国家在把民主从西方扩展到西方之外的国家和地区，主要包括如下几种方式：殖民地、军事占领、冷战阵线等"[1]。但是这种西方价值观和民主政治模式正在遇到越来越大的危机，如同英国学者汤因比所说，"帝国的衰落来自对外的过度扩张和社会内部扭曲的扩大"。[2] 大国兴衰的历史证明：唯有一个大国自身保持不断创新的活力，率先提出和实践全球性的议题，引领全人类发展的价值观念和方向，才能吸引广泛的盟友，这就是国家文化软实力的精

---

① 郑永年：《地缘政治和民主秩序问题》，《联合早报》2014年9月30日。
② 汤因比：《历史研究》，曹未风等译，上海人民出版社，1986，第405页。

髓。英国学者马丁·雅克指出：每一个新兴大国，都会用一种全新的方式来创造和推广自己的体系。"比如欧洲的典型方式就是海上扩张加殖民帝国，而美国则是空中优势和全球经济霸权，中国同样也会以崭新的方式来展现其实力"①。

中国经过了30多年的改革开放，就从一个被隔绝于全球经济体系之外的发展中国家，一跃成为全球第二大经济体、第一贸易大国，体现了与西方现代化模式不同的另一种成功模式。中国走向伟大复兴的根本道路是和平发展，和平是中国道路的旗帜，发展是中国道路的本质，科学是中国道路的思想方法。中国不仅要实现经济的强盛，而且要通过文化外交、文化交流、文化贸易，在全球传播中国的价值观和现代化理念。我国文化产业建设，要依托国家推动"一带一路"倡议的历史性机遇，提升我国在全球文化产业的价值链、文化资源的供应链、文化品牌的服务链中的地位，在全球范围内提供大量的文化产品和文化服务，增加我国向国际社会投射的文化正能量。

第一，要以本土文化产业为动力源头，形成投射中国文化影响力的近中远三重辐射带，即我国的周边邻国、"一带一路"的联通地区以及北美、非洲和拉美等地区，大力发展各种文化合资、合作的产业项目，采用"中国故事、世界表述"和"世界内容、中国创意"等生产和传播形式。习近平总书记在坦桑尼亚进行国事访问时，在演讲中提到"中国的电视剧《媳妇的美好时代》在坦桑尼亚热播，也让坦桑尼亚老百姓了解到中国老百姓生活的甜酸苦辣"②。而坦桑尼亚正处在海上丝绸之路的东非海岸。而近年来中国电视真人秀和才艺节目，经过从国外引进、消化吸收等过程，已经进入到本土原创、输出海外的新阶段。如英国国际传媒集团从中国灿星制作引进、并且负责国际发行权和英国播出权的《中国好歌曲》，正是中国第一部输出海外的电视原创才艺节目。

第二，要扩大中国的对外投资，特别是拓展电子信息类文化出口市场。中国从2013年开始成为全球第三大对外投资国，2014年我国共实现全行业对

---

① 马丁·雅克：《当中国统治世界——中国的崛起和西方世界的衰落》，张莉、刘曲译，中信出版社，2010，第209页。

② 《习近平："媳妇的美好时代"在坦桑尼亚热播》，腾讯娱乐：2013年3月25日 ent.qq.com。

外投资 1160 亿美元，如果加上第三地融资再投资，对外贸易规模据估计应该在 1400 亿美元左右，这意味着 2014 年我国实际上已经成为全球的资本净输出国[1]。随着我国对外文化投资的扩大，我国文化出口产品也在不断优化结构，比如 2014 年，我国自主研发网络游戏产品在海外销售收入达到 30.76 亿美元，同比增长 69.02%，其中客户端类游戏占总出口网游数量比重达 27.7%，网页游戏比重达 30.9%，移动类游戏数量比重达 41.4%，实际销售收入 12.73 亿美元，同比增长高达 366.39%，显示了我国网络文化产品出口的广阔前景[2]。

第三，要制订示范性规则，推广由中国创造的文化产业新业态。中国创新型的文化产业规则、模式、技术和平台，具有率先探索和示范的意义，是可以被各国共享的文化公共产品和财富。如上海、深圳文化产权交易所开展的文化金融服务，被国际专业人士称为"中国在文化与金融的结合方面具有开创性的模式"，要把这些经验向海外推广，进一步发展中国（海外）文化产权交易所等新形态。

第四，吸取各国文化资源，丰富中国向世界投放的文化产品。世界性大国都把掌握各国语言作为扩大文化软实力的战略性资源。如根据美国《国防部语言技能、区域知识和文化能力的战略规划：2011—2016》，美国官方、军队和院校目前掌握的各国语言已达 380 种之多。要在我国长三角、珠三角、东北地区、北部湾等城市群，建立多层次的文化贸易语言服务基地，全面提高我国跨文化贸易的能力。2014 年上海今日动画影视文化有限公司尚在制作的 26 集原创动画片《泡泡美人鱼》，委托欧洲最大的电视代理公司——德国国家电视台国际公司（ZDF）作为全球销售总代理，仅在欧洲和北美等地的销售金额就超过 1000 万欧元，并且与著名美国电视连续剧《纸牌屋》的制作和播出平台奈飞（Netflix）公司签订了 2 年的播放授权，同时推出英、法、德、中四种配音版本，成为第一部在国际视频网络上播出的中国原创影视作品，证明了中国在国际上传播多语种的国产视听文化产品方面可以大有作为。

---

① 李予阳：《2014 年我国实际对外投资已超过利用外资规模》，《经济日报》2015 年 1 月 26 日。

② 李婧：《2014 年我国文化贸易的喜与痛》，《中国文化报》2015 年 2 月 28 日。

第四章
中国文化地缘战略和中国文化"走出去"的新格局①

一、文化地缘优势是发展国际文化贸易的基础条件

　　一个世界级强国的综合国力，是硬实力与软实力包括科技、经济和军事实力，政治、文化和外交能力的有机综合。一个世界级的文化强国必然是一个全球文化贸易的强国，这是由文化的本质规律和全球竞争的潮流所决定的。2010 年联合国教科文组织在上海世博园联合国馆内发布了《着力文化多样性与文化间对话》的报告，这份联合国成立 65 年来第一次关于文化的世界报告，提出了面对 21 世纪的全球性文化观点：文化特性是一个更加多变的自我改造过程。21 世纪的文化有两层含义：一是在传承遗产背景上的自我指涉，二是多元文化交融中的自我创新。所以，多元文化的对话取决于跨文化能力，而跨文化的交流，在很大程度上是由国际文化贸易来实现的。

　　纵观全球，任何一个国家和城市的文化贸易能力，都与它们的地缘条件密切相关。美国著名的地缘政治学家斯皮克曼曾说过："地理是各国外交中

　　① 本文首次发表于《东岳论丛》（CSSCI 核心期刊）2012 年第 1 期，由中国人民大学《复印报刊资料· 文化创意产业》2012 年第 5 期全文转载，荣获国家行政学院文化政策与管理研究中心、中国人民大学书报资料中心联合评选颁发的第一届"中国文化创意产业优秀论文奖"（2014 年），并被收入祁述裕、钱蓉主编：《创意的力量——第一届中国文化创意产业优秀论文评选获奖论文集》，国家行政学院出版社 2018 年 3 月版。

的最基本的因素，部长们来去匆匆，而山脉是始终不可动摇的。"世界上的主要发达国家依托自己的地缘条件和综合实力，形成了自己的文化贸易模式。如果说美国模式，是利用坐拥两洋、纵横大陆、掌控全球主要海峡通道的优势，广泛吸收全球多种资源，以市场经济基础上的自由、民主、平等、竞争、科学等观念为核心，在开发和输出文化产品方面形成规模化的优势，而欧盟模式，重点在于把文化作为建立超国家体的无形纽带，推动欧洲一体化，包括从 1985 年开始评选"欧洲文化之都"，颁布《全球化世界中的欧洲文化事务》战略框架，鼓励对外文化贸易，发挥欧盟在国际事务中的影响力，那么印度作为新兴大国，主要是利用软件产业和通晓英语的优势，大力开展包括电影、演艺、数字内容等在内的服务贸易。根据联合国贸发署公布的数据，印度的服务贸易中，最占有优势的是：计算机和软件服务、运输服务、旅游服务、个人娱乐和休闲服务等项目。印度作为世界五大软件供应商，逐步利用计算机和软件服务的优势，加入全球规模的文化生产链、文化供应链、文化服务链、文化价值链。这一成果已经取得了显著的成效。比如：以乔布斯领衔的皮克斯公司创作了优秀的电影动画片《昆虫特工队》《汽车总动员》和《飞屋环游记》等，获得全球一流的电影票房纪录，而皮克斯公司团队在动画电影的制作中就购买了印度软件公司的服务。

至于日本模式，则针对日本陆地有限、四面环海、人口稠密的岛屿国家特点，强调"产业强国，贸易立国"，对国际贸易市场保持了高度的敏感性。为了打开国际文化市场，日本产业界把科技开发与时尚创意相结合，在内容和技术两个层面上扩大全球文化贸易的优势，包括 "电子化日本" "泛在日本" "智慧日本" 等多个战略框架，以及 "酷日本" "酷东京" "酷名古屋" 等创意时尚开发战略，要求日本在动漫影视、时尚生活、流行音乐、电子游戏等方面的开发必须形成 "国民经济的酷值" ，日本经济产业省的文件提出：到 2020 年日本在本土以外的亚洲国家的文化产品销售额要超过 1 万亿日元；同时，日本朝野高度关注对国际贸易的目标市场国家，对各有关国家的法律和贸易关税、文化消费特点、对进口文化商品的接受程度等，进行了大量的研究。

1996 年以来，日本先后制定、修改了扶持文化艺术的政策。《特殊 21 计划》就是日本文化厅为适应 21 世纪的新文化立国战略制定的、旨在扶持艺术创作活动的计划，其中把"推动国际艺术交流事业"作为所要开展的4项事业之一。日本向海外输出的文化产品和文化服务，不仅仅是大批量生产的商品，也包括了在全世界扩散属于精神领域的日本文化，以争取世界范围内对日本的好感和认同。

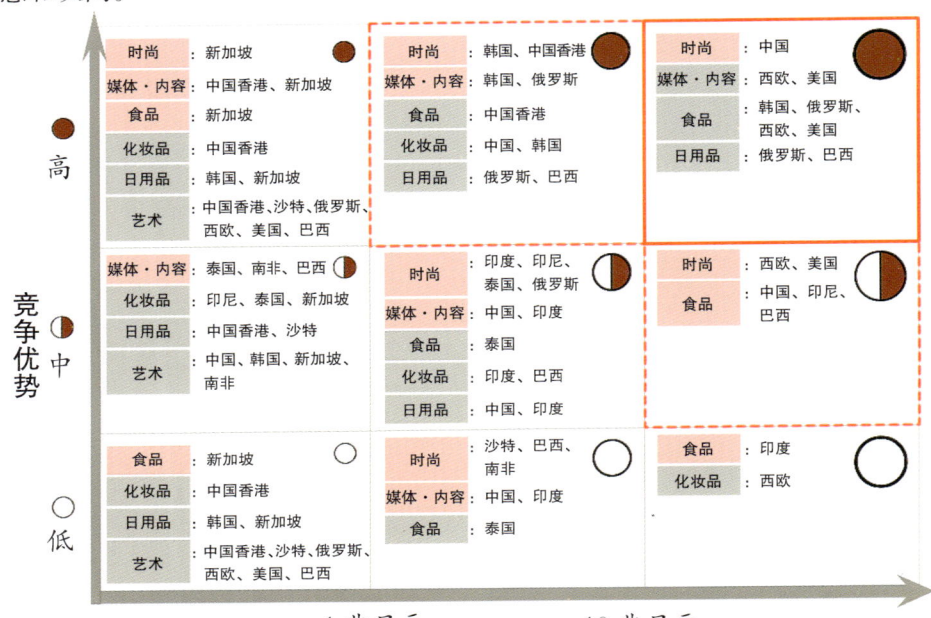

*旅游及其他市场由于性质不同不在讨论之列

图 4-1　日本文化贸易的竞争优势和潜在市场规模①

日本高度重视对海外文化市场的分析，希望通过持之以恒的文化推广，潜移默化地改变其他国家对过去日本人"侵略者"的不良印象，进而对日本文化产生好感而更愿意接受他们的商品。从上面日本经济产业省提供的图可以发现，日本注重在全球文化贸易中扬长避短，把握最具有竞争优势和市场潜力的贸易输出对象。从竞争优势的角度看，日本最青睐的是美国、西欧、俄罗斯、沙特阿拉伯、韩国、新加坡等市场，从市场潜力的角度看，日本最青睐的是美国、中国、巴西、西欧、印度尼西亚等大国市场，两者相加，权

---

① 日本《産業構造ビジョン 2010》，编：经济产业省经济产业政策局产业再生课，发行：财团法人经济产业调查会 2010 年 7 月。该文件表示：旅游和其他市场 由于性质不同，不在讨论之列。

衡轻重，日本把美国、中国、西欧、韩国、俄罗斯等 9 个海外市场作为文化贸易的优先目标。这种对全球文化贸易市场的敏锐分析和分类把握，正是中国需要认真吸取的有益经验。

二、文化地缘战略是中国文化"走出去"的重要依托

中国加强对外文化贸易，是体现中国和平发展道路的必然选择。中国政府庄严地向全球宣布：中国将坚定不移地走和平发展的道路。从历史、现实与未来的结合看，中国和平发展道路符合历史规律、时代潮流和人心所向，是中国实现现代化、成为世界强国的唯一选择。中国文化软实力建设的根本目标，就是顺应中国和平发展的战略，从文化观念、文化资源、文化创新、文化产业、文化传播、文化民生等方面，建立与国家综合实力相适应的精神支柱、创意源头、资源基础、支柱产业、服务体系，建设成为全球性的文化强国。

这一奋斗目标包含两个方向的含义：一是服从国家战略目标的问题，即争取在 21 世纪最终实现中华民族的伟大复兴这一世纪梦想，由此，中国文化建设不是自给自足、自我封闭，也不是霸权扩张、强势推广，而是体现中国利益与人类利益的一致性，体现中国的文化建设有助于建设"和谐亚洲""和谐海洋""和谐世界"，反对霸权主义，体现中国文化建设对当代世界文化格局的贡献、补充和推动；二是体现中国和平发展的方式问题，也就是中国走向强大与崛起是通过和平方式而非武力扩张和霸权掠夺方式。所以，中国所追求的世界强国，必定内在地要求它是一个最有吸引力和亲和力的"文化强国"，中国强调在处理国与国的关系中，要采用说服、沟通、感染、交流、引导等方式，而不是霸权、强制、压服和剥夺，因此中国必将要通过大量的文化产品、文化服务、文化交流等，开展大规模的文化贸易，向全球传播中国的文化理念。中国文化生产力的解放和发展离不开国际市场更离不开国际资源。中国文化越发展，对外部市场和资源的依赖就越大，中国的文化贸易与世界的联系也就将越来越紧密。

中国发展国际文化贸易，要立足于中国国土辽阔、民族众多、地域多样、文化丰富的大国国情，与中国文化发展的地缘战略相结合。中国位于亚洲大

陆的中央，向西为连绵的高山和高原，连接全球的能源富集地区，向东为富饶的平原和海岸，连接全球经济发展最快的亚太地区。中国与东北亚、东南亚、西亚、南亚等国家和地区既存在丰富的共同利益，又存在多样的矛盾和冲突。中国周边复杂的地缘环境，又与中国国内发展的不平衡性相联系。从东部到中西部，中国的现代化呈现出一种梯度递进的趋势，各地区的发展和开放存在着很大的差距。区域差异性的基本国情既是中国现代化的强大阻力，又是中国和平崛起的基本条件。这也有助于中国可以开发各地丰富的文化资源，形成大规模的文化生产能力，并且探索多种多样的国际文化贸易模式。

过去，中国对外文化贸易，主要依托东部沿海地区的中心城市，这一模式与中国建设文化强国的大局很不匹配，要转变观念，全方位拓展东中西部地区对外文化贸易的能量与渠道。从2008年以来，国家相继批准颁布了长三角、珠三角、北部湾经济区、江苏沿海地区、成渝经济区、舟山群岛新区等20多个区域发展规划，使得区域发展规划上升到国家战略的层面，勾勒出中国经济社会文化的新一轮动力版图，形成有梯度、有波次、有重点的新地缘发展战略。

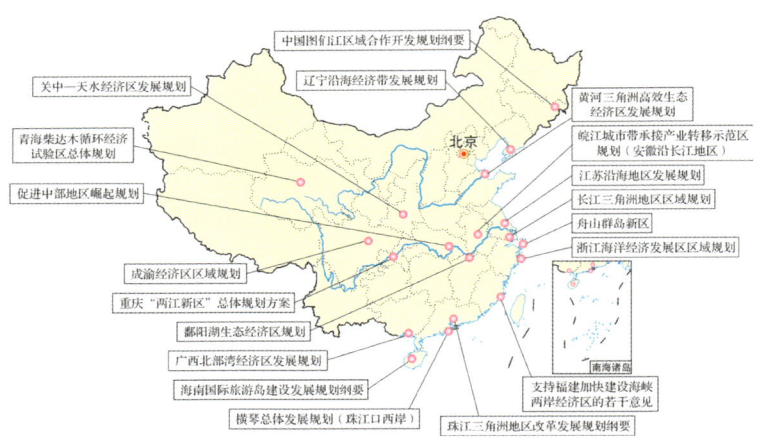

图4-2 国务院批准的部分区域发展规划

国家批准颁布的长三角、珠三角、北部湾经济区、成渝经济区、江苏沿海地区等近20个区域发展规划，在规划的理念和目标方面，体现了21世纪中国和平崛起的宏伟战略和通过不断的转型推动和谐发展的理念；在规划的范围和要求方面，体现了实事求是、因地制宜、阶段推进的战略思想，而没有以行政区划或者省区级别进行"一刀切"；在颁布的条件和时机方面，体现了成熟一个颁布一个的灵活举措，而没有脱离实际地强行在某一个时段统一发布。

中国新地缘发展战略包括了经济、文化、社会、生态等诸领域，总体特点是：①从跨省区到次区域，突出地缘优势，培育不同层次增长极，不受现有行政区划的限制，有跨省区的如成渝经济区发展规划，也有次区域的如江苏沿海地区发展规划等。②突出因地制宜，鼓励多样化发展模式，如长三角规划突出了亚太地区重要的国际门户和世界级的大都市群建设；江苏沿海发展规划突出了面向海洋的蓝色经济区特色；如珠三角规划突出了推动"一国两制"，促进粤港澳三地的分工合作等。③区域发展战略与中国国际战略相结合。以区域崛起、内外结合，推动"一国两制"，促进祖国统一，以地缘优势、梯度辐射，推动对外开放，建设和谐世界。比如海峡西岸集聚区的规划，对推动祖国统一具有重大的意义；而北部湾经济区的建设，将大大增强中国西南部沿海地区的综合实力，为推动中国与东盟自由贸易区，维护中国在南海地区的核心利益创造重要条件。④软实力与硬实力相结合，因地制宜的文化开发，不但推动了文化产品和文化服务贸易，而且是扩大中国国际影响力、辐射力的必要前提。

国家颁布的区域发展规划，给中国发展国际文化贸易，推动中国走出去，提供了重要的战略性指导理念和因地制宜、协调发展的历史性机遇，也要求各地区从国家增强文化软实力的宏观战略和区域协调发展的大局出发，制定有效的文化产业区域发展规划，包括大力开展国际文化产品贸易和文化服务贸易。有鉴于此，中国文化"走出去"，必须与中国新地缘战略包括文化地缘战略相协调，才能体现国家的统一意志和各地方的广泛积极性，获得可持续发展的动力。

三、中国"走出去"要因地制宜地推动创新

（一）开发多样资源，形成东中西全方位格局

在传统的国际贸易格局中，靠近沿海的港口城市具有明显的地缘优势，可以降低对外贸易的成本，便于消化外来的先进技术，把产业集群和消费市

场结合起来。而在全球化、信息化的时代，信息、金融、物流、航运、高速铁路、高速公路等网络正在覆盖越来越广泛的城乡，传统的贸易格局不断受到挑战。中国扩大对外文化贸易，首先要发挥沿海中心城市和发达地区的作用，形成走向蓝海的前进基地，同时也要发挥内陆地区的资源优势，因势利导开发对外文化贸易。

特别是随着人们对于文化产业和创意经济规律的认识的深化，内陆地区许多以前被忽视的事物，包括古老的遗址、民俗的技能、工业的遗存、文学的传统、新兴的产业、节能的技术等，都被作为文化和创意的资源开发出来。英国专家查尔斯·兰德利说得好："创意的基础还包括城市整体的心理基础建设与心态。城市就是通过这种方式，来把握机会和问题，并且营造气氛和环境，凭借奖励、规范和法律，激发创新的禀赋。发挥创意并不意味着只关心新事物。伟大的成就往往是新旧的综合体，因此历史与创意得以相辅相成。①"

浙江横店建立影视产业实验区，成为海内外闻名的影视拍摄基地，生产大批中国原创与合资合作的影视作品进入海内外市场，就是一个富于创新活力的典型案例。横店位于浙江中部的丘陵地带，境内纵横着山脉与河流、森林与田野，距离最近的铁路义乌站约为 35 公里，长期以来交通十分不便。横店人敢于创新，以山野之地缘，以世界之胸襟，在活跃的乡镇经济基础上开创性地建设影视服务业，从 1990 年代以来，横店集团先后投资数十亿元，建设了秦王宫、清明上河图、广州街、香港街、明清民居等 28 个大型外景拍摄地，配套开发了星级酒店等一大批服务设施，建立了影视城有限公司等针对影视产业的服务企业，提供从群众演员到置景、道具、服饰、餐饮、住宿和拍摄的全套服务。

横店在 2004 年正式获得"横店影视产业实验区"授牌，2010 年 4 月成功地获得国家 5A 级景区的称号，吸引了海内外大批影视剧组前来拍摄。2010 年入驻横店的影视企业达到 382 家，接待海内外游客达到 841 万人次，在全国百强景区中排在第 4 位。从 1996 年到 2010 年，横店先后接待影视产业剧组 804 个，拍摄影视剧 21000 部（集），占全国古装影视片的 1/3 以上，包括《鸦

---

① Charles Landry The Creative City-A Toolkit for Urban Innovation，London，2008.

片战争》《英雄》《满城尽带黄金甲》等在海内外获得良好效益的知名影视剧。从 2004 年到 2010 年，实验区的影视企业累计实现营业收入 91 亿元，上交税费 6.24 亿元，开创出一条内陆丘陵地带开展文化生产和文化贸易的成功道路——横店模式①。

横店的经验启迪人们：要根据中国参与全球经济文化合作的大格局，在中国的东、中、西部，在重点城市和农村乡镇，在沿海港口和内陆山区，都可以因地制宜地建立中国对外文化贸易的产业基地，努力建立向国际市场辐射的网络，探索多样性的文化贸易路径。中国扩大对外文化贸易，既要发挥沿海城市的有利条件，也要发挥内陆地区的资源优势，对这些地区丰富的遗产、良好的生态、独特的物产、新兴的产业等进行文化贸易的开发，形成东中西部全方位对外文化贸易的大格局。

（二）拓展跨境合作，形成国际合作网络

中国文化"走出去"，既要依托本土建立中国对外文化贸易的母港，又要因地制宜建立跨境的中外合资和合作的文化项目，通过国际并购、海外营销、代理推广、战略合作、共同研发等形式，开发国际文化资源和市场。中国对外文化贸易的区域开发战略，还包括积极发展与周边国家的文化产业合作。

比如，随着 2011 年国务院批准"广西北部湾经济区发展规划"，北部湾地区的经济、文化、社会、生态发展战略列入了国家规划，也为防城、北海、钦州、南宁等地区加大对东南亚的辐射提供了重要的前进基地。广西首创山水实景演出《印象·刘三姐》，集漓江山水景观、广西民族文化及中国精英艺术家创作之大成，是全世界第一部"常年大型山水实景演出"，也引起了东盟国家的兴趣。在 2009 年中国—东盟文化产业论坛上，柬埔寨政府文化艺术部行政财务司副司长龙·潘西拉武表示，希望引进中国广西的成功经验，结合柬埔寨的民族文化资源，在世界文化遗产吴哥窟所在的吴哥市，打造大型旅游演出项目——《高棉的微笑》②。与此同时，以广西北海市作为母港的跨国旅游线路，即将迎来新的国际文化合作项目。由广西与越南合作投资与

① 根据我们 2011 年在横店实地调研的材料。
② 《柬埔寨：希望打造"高棉的微笑"》，《南宁晚报》2009 年 10 月 29 日。

开发的下龙湾大型海上实景演出《越南越美》新址已选定和启动建设①，它将采用中国的项目投资、艺术创意、管理团队等，结合越南的景观资源，形成新的跨国文化服务贸易模式，为中国文化走出去打开新的路径。可以预见，21世纪新的十年，中国与东南亚、东北亚、欧盟、北美、澳洲、非洲地区在文化领域的产业合作和贸易互利，必将会推动中国走向世界级的文化强国，也广泛地造福于世界各国人民，形成跨国文化服务贸易的新模式。

（三）突出科技创新，提升贸易的含金量

中国文化"走出去"，要依托各地的科技研发优势，努力突破数字内容、视听设备、动漫游戏、绿色印刷、网络服务等关键领域，提高科技进步对文化贸易的贡献率。从全球看，创意、文化、经济与技术的互动和创新，是推动文化贸易的有力杠杆。"创新制胜，王者归来"，文化贸易的科技含量越高，其国际竞争的优势就越大。大量统计数据表明：创意、文化、经济与技术的互动和创新，是推动文化贸易的有力杠杆。"创新制胜，王者归来"是国际文化市场的制胜规律，文化出口产品和服务的创意和技术含量越高，其在国际市场上竞争的优势就越大。依托IT技术的数字化、信息化和网络化浪潮向纵深发展，文化产业与科技进步的深度结合和成果产业化，成为它不断开拓新产品、新业态、新市场的强大动力。日本野村研究所NRI的专家指出：随着RFID技术、2.0和3.0互联网、3G和4G手机等新型移动信息终端、物联网、云计算等的普及，发达国家将在10年间从"互联网社会（Internet Society）"进入全领域和全时段覆盖的"泛在网络社会（Ubiquitous Network Society）"，新的文化传播样式和文化服务品种正如雨后春笋层出不穷。正如被誉为多媒体之父的加拿大学者哈威·费舍先生所说：数字化是一场温和的革命，"在第一时间便渗透到我们人类活动的所有领域，已经展示了其彻底和不可遏制的爆发力"②。著名管理学家彼得·德鲁克曾经指出创新的七个重要来源，包括以社会需要为基础的创新、大量采用科学的及非科学的新知识、从新的视角来把握事物运动的规律、顺应人口结构的变化等③。

在国际文化贸易的舞台上，发达国家主要采取"一体两翼"的模式，即

①《"越南越美"今年有望试演》，《西江都市报》2010年4月27日。
②哈威·费舍：《数字冲击波》，中译本，旅游教育出版社，2009。
③《彼得·德鲁克（一个世界级的陌生人）》，广东南方日报出版社2006年版。

以创意开发为龙头而延伸开发的产业链，以科技应用和资本运作为两翼的竞争策略。根据联合国贸发会议等的报告，发达国家的创意产品出口优势集中在技术含量高和附加值高的领域，占全球视听媒体和音乐出口额的 89.2%、占出版和印刷媒体出口额的 82.6%，占视觉艺术出口额的 70.7%，占新媒体出口额的 53.8%，与这七种创新方式的推动密不可分。与之对比的是：中国文化进出口贸易格局相对滞后。经过近年来实施文化"走出去"战略，中国文化贸易虽然存在着总体上的逆差，但是进口与出口规模之比已经从 21 世纪初的 10∶1 逐渐缩小到 2009 年的 7∶1 左右。从 2008 年经历全球金融危机以来，中国对外文化贸易中的核心层文化产品规模徘徊在 45 亿~67 亿美元之间，而且主要以文化产品制造业和传统新闻出版业为主，亟待通过产业结构的优化，形成文化贸易的优势。[①]

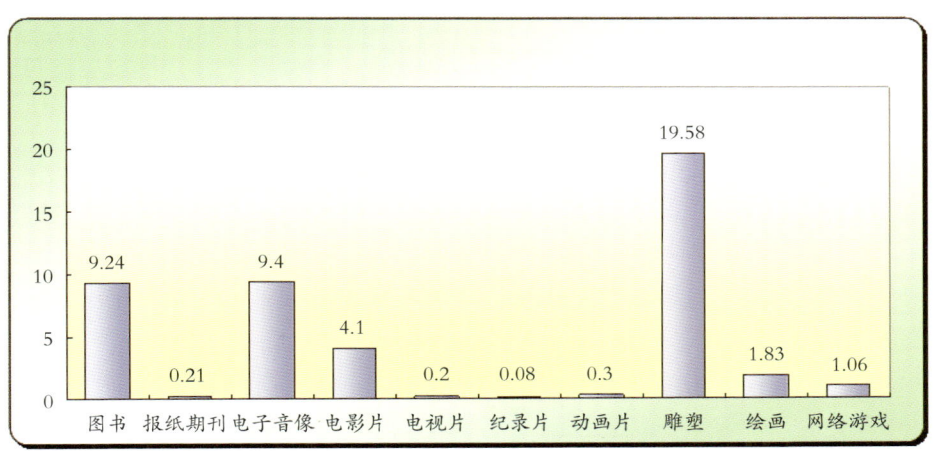

图 4-3　2009 年中国对外文化贸易核心层出口（单位：亿美元）[②]

有鉴于此，提高科技进步的贡献率，把内容创新和科技研发结合起来，是推动中国对外文化贸易的突破关键。2011 年 6 月，温家宝总理在英国皇家学会做《未来中国的走向》的演讲时指出："这场新科技革命，必将进一步

---

① 联合国贸发会议等：《创意经济报告 2010》，UNDP & UNCTAD：Creative Economy Report 2010。
② 根据中国国际贸易促进委员会《2009 年中国文化产品进出口白皮书》数据绘制。参看中华人民共和国文化部对外联络局（港澳台办）、北京大学文化产业研究院编著：《中国对外文化贸易年度报告（2010）》，北京大学出版社 2011 年版。

深化我们对宇宙自然和人类自身的认识，必将开辟生产力发展的新空间，创造新的社会需求，必将深刻影响人类的生产方式、生活方式和思维方式，从而从根本上改变 21 世纪人类社会发展进程。"同样的，中国文化走出去，从根本上说，也必须依托科技进步和创意创新，目前中国科技进步的贡献率，约在 40%，即使是长三角、珠三角等经济发达地区，也在 50% 左右[①]。在中国文化产业领域，科技进步的贡献率也相对有限，这有待于未来十年间有一个跨越式的增长。获得 2011 年中国文化产业 30 强的深圳华强文化科技集团，在这方面提供了可贵的经验。该集团从 2001 年开始投入文化产业的科技自主研发。2002 年他们自主开发的 "180 度环形银幕立体电影成像技术"取得了美国发明专利，"环幕 4D 影院"进入了海外市场。华强文化科技集团利用多年的 IT 产品研发经验和科技、人才资源，率先建成了世界领先的"全无纸化"二维动画片生产线，利用人工智能技术、数据库管理技术等自动进行动漫创作，动画片生产的产量为传统模式的 10 倍。2008 年，华强文化科技集团在第四届深圳"文博会"与伊朗山曼·高斯达公司签约、在伊朗第二大城市伊斯法罕建设总投资 8000 万欧元的"方特卡通动漫园"，使中国成为继美国之后的第二个大型文化主题公园出口国，又陆续出口到乌克兰、沙特、南非、尼日利亚等国，成为中国对外文化服务贸易的新亮点。华强文化集团出口至俄罗斯、印度等 63 个国家的原创动漫产品超过 1 万分钟；球幕电影、环幕立体电影、运动立体电影、水幕电影、动感电影等特种电影在国际市场也逐渐打开了局面。

根据世界权威的国际唱片业协会提供的《2010 年数字音乐报告[②]》，从 2004 年以来，全球数字内容产业发展迅速，其中比重最大的是数字游戏，占 32%，第二位的是数字音乐，占 27%，达 42 亿美元。从 2004 年到 2009 年数字音乐销售收入增长了 940%，而全球音乐制品市场萎缩了 30%。中国数字音乐市场规模也以平均每年 47% 的复合增长率迅猛增长[③]。针对数字化音乐等技术含量高和附加值高的文化出口领域，中国要发挥独特的地缘优势和综合实力，在文化科技创新方面有更大的作为。国家在东部沿海地区的北京、广

---

① 《我国正向科技强国迈进 目前科技进步贡献率达 40% 左右》，新华网 2009 年 8 月 25 日。

② IFPI international federation of the phonographic industry：IFPI Digital Music Report 2011.

③ 周建潮：《数字化时代，传统唱片业的生存与发展——在首届国际创意音乐产业高峰论坛上的演讲（2009）》。

州、上海设立了三大国家级音乐产业基地，在上海建立了第一个国家数字出版基地，展示了依托科技进步，推动文化贸易的战略格局。而大批文化中小企业也可以在这方面大有作为。比如广东民营企业——顺德孔雀廊音像公司开发的《自由飞翔》《月亮之上》等原创音乐，拥有完全的知识产权，通过传统的演唱会、音像出版社和书店发行渠道，每张专辑销售额始终有限，而通过手机付费下载的数字化传播手段，在短时间就在海内外获得广泛的传播，每一套的销售额猛增到原来的数十倍，而他们所打造的"凤凰传奇"也迅速成为一个在海内外华人世界有影响的原创音乐品牌。这些案例证明：中国的文化内容一旦与数字化传播相结合，就会在文化贸易方面形成优势，在国际文化市场上迸发出竞争的活力。

（四）优化服务平台，建立文化贸易基地

中国文化"走出去"，要把因地制宜地建立服务平台和出口基地、培育文化贸易企业，作为可持续发展的关键举措。《文化部关于促进中国文化产品和服务"走出去"总体规划》明确指出：要将"根据需要，有选择地在重点口岸建立文化部对外文化贸易出口基地和服务平台"作为促进文化产品和服务走出去的重要任务之一。根据商务部的有关统计，目前中国文化出口内容60%集中在文化旅游、设施和用品方面，核心文化产品比率很低，又以图书贸易为大宗，可进行贸易的其他文化产品和服务非常匮乏。有鉴于此，必须通过国际文化贸易平台，鼓励企业开发大量可供贸易的文化品种，形成文化出口的集约型优势。

上海国际文化服务贸易平台于2007年9月28日在外高桥保税区正式启动，为建立对外文化贸易出口基地和服务平台提供了重要的创新经验。外高桥保税区位于上海东北端，面对太平洋，濒临长江口，处于中国黄金水道——长江与东海岸线的交汇点，拥有真正意义上的地缘优势。平台自成立以来，利用保税区"先行先试"的政策优势和贸易便利，不断加强自身协调功能，为中国文化产品、项目和企业"走出去"铺路搭桥。平台在近10万平方米的两幢大楼里，已聚集了近80家从事国际文化贸易的龙头企业和骨干企业，注册资本近9亿元，形成税收近亿元。实践证明：文化企业可利用保税区作为海关特殊监管区域，实行进口货物进去保税的特殊政策，实现"文化的保税"，比如平台开拓高税收、高附加值的文化艺术品在保税状态下的展示交易服务；

将影视后期制作的进口设备在保税状态下使用，提供影视制作服务外包业务；高端演艺设备实现保税租赁，为海内外文化演艺活动提供技术设备。在该平台基础上，国家对外文化贸易基地于 2011 年末正式挂牌，它将从六个方面为中国文化 "走出去" 提供全方位的支持和服务：

一是通过拓展平台的展示功能、交易功能和保税服务功能，吸引一批国内知名的文化演艺、影视、传媒、出版、网络、娱乐等文化企业入驻基地，尤其是从事文化产品进出口业务的企业以及国际文化采购商、跨国文化中介公司、国际知名文化投资商等，进一步做大规模、提高质量和增量。在现有 80 家入驻企业的基础上，平台将重点吸引全国龙头和世界领先文化企业入驻，到 2014 年底，入驻企业数超过 200 家，为入驻文化企业特别是出口型文化企业提供条件优越且价格较为低廉的办公经营用房和完善的报关、保险、结汇、物流、仓储、会议等成熟优质的专业服务和日常事务代理等延伸配套服务。同时，在文化和旅游部指导下，积极推动简化文化产品，项目进出口审批手续。在服务会员企业的过程中，寻找适用于文化服务贸易领域的高效、便捷、规范的操作方式和项目。

二是在充分调研的基础上，支持并组织长三角乃至全国外向型文化企业参与各类国际知名展会与交易会，如东京动漫展、科隆动漫展、迈阿密艺术展等活动，为具有国际市场潜力的优秀中国文化产品和项目参与重大国际文化活动提供更大便利；加快中国文化"走出去"的步伐，创新文化"走出去"的形式和手段，搭建平台与海外目标市场和渠道的经常性的沟通桥梁，全面提升我国文化产品和服务的国际影响力和竞争力。

三是充分利用平台地处外高桥保税区"境内关外"的政策优势，在文化和旅游部支持和参与下，在平台举办有利于推动文化产业发展和文化贸易的各类综合和专业性进出口文化贸易会议、会展、培训和论坛等活动。同时，将国际性活动与文化产品展示、网络文化交易等操作手段与载体有机结合起来，形成国际论坛、交易、展示、培训为一体的服务运作模式。

四是在平台已设立的上海文化产权交易所基础上，进一步加大国际文化产权、版权和物权的交易，大力探索网上交易等新技术条件下的文化产权交易方式、渠道策略和推广方式。积极推进平台入驻企业同国内外知名出版商合作形成的重点产品交易目录，共同开发新品牌和网络交易流程，有目标、有步骤地推动中国原创文化产品的版权等的出口和交易。

五是利用上海国际金融中心优势，吸引专业金融服务机构为"走出去"文化企业、项目和产品创新提供贴息贷款等各种金融服务支持，同时，鼓励和吸引相关国际金融机构及其延伸文化金融服务机构入驻基地；吸引专业的担保机构和信保机构入驻基地，创新出口信用机构业务经营与政府政策性担保或财政补贴之间互相联通的运行机制，为文化企业提供形式多样的融资担保服务和出口信用保险等服务与支持。

六是吸引国内外投资促进机构和优秀海外资金投资中国文化企业，促成海外知名文化企业与中国文化企业进行以产品出口为导向的战略合作。比如，为了推动中国文化"走出去"，也为了加强对星空卫视普通话频道、星空国际频道、Channel[V] 音乐频道三个频道的内容和播出管理，加快星空频道本土化，整合优势资源，有效降低运营成本，星空华文中国传媒有限公司决定将星空频道之频道技术支持和后台运营整体从香港移师上海。片库已整体搬迁至上海国际服务贸易平台，并且建立模转数中心。平台在其片库迁移及模转数中心建设的过程中，提供保税仓库租赁、办公租赁、进出口物流代理、政策协调等全方面服务。该平台的规划是到 2015 年实现文化进出口总量 200 亿元人民币，保持文化贸易顺差的增长态势。中国依托文化地缘战略，进一步加强对外文化贸易，必将全面提升中国文化软实力，也将深入开发国内外两种文化资源，广泛地造福于世界各国人民。

第五章
长三角文化产业高质量一体化发展：战略使命、优势资源、实施重点 ①

一、引言

在世界范围内，大城市群越来越成为一个国家综合实力的核心承载力量，也成为研究界长期关注的一个重要领域。从 2018 年开始，中国政府把长三角一体化发展上升到国家战略的高度。这一战略设计突出了长三角在中国迈向 21 世纪全球大国进程中作为高质量发展样板的示范意义。推动长三角文化产业高质量一体化发展，正是实施这一战略的重要内容。本文立足于贯彻国家战略的现实需求和探索城市群文化产业发展规律的科学视角，在新的时代背景下研究长三角文化产业高质量一体化发展的战略使命、国际比较、优势资源、实施重点。

本文是在前人对于大城市群发展规律和长三角协同发展研究基础上进行的。对于大城市群发展规律和文化创意产业的研究是由欧美学者在 20 世纪中叶开始率先推动的。1957 年，法国学者戈德曼率先提出了城市群（Megalopolis）

---

① 基金项目：国家社会科学基金艺术学重大项目"习近平总书记关于文化建设重要论述研究"（项目编号：18ZD01）阶段性成果。
本文首次发表于《上海财经大学学报》（哲学社会科学版）（CSSCI 核心期刊）2020 年第 4 期，由中国人民大学《复印报刊资料·文化创意产业》2021 年第 1 期全文转载。

这一新的研究范畴，引发了各国学者对于大城市群作用的高度重视①。随着创意经济和数字经济的兴起，对于城市群和城市文化产业的研究视角获得了不断更新。美国学者乔尔·科特金提出数字经济对于美国大城市文化产业形态的重塑，包括打造复合型的超级文化产业复合体②；而英国学者查尔斯·兰德勒提出要打造都市的创意生活圈，连接过去、现在和未来，开发出创意经济的新资产③。

　　中国作为一个后发的世界大国，其对于城市群的研究是与中国城市化进程密切相关的。进入改革开放的新时期，中国的城市化率从1978年的17.9%提升到2018年的59.58%，其中长三角城市群的规模最大、发育最为成熟、一体化程度最高。姚士谋等分析了中国城市群的发展趋势，指出长三角地区形成的超级城市群，拥有区位优势明显、经济集约化程度高、区域布局合理和国际化程度高四大优势④；朱荣林从2010年上海世博会的重大契机切入，指出以上海为中心的长三角城市圈，必须抓住国际产业转移的历史性机遇，成为中国融入世界经济体系的枢纽⑤；姜卫红和胡亚龙以1992年长三角城市经济协调会成立以来10多年的历程为经，以国家和长三角促进区域发展的实践为纬，研究了长三角作为世界第六大城市群迈向区域一体化的广阔前景⑥。随着多学科研究者的积极参与，长三角的文化产业建设也逐渐引起关注。吴锋、孟磊分析了苏浙沪的文化产业发展历程和规划布局，指出三省市要加强功能互补和结构优化，克服重复建设等短板⑦；刘士林指出：要深入挖掘长三角所特有的江南文化资源，从人文角度把长三角打造成为"不一样"的世界级大

① Jean Gottmann: Megalopolis, The Urbanized Northeastern Seaboard of the United States.The MIT Press, 1961.

② 乔尔·科特金：《新地理：数字经济如何重塑美国地貌》，王玉平译，社会科学文献出版社，2010，第245页。

③ 查尔斯·兰德勒：《创意城市——如何打造都市创意生活圈》，杨幼兰译，清华大学出版社，2010，第343页。

④ 姚士谋、朱英丽、陈振光等：《中国城市群》，中国科学技术大学出版社，2001，第193页。

⑤ 朱荣林：《走向长三角：都市圈经济、宏观形势与体制改革视角》，学林出版社，2003，第21页。

⑥ 姜卫红、胡亚龙：《世界第六大城市群》，上海社会科学院出版社，2010，第15页。

⑦ 吴锋、孟磊：《长三角文化产业发展研究》，上海三联书店，2014，第194页。

城市群。[1] 李思屈则分析了长三角向海而生、江海交汇的特点，提出了打造长三角海洋文化创新经济带的构想[2]。

上述研究从不同侧面，为长三角文化产业发展研究提供了基础，而对于长三角文化产业高质量一体化的总体把握，有待于我们去更深入地进行。本文的研究思路是：从国家战略把握长三角一体化发展的意义，借鉴各个世界级城市群持续升级的规律，指出推动文化产业高质量一体化是长三角城市群以文化赋能的重要内容；研究长三角何以能够一体化发展的独特资源，传承江南文化的共同文化基因，阐发它对于文化产业建设的宝贵价值；进而研究长三角的文化产业集群，对促进互联互通的长三角全域一体化发展的作用；再探讨长三角文化产业的培育外向型文化企业，打造对外开放优势，发挥亚太门户的作用。

二、国家战略与长三角的使命

（一）国家的重托：从地缘视角到战略视角

习近平总书记在首届中国国际进口博览会开幕式的主旨演讲中，宣布把长三角区域一体化发展上升为国家战略。这一战略设计突出了长三角在中国迈向 21 世纪全球大国进程中的重大意义，把握了世界级大城市群在综合国力竞争中举足轻重的趋势，体现了几代中国领导人对发挥长三角在中国现代化大格局中战略作用的深谋远虑。而推动长三角文化产业高质量一体化发展，正是实施这一战略的重要内容。

对长三角定义的把握，可以从自然地理、大城市群和国家战略的多重视角来展开。从地理角度看，狭义的长江三角洲指长江在入海口因为泥沙冲击沉积而形成的三角洲平原，包括上海和毗邻江浙的苏锡常和杭嘉湖等地区。它们土地肥沃，水量充沛，航运发达，工商繁荣，是唐宋以后中国经济最发达、最富饶的地区；从城市群角度看，长三角城市群指分布在沪苏浙皖四省市，

---

① 刘士林：《江南文化助力长三角打造"不一样"的世界级大城市群》，《上观新闻》2018 年 11 月 5 日。

② 李思屈：《打造长三角海洋文化创新经济带》，荣跃明，花建主编：《上海文化产业发展报告 2020 年》，上海人民出版社、上海书店出版社，2020，第 221 页。

以上海为核心、联系紧密的 26 个大中城市及几十个小城市，这是国际上公认的全球六大城市群之一，也是改革开放以来国家通过多个规划而积极推动的一体化发展先导区域；从国家战略角度看，长三角区域包括沪苏浙皖四省市，是我国经济发展最活跃、开放程度最高、创新能力最强的区域之一。长三角作为中国沿海经济带和长江经济带的交汇处，在国家现代化建设大局具有举足轻重的战略地位。早在 1990 年春天，邓小平在上海就高瞻远瞩地指出："上海是我们的王牌，把上海搞起来是一条捷径"[①]。作为中国改革开放的总设计师，邓小平强调要抓住历史性的机遇，以上海为核心，带动整个长三角和长江流域，乃至全国的改革开放，指出："开发浦东，这个影响就大了，不只是浦东的问题，是关系上海发展的问题，是利用上海这个基地发展长江三角洲和长江流域的问题。[②]"

跨入新时代，党中央和国务院在中国全面迈向小康社会的历史背景下，对长三角的高质量一体化发展做出了更高层次的部署，明确了长三角的战略定位是"一极三区一高地"，即全国发展的活跃增长极、高质量发展样板区、率先基本实现现代化的先行区、区域一体化发展示范区、新时代改革开放新高地[③]。这一重要定位，是建立在长三角强大的综合实力和面向未来的战略谋划基础上的。长三角区域包括沪苏浙皖四省市，承载着以超大型、特大型和几十个大中小城市组成的城市群。它的陆域面积为 35.08 万平方公里，仅占我国总面积的 3.7% 左右，却在全国经济中具有举足轻重的地位，其全员劳动生产率位居全国前列，对中国的现代化进程发挥了极大的区域带动作用。截至 2019 年，长三角地区常住人口 2.2 亿人，占我国总人口的 16% 左右。2019 年我国国民生产总值为 99.08 万亿元，长三角地区生产总值达到 23.7252 万亿元，占全国总量的 23.9%。到 2035 年，长三角区域的一体化发展体制机制将更加完善，整体发展达到全国领先水平，成为最具影响力的强劲活跃增长极。

（二）国际的趋势：面向未来的规划

提出长三角文化产业高质量一体化发展，是长三角区域一体化发展的重

---

① 《邓小平鲜为人知的上海情结》，2015 年 12 月 7 日，新浪历史。
② 邓小平：《视察上海时的谈话》，《邓小平文选》第三卷，人民出版社，1993，第 386 页。
③ 中共中央、国务院印发的《长江三角洲区域一体化发展规划纲要》，中新网，2019 年 12 月 2 日。

要内容，也是把握综合国力竞争的大趋势、推动大城市群全面升级的必然举措。从世界范围看，一个世界大国必然拥有世界级的大城市群，而且在深化城市群发展规律的意义上，推动城市群综合实力的不断升级。从可比性的意义上说：长三角城市群与其他五大世界级城市群相比较，其经济规模上正在逐步逼近，而在人均 GDP、地均 GDP 的产出水平及综合实力等方面还有明显的差距。

表 1　长三角城市群与其他世界级城市群的比较 [①]

城市群	中国长三角城市群	美国东北部大西洋沿岸城市群	北美五大湖城市群	日本太平洋沿岸城市群	欧洲西北部城市群	英国中南部城市群
面积 / 万平方公里	21.2	13.8	24.5	3.5	14.5	4.5
人口 / 万人	15033	6500	5000	7000	4600	3650
GDP/ 亿美元	20652	40320	33600	33820	21000	20186
人均 GDP/（美元 / 人）	13737	62030	67200	48315	45652	55305
地均 GDP/（万美元 / 万平方公里）	974	2920	1370	9662	1448	4485

从 20 世纪末叶开始，世界级大城市群的发展战略在不断升级，不仅关注经济规模和增长速度，而且在不断反思中突破此前的片面性，上升到更自觉和更高级的阶段，特别是把创新驱动、经济规模、文化创意、智慧城市等多个目标进行有机的融合。这种升级过程先后经历了以注重经济增长为主的全球城市规划 1.0 版（1970—1980 年代），如伦敦汇聚了大批金融机构而成为国际金融的中心之一；纽约凭借全球化的资本配置能力而成为最大的金融中心和经济中心等；以文化振兴为主导的全球城市规划 2.0 版（1990—2008 年），如伦敦市长办公室开始连续颁布《世界城市文化报告》，把文化作为衡量城

①　国家发展改革委、住房城乡建设部印发的《长江三角洲城市群发展规划》，2016 年 6 月 1 日，国家发改委官方网站。其中，长三角城市群数据为 2014 年数据，美国东北部大西洋沿岸城市群包括纽约、波士顿、费城、华盛顿等城市及其周边市镇；北美五大湖城市群包括芝加哥、底特律、匹兹堡、多伦多、蒙特利尔等城市及周边市镇；日本太平洋沿岸城市群包括东京、大阪、名古屋、横滨等城市及周边市镇；欧洲西北部城市群包括巴黎、阿姆斯特丹、鹿特丹、布鲁塞尔、科隆等城市及周边市镇；英国中南部城市群包括伦敦、伯明翰、利兹等城市群。

市群活力的重要指标，新加坡从 1999 年开始连续颁布多版《文化复兴城市战略》（*Renaissance City Plan*），注重塑造文化产业和繁荣艺术，建设"文化艺术全球城市"（Global City for Culture and the Arts）；以经济、文化与科创相融合的全球城市 3.0 版（2008 年至今），如东京提出包容文化多样性与生态平衡的"多彩城市"，深入实施"酷日本战略"，而伦敦的城市规划经过多轮更新，把新的目标定位于 2036 年，提出把伦敦建设成为一座具有国际竞争力、多样化、强大、安全、充满愉悦感、可以应对经济挑战和人口增长的城市；首尔则启动《经济发展蓝图 2030——首尔式创新经济模式》，聚焦于科技创新和智能化驱动的新经济模式，以建设强大的全球性城市等。

　　2010 年以来，五大城市群及其核心城市都先后颁布了面向未来的发展规划。它们各擅胜场，也表现出诸多共性，如《芝加哥 2040》规划涵盖了芝加哥市和周边的 7 个县和 284 个自治市，形成了对大城市群的层级布局和整体协调，显示了注重大城市群一体化发展的理念，它强调可持续增长，把创新引领、经济辐射、文化魅力、智慧效能等目标综合起来；它注重综合开发城市的资源，让所有市民都可以享受丰富的文化遗产的文化资源；它注重人文关怀，让五大湖地区的城市和各级乡镇风貌充满愉悦感，并与湖区的生态保护相结合等。

	2010 年 10 月	2013 年 10 月	2015 年	2017 年 9 月	2019 年 4 月
愿景规划 核心理念	Go to 2040 Comprehensive Regional Plan(Chicago)	III-de-France 2030	The London Plan 2036	Tokyo 2040	ONE NYC 2050
	创造繁荣、更可以持续的中心地区	更具活力、绿色和可持续的大区	建设全球的最佳城市	安全城市、多彩城市、智慧城市	强大而公平的全球城市
主要内容 实施重点	·建设宜居社区 ·提高人力资本 ·改善社会治理 ·增强区域竞争力 ·维持全球经济中心	·田园型全球城市 ·保护宜人的环境 ·自然和城市协调发展 ·增强文化吸引力 ·经济协调发展 ·服务可达性 ·土地有效利用	·应对经济挑战和人口的不断增长 ·提升国际竞争力 ·让所有伦敦人享受丰富的文化遗产和文化资源 ·多样化、强大而安全 ·愉悦感和特色文化	·包容性社区 ·土地优化配置 ·健康城市 ·可支配住房 ·经济繁荣 ·城市交通 ·韧性增长	·民主活力 ·经济包容 ·社区繁荣 ·健康生活 ·教育平等 ·气候宜居 ·交通便捷

图 5-1　世界级大城市群及核心城市的愿景规划

上述的重要趋势对长三角一体化发展提出了新的挑战。对比之下，长三角的区域内协同发展还不充分，跨区域共建共享共保共治机制尚不健全，城市群的基础设施、生态环境、公共服务一体化发展水平有待提高，科创与文创及相关产业的融合不够深入，具有引领性和示范性的创新成果还不够丰富，统一和开放的市场体系尚未完全形成，全面深化改革还没有形成系统集成效应，与国际通行规则相衔接的制度体系尚未建立。从这个意义说，新时代长三角的一体化发展，不但需要在原有基础上的继续深化，也需要跟踪世界范围内大城市群持续升级的趋势，并且做出自己独特的贡献。

（三）文化赋能：升级转型的应有之义

2008 年全球金融危机之后，文化对于大城市群升级的赋能作用越来越受到重视。正如研究创意经济的知名学者理查德·佛罗里达在《重启——后危机时代如何再现繁荣》中指出：2008 年的全球金融危机对许多城市的经济和社会发展带来了巨大的破坏。我们不能沉溺在危机带来的沮丧和悲哀之中，要换一个角度思考，决不能白白浪费一次危机，而是看到每一次危机呼唤着新的"空间修复"。文化创新犹如冰层下的涌流，激发每一个人的创造天赋，集聚着技术创新、制度创新、资源创新的巨大能量，成为危机中重启繁荣的快捷键。"在危机中，创新并没有放慢脚步，它会在低迷的经济环境下先积累起来，一旦等到经济恢复便爆发出来。"[1] 文化创新在更新观念、解放思想、塑造新人、激发活力的意义上，为下一阶段更大规模的产业和城市更新积累了能量，"一次真正的重启不仅会改变我们创新和生产的方式，还将开辟一个全新的经济格局"[2]。从产业层面上看，文化创新不仅仅是一种理念和心态，而且以具有创新内涵的设计、形态、品牌、时尚、产品等形式体现出来，而且作为高级生产要素而流动到工业、商贸业、城市建设业等相关领域。正如英国国家科学与艺术基金会的研究报告《软创新——创新变革的全景图》[3] 指出：在创新的领域中，除了人们熟悉的技术、材质、工具等"硬创新"，还有针对人类情感、想象、象征意义的"软创新"。它是一种通过改变产品形态和象征意义而影响人的感官知觉、审美情趣、感情共鸣之创新。当一个国

---

[1] 理查德·佛罗里达：《重启——后危机时代如何再现繁荣》，中译本，龙志勇、魏蔚译，浙江人民出版社，2014，第 7 页。

[2] 同上。

[3] NESTA: Soft innovation—Towards a more complete picture of innovation change, July 2009 P5.

家和城市跨入中等收入阶段之后，消费的新动力是人们对体验消费、时尚消费、品牌消费、审美消费、教育消费等的需求，也就是既需要"硬创新"，也需要"软创新"。所以，一个世界级大城市群的一体化可持续发展，必须以文化创新作为强大动力，包括以文化产业为重要内容，从供给侧和需求侧两端为激发新动能，促进新消费而做出贡献。

正是从这个意义上说，长三角要承担起国家的重托，建设世界级的大城市群和亚太地区的门户，成为新时代中国现代化建设的"一极三区一高地"，必须把文化产业的高质量一体化发展作为重要内容。所谓"高质量"是要真正成为全国文化产业发展的活跃增长极和升级样板区，担当起中国参与世界文化产业的国际枢纽和亚太门户的责任；所谓"一体化"是要实现长三角四省市文化产业在投资、政策、市场、人才、对外开放等层面的互联互通，形成一个紧密联系的整体。"高质量一体化"这两者是一个辩证统一的有机联系。

这一要求不但体现了国家战略的深刻内容，而且体现了长三角特有的产业优势，是因势利导、顺势而为之举。自从中国文化产业在2世纪90年代中期正式起步以来，长三角就逐步成为中国文化产业的强大增长极，在全国文化产业规模中占有三分之一左右的比重。以2017年为例，长三角的四省市各显优势，优势互补。其中，上海大力建设现代文化产业体系，突出影视、演艺、艺术品、出版等八大重点领域，全市文化产业增加值达到2081.42亿元，占GDP比重达到6.8%[1]；江苏省依靠丰沛的文化资源和强大的经济实力，聚焦于文化科技融合等环节，全省文化产业增加值达到3979.24亿元，年均增长率超10%；浙江省全面贯彻"八八战略"，把一张蓝图绘到底，全省文化及相关特色产业增加值3744.68亿元，增速达到15.8%，占GDP比重为23%；安徽省落实"文化强省"的战略，通过供给侧的结构性改革，推动文化及相关产业的增加值达到1088.3亿元，增长11.5%；文化及相关产业增加值占GDP比重在中部地区名列前茅[2]。在全国按主要区域划分的环渤海、东北、西北、西南、中部、东南、长三角等七个区域中，长三角四省市文化产业增加值占GDP的平均比重达到5.67%，为全国占比最高的地区，也是全国七个地区中第一个实现地区文化产业增加值占GDP比重超过5%，成为国民经济支柱产

---

[1] 中共上海市委宣传部等：《2018年上海文化产业发展报告》，中国经济网，2019年3月14日。

[2] 王彦：《向海而生的长三角，共谋文化产业"龙头"起舞》，《文汇报》2018年11月29日第三版。

业的地区①。

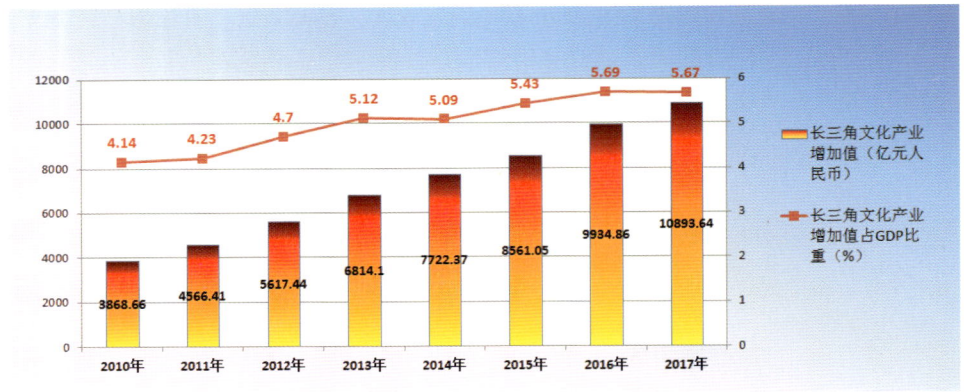

图 5-2　长三角文化产业增加值及占 GDP 的比重（2010—2017 年）②

从 2010 年以来，在国内外经济形势不断变化、国内经济下行压力加大、国际贸易走势低迷的情况下，长三角文化产业增加值稳步增长，它占全国总量的比重始终保持在 30% 以上。2017 年长三角四省市的文化产业增加值达到 10893.64 亿元，占全国文化产业增加值总量 34722 亿元的 31.3%。这也是全国七大地区中文化产业增加值占全国总量比重最高的地区，而且历年占据七大地区的榜首。这为长三角文化产业贯彻高质量一体化发展的方针打下了重要基础。

图 5-3　长三角文化产业增加值及占全国总量的比重（2010—2017 年）③

①　李炎、胡洪斌：《中国区域文化产业发展报告》，社会科学文献出版社，2018，第 3 页。
②　本文作者根据各方面数据综合绘制。
③　本文作者根据各方面数据综合绘制。

三、优势资源与共有文化基因

（一）宝贵基因：江南文化的现代价值

长三角是中国区域一体化建设起步最早、大城市群机制发育最为成熟的地区。早在改革开放之初的 1982 年，上海经济区就率先成立。它在不改变行政隶属关系的条件下，探索上海及苏州、无锡、嘉兴等周边城市的协调发展；1992 年国务院界定长三角地区范围，正式设立浦东新区，推动了长三角地区的开放发展；1994 年上海牵头建立长三角城市协作部门主任联席会议，首次提出构建长三角城市群的概念，并且为此进行了长达数十年的持续努力。党的十八大以来，长三角一体化发展取得更明显的成效，经济社会发展继续走在全国前列，四省市开放合作、协同高效，形成了通江达海、承东启西、联南接北、辐射亚太地区的综合优势，常住人口城镇化率超过 60%。在这样良好的基础上，长三角文化产业推动高质量一体化发展，就要进一步发挥长三角的文化优势，既加强以江南文化为基础的共有文化纽带，又培育各具特色的丰富文化形态，从而建立彼此高度认同、共享文化基因、各显发展的优势。

从长三角共有的文化基因看，"文化之江南"是在"地理之江南"和"经济之江南"基础上建立的，从而极大地丰富了"世界之江南"的内涵。在《二十四史》中，最早出现"江南"的文字是《史记·五帝本纪》："舜……年六十一代尧践帝位。践帝位三十九年，南巡狩，崩于苍梧之野。葬于江南九疑，是为零陵。"这里所指的是广义的地理"江南"。而根据历史传统，狭义江南即长三角地区是"水乡江南"，是江南文明之核心区的典型代表。长三角位于江海交汇之处，往内陆可以沿万里长江而深入中国腹地，直达皖赣、湖湘、荆楚、巴蜀、青藏地区，往海洋可以进入太平洋，直达世界五大洲主要国家的港口。

随着京杭大运河在隋朝（7 世纪）和元朝（13 世纪）的两次大规模扩展，江南获得了四通八达的水网，加强了南北的贸易往来，增强了江南作为中国最富庶地区对于中国政治和经济格局的深远影响，也吸取了中原文化中的有益因素[①]；明初的苏州被誉为"财赋甲天下，词华并两京"，恰好可以代表江

[①]　京杭大运河的部分河段从春秋时期就开始建设。至元三十年（1293 年）元代大运河全线通航，航运可以由杭州直达元大都（今北京），形成了京杭大运河这一贯通南北的大动脉。

南文化的特色：经济的高度富庶与艺术的精致昌盛双峰并举。而1840年以后，上海等城市的对外开埠，加强了东西方的贸易。跨越大洋的远距离贸易，为江南地区带来了依赖商业信用和签约关系所形成的"陌生人合作纽带"，极大地超越了由乡土经济和原住民社会的封闭性。江南文化和西方文明相互碰撞而形成一种崭新的文化，带动整个江南地区发展成为"世界之江南"。现代的江南文化不是单纯的地域文化，而是南北文化、中西文明融合而成，集华夏文明与世界潮流之精华。江南地区依托于"四水"航运（长江、大运河、江南水网、海运），不仅成为商品流通的中心，而且塑造了对外开放的性格，可以与成千上万公里之外的国际客户进行远洋贸易和商业合作，由此诞生了"不贵空谈贵实行"、重商致用、兴利济民的社会共识。在这个基础上形成的江南文化，其特点是务实、崇商、惠民、重信，而且精致、开放、多元，充满了诗性和审美情趣。正所谓："日出江花红胜火，春来江水绿如蓝。能不忆江南？"江南文化崇尚审美和艺术，在绘画、诗词、小说、演艺、工艺、建筑、音乐、园林、服饰等各个领域，都达到了前所未有的优秀和繁荣程度，被有关学者专家评价为中华文化长河中，自先秦文化、唐宋文化以来的第三座辉煌的高地[1]，是中华文化的三大高峰之一。

（二）文化谱系：自成一体和多样形态

中国学者刘士林教授指出，自成一体的、具有独特的结构与功能的某种区域文化，通常具备两个基本条件：一是区域地理的相对完整性；二是文化传统的相对独立性。江南文化正是这样一种相对独立的文化体系。它在本质上是一种诗性文化，代表了我国区域文化在审美和艺术上的最高水准，是中国本土最符合马克思"人的全面发展"和"按照美的规律来建造"的思想文化谱系[2]。海内外许多专家和艺术家直接以"诗画江南"来描述它，这一文化理念在长三角高质量一体化发展的背景下获得了政府和各界的高度重视，并且在现代意义上付诸实践。如2019年12月浙江省人民政府颁布《浙江省诗路文化带发展规划》，提出打造浙东唐诗之路、大运河诗路、钱塘江诗路、

---

① 王战：《从"仁义礼智信"到"信义仁智礼"，江南文化因何独树一帜？》，《上观新闻》2019年11月17日。

② 刘士林：《不能"见物不见人"》，《上观新闻》2018年11月5日。

瓯江山水诗路"四条诗路"，串联起诗画山水之"链"，成为浙江的魅力人文带、富民经济带和黄金旅游带，打造现代版的"富春山居图"。这正如马克思所说："动物只是按照它所属的那个种的尺度和需要来建造，而人却懂得按照任何一个种的尺度来进行生产，并且懂得怎样处处都把内在的尺度运用到对象上去；因此，人也按照美的规律来建造。"[1] 现代文化产业是以创造精神文化内容为主的经济活动的集合，它的核心价值超越了真和善，在更高的意义上实现了美。江南文化作为崇尚诗性和审美的文化体系，为长三角地区发展现代文化产业提供了宝贵的文化基因。一个地区有没有这样的优秀文化传统，实在是大不一样的。

江南文化不但崇尚诗性和审美，而且具有沟通南北文化，融汇中西文明的巨大包容性。这使得江南地区特别是长三角城市群所拥有的文化资源，包括了丰富的特色，形态多样，各有千秋，构成了多元互补的重要条件。从城市规模来看，现代长三角城市群大致可以分为五种类型：一是超大型城市上海，常住人口近 2000 万人，2019 年 GDP 总量达到 3.8 万亿元；二是特大型城市南京，人口规模 1000 万人；三是大城市，人口规模达到 100 万到 500 万人，包括苏州、杭州、合肥等，其中苏州的 GDP 接近 2 万亿元；四是中等城市，人口规模达到 50 万到 100 万人，包括嘉兴、舟山、镇江等；五是小城市，人口规模约 50 万以下，包括昆山、东阳、张家港、桐乡等[2]。这些城市的建立年代相差很大，在时间轴上形成了错落有致的坐标。它们同属于江南文化的谱系，又以各自的特色丰富了江南文化的内涵。

---

① 马克思：《1844 年经济学哲学手稿》，人民出版社，2002。
② 国家发展改革委、住房城乡建设部：《长江三角洲城市群发展规划》，国家发改委官方网站，2016 年 6 月 1 日。

表 2　长三角城市群"一核五圈"重点城市形成过程[①]

年代	南京	杭州	苏州	合肥	上海	宁波
公元前 472 年	建越城	建于秦朝（钱塘）	秦代：吴郡治（公元前 22 年）	合肥县（公元前 1220 年）		
221—280 年	金陵				渔村	
317—420 年（东晋）	建邺	杭州	东吴		青龙镇	400 年建宁波
420—589 年	建康	开六井	苏州	合肥县（581 年）	唐天宝（746 年）	
937—975 年（南唐）	金陵	临安府	苏州		上海镇（1250 年）	
1421 年后（明）1853—1864 年 1911 年	南京 天京 南京	筑城（1359年）杭州城（1620年）		合肥市（1949 年）	青龙镇 上海港（明）上海市	宁波港 宁波

　　从上表中可以看出，位于长三角城市群"一核五圈"的六个重点大城市，就分别在公元前 400 多年，公元 400 多年和 1400 年之后，逐渐形成了基本的雏形，而它们中的每一个，又把江南文化的多样特色发育得非常充分。比如：古老的石头城在公元 3 世纪到 6 世纪，以东吴、东晋、宋、齐、梁、陈六朝的大规模建设，成为中国长江以南最富庶的大城市；1368 年明太祖朱元璋定都南京，建立了当时全国政治、经济和文化的中心；由大运河所贯通的杭州和苏州则以优美绝伦的山水风光和人文成就，成为吴文化和越文化的中心，在历史上被誉为"南剑北萧"。它们连同周边的扬州、无锡、嘉兴、湖州等城市在建筑、园林、工业、工艺、服饰、文学、戏剧等方面创造了辉煌的成就，成为无数人梦魂萦绕的名胜之地，并且以"二十四桥明月夜，玉人何处教吹箫"的典雅品质，推动了中国近现代美术、教育、音乐、戏剧、文博等的开创性业绩。而从 17 世纪开始，宁波就成为钱庄与航运的重镇，为整个江南地区输送了宁

---

　　①　此表参考了姚士谋、朱英丽、陈振广等：《中国城市群》中的"沪宁杭区域重点城市形成过程年表"，中国科学技术大学出版社，2001，第 188 页，并且做了补充。

波商帮和商业文化的活力，影响远达东亚和东南亚；至于国际化大都市上海，原先只是一个小渔港，在开埠后的 100 多年里，它利用连接东西方文明的区位优势和航运便利，迅速崛起为远东最大的城市，成为 20 世纪以来中国最重要的金融中心、经济中心、贸易中心和航运中心，并且培育出江南文化的现代版——海派文化。古都、巨港、名园、名宅、商埠，大江、深湖、寺庙、名校、大厂，自然景观和人文资源，科学成果与匠人匠心如此高度地集中在长三角地区，达到中国历史上的极致水准，为江南文化的整体繁荣创造了重要条件，成为世界罕见的一大文化资源富集高地。

（三）创意城市：历史和创意相辅相成

长三角所承载的江南文化传统，既有崇实、重商、精致、开放、多元，诗性和审美的共性基因，又包括了各个历史时期和各个城市所创造的个性化成果；既传承了中国本土自管子、墨子、商鞅、荀子、陈亮、叶适等人的经世致用主张，又在高度的开放中包容了来自欧美、东亚和东南亚的科技成果和文化元素，形成了包括海上画派、金陵画派等在内的近代优秀艺术成果。跨入 21 世纪以来，在联合国教科文组织全球创意城市的评选中，长三角入选的就有上海——设计之都（2010 年）、苏州——民间文化与手工艺之都（2014年）、杭州——民间文化与手工艺之都（2014年）、南京——文学之都（2019 年）、扬州——美食之都（2019 年）等五座，占中国拥有创意城市总数的 35%。正如联合国贸发会议在《创意经济报告》中所说：联合国倡导"创意城市"的意义，是因为"城市有一种关键资源——它的人民，人的智慧、欲望、动力、想象力和创造力取代了地理位置、自然资源和市场通路而成为城市的资源。[①]"建设创意城市有助于激发城市人民的创造性和想象力，并且把它们转化成为可增值、可投资的文化资产和社会财富。

这些长三角城市在申报创意城市的时候，都强调了自己对江南文化遗产的传承，努力把它们开发成为现代文化资产，形成可投资、可流通、可增值的文化财富。如南京在 2017 年以来申请"文学之都"这个过程当中，就特别强调南京与江南文化的深刻关联："让绵延数千年的中国江南文化历史在世

---

① UNCTAD & UNDP: Creative Economy Report 2010, P13.

界级的交流平台上得到展示"①。中国历史上第一个"文学馆"、中国历史上第一部诗歌理论和批评专著《诗品》、中国历史上第一部文学理论批评专著《文心雕龙》、六朝时期最早的诗文总集《昭明文选》、明清以来的《红楼梦》《儒林外史》等文学巨作等都诞生在南京；鲁迅、朱自清、俞平伯、巴金、张恨水、张爱玲等著名作家和刘海粟、吕凤子、徐悲鸿、张大千、颜文梁、吕斯百、傅抱石、高剑父等著名艺术家也都跟南京有着千丝万缕的联系；诺贝尔文学奖获得者——赛珍珠写的《大地》系列三部曲，就是她在南京时期所完成的。南京作为六朝古都、十朝都会、江南重镇，将以绵延近两千年的文化艺术脉络，以厚积薄发之力，为建设全球创意城市积累强大的动能。这正如研究创意城市的英国学者查尔斯·兰德勒所指出的："发挥创意并不意味着只关心新事物。相反，你要愿意以灵活的方式，去检视并重新评估一切状况……由于伟大的成就往往是新旧的综合体，所以历史与创意得以相辅相成。②"

四、互联互通与打造产业集群

（一）必然趋势：文化产业的集聚发展

长三角是全国文化产业集聚度最高，拥有文化产业集群最多的地区。这是它推动文化产业高质量一体化发展的重要基础。从全球范围看，世界级大城市群与主要文化创意产业集群之间存在深刻的必然联系。美国东北部大西洋沿岸城市群的设计、媒体和娱乐产业集群，伦敦中南部城市群的创意设计和数字内容产业集群，欧洲西北部城市群的会展和设计产业集群，日本太平洋沿岸城市群的动漫游戏、数字内容和媒体产业集群，都成为国家文化软实力的重要代表，也成为推动世界级大城市群不断升级的活力引擎。

联合国教科文组织认为："文化产业就是按照工业标准，生产、再生产、储存以及分配文化产品和服务的一系列活动"。文化产业"连接了无形的文化内容创作、制造与商品化过程。这些内容通常受著作权法保护并可以采用

---

① 《南京获选教科文组织全球创意城市网络"文学之都"》，大众报业集团海报新闻，2019 年 11 月 1 日。

② 查尔斯·兰德勒：《创意城市》，中译本，杨幼兰译，清华大学出版社，2010，第 5 页。

产品或者服务的方式"①。文化产业的集聚发展指的是在一个边界清晰的区域内，以一个主导产业为核心，吸引大量彼此联系密切的大中小企业和机构在空间上集聚，从而形成可持续的竞争优势。各种文化产业集聚区是它们的物质载体，规范化的文化产业园区是它们的管理形态，而文化产业的集群则是它们发展的高级形态。文化产业集群是一个有机的经济整体，它不仅包括主要的企业群体，而且还包括相关的政府机构、研发中心、金融机构、中介机构等。培育强大的文化产业集群，已经成为大城市群增强文化软实力的核心举措之一。

① 洛杉矶影视娱乐产业集群	⑤ 东京动漫媒体印刷产业集群	⑨ 首尔动漫游戏产业集群
② 纽约设计媒体娱乐产业集群	⑥ 大阪设计和数码内容产业集群	⑩ 孟买影视娱乐产业集群
③ 伦敦设计媒体产业集群	⑦ 米兰时尚会展产业集群	⑪ 斯坦福—硅谷软件网络和数码内容产业集群
④ 巴黎时尚休闲产业集群	⑧ 法兰克福会展出版产业集群	⑫ 柏林—居特斯洛设计和媒体产业集群

图 5-4　世界主要文化创意产业集群的分布 ②

---

① UNDP & UNCTAD: Creative Economy Report 2010 P5.
② 本文作者根据各方面数据综合绘制。

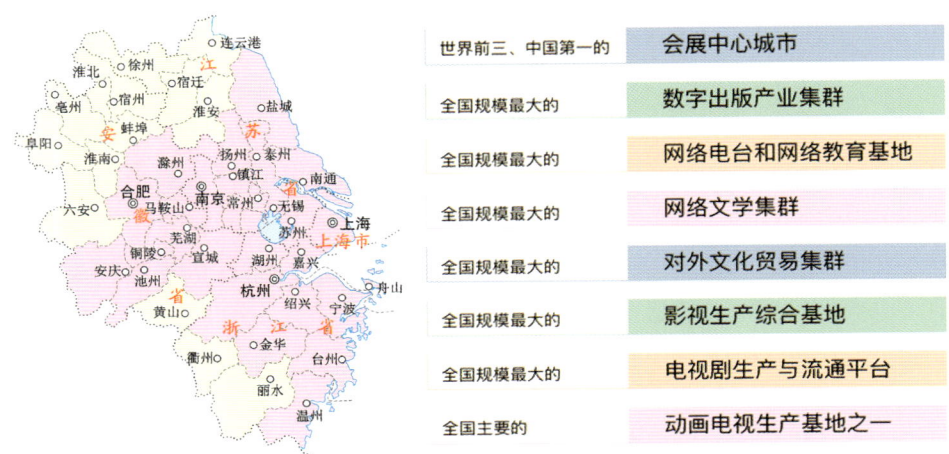

图 5-5　长三角文化产业集聚发展的优势

　　大量数据显示：长三角文化产业高质量一体化发展的澎湃活力，在于它多年来在多个细分市场领域形成的优势文化产业集群。这与长三角强大的经济基础、广阔的国际辐射、丰厚的人文资源、奋发有为的政府推动密切相关。长三角拥有中国最大的会展中心城市和会展产业集群，拥有中国最大的数字出版产业集群，拥有中国规模最大的网络音频服务平台和网络教育基地，拥有全球规模最大、全国市场占有率最高的华语正版网络文学平台，拥有全国产量最高的电影和电视剧制作基地之一，全国规模最大的文化小商品交易中心等。

　　比如，中国已经成为全球会展大国之一，而长三角在全国会展市场中占有举足轻重的地位。根据中国会展经济研究会每年颁布的《中国展览数据统计报告》，在 2018 年全国十大会展城市中，上海占第一位，举办展览 994 家，占全国比重为 9.13%；展览面积 1906 万平方米，占比为 13.19%。南京为第五位，举办展览 516 家，占比为 4.74%，展览面积 490 万平方米，占比为 3.39%[①]。从 2014 年以来，上海和南京连续保持全国十大会展城市排行榜上第一名和第五名的位置，上海也被国际会展界公认为与纽约、伦敦并列的三大世界会展

———————————

①　《中国十大会展名城榜单》，2019 年 7 月 6 日。

中心城市。又比如长三角是中国数字出版的核心地区，2008 年 7 月 16 日，全国第一个国家数字出版基地在上海张江挂牌成立。上海网络文学整体规模已占全国市场的近 80%。以上海为基地的阅文集团旗下囊括 QQ 阅读、起点中文网、新丽传媒等业界知名品牌，作为国内引领行业的正版数字阅读平台和文学 IP 培育平台，它拥有 1170 万部作品储备，780 万名创作者，覆盖 200 多种内容品类，触达数亿用户，已成功输出《鬼吹灯》《盗墓笔记》《琅琊榜》《全职高手》《扶摇皇后》等大量优秀 IP 改编为影视、动漫、游戏等多业态产品，并且在香港联交所主板公开上市。

（二）持续升级：创新成为主旋律

近年来，长三角的文化产业集群正在逐步从规模化优化迈向创新型集群。其重点是建立一种创新型的组织架构，让所有参与该网络的企业共享创新的成果，以带动周边地区文化产业的发展，输出资金流、技术流、信息流。这种产业集群包含三层：核心层、联接层和相关层。第一层核心层，由一个或者多个领军企业和研发机构所组成，具有创新研发的强大动力；第二层联接层，包括大量的服务商、供应商、相关的中小微企业和配套服务机构；第三层是相关层，包括为产业集群提供服务的外部政策和环境。经常有这种情况：中小企业具有强烈的创新愿望，而它们的成果可以很快地被大型企业和投资基金发现，从而获得有效的投资匹配，加快了创新成果的市场化和产业化转化过程。

正因如此，长三角也成为全国范围内拥有文化产业领军企业最为密集的地区之一。比如：长三角拥有的全国文化企业 30 强数量最多，在连续 11 届评选出的全国文化企业 30 强共 330 家（次）中，长三角占总数的 34%，包括上影集团、东方明珠、世纪出版、凤凰出版、宋城演艺、华策影视、安徽出版等，在各地区中遥遥领先。长三角四省市在 2018 年全国文化传媒类主板上市公司中占有 33.8%。它们并非各立山头，而是在各个细分领域发挥了"一马当先，万马奔腾"的领军作用，形成了创新研发的引领作用，成为文化产业集群的核心力量。

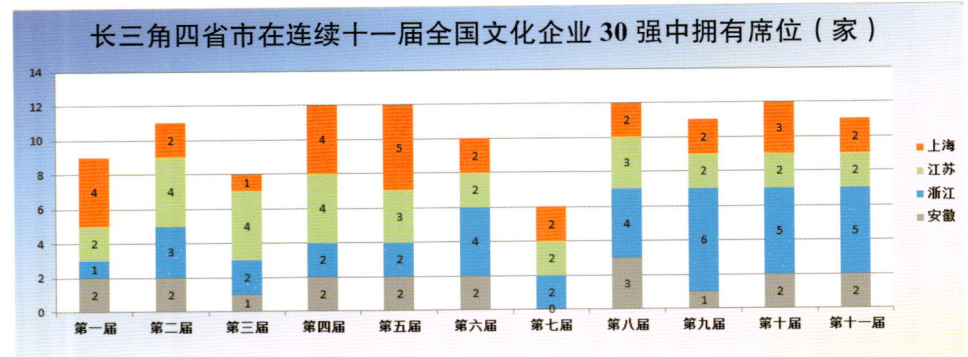

图 5-6　长三角四省市拥有的全国文化企业 30 强[①]

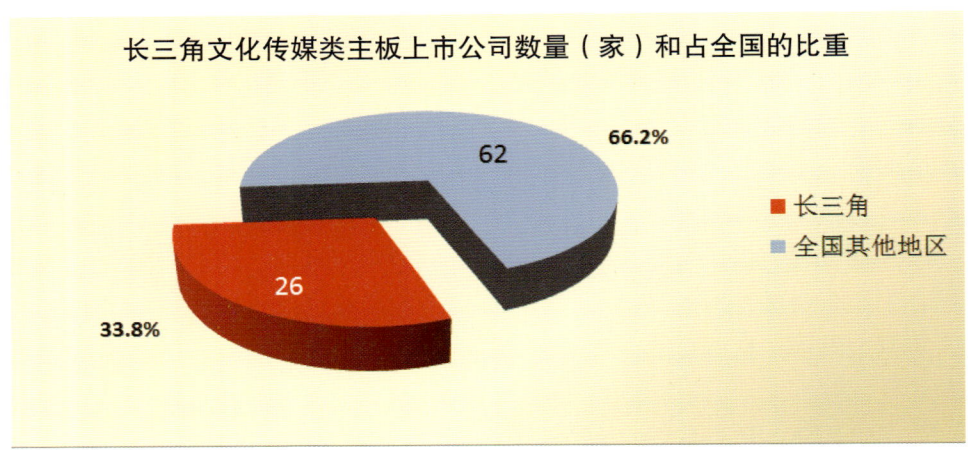

图 5-7　长三角文化传媒类主板上市公司数量（家）和占全国的比重[②]

（三）互联互通：数字经济的"五全基因"

2018 年联合国贸发会议报告《创意经济的前瞻——创意经济的国际贸易趋势》指出：创意经济推动了创新和知识的转化，用最小的物质消耗创造了

---

①　本文作者根据新华网颁布的历届"全国文化企业 30 强"名录整理和绘制，http://www.xinhuanet.com/2019-05/18/c/1124512454.htm，2019 年 5 月 18 日。

②　本文作者参照平安证券：文化传媒行业上市公司名单 2018 年，https://zs.stock.pingan.com/a/2707.html，2018 年 12 月等资料绘制。

双重的商业和人文价值。"创意经济兼有商业和文化价值。它的双重价值在于既推动了全球治理的扩张，又成为经济多样化战略的组成部分。[①]"这就必然要求文化产业迈向高质量发展，即高附加值产品、高质量服务、高效率投入产出所组成的"三高"模式。那种依靠大规模的资金、土地和自然资源投入来增加低附加值文化产品生产的模式，不但是难以持续的，也是违背现代文化产业发展主流和生态文明要求的。在中国迈向世界创新强国的大背景下，文化产业创新驱动、优胜劣汰、逐步向高度化发展将是一个历史性的趋势。长三角文化产业向高质量一体化迈进的重点，就是加强市场在配置要素方面的决定性作用，充分发挥领军企业和产业集群的优势，同时形成互联互通的全域一体化优势。在路径的选择方面，长三角文化产业必须充分利用数字经济的"五全基因"："数字化之所以能够颠覆传统，就在于它所拥有的五全基因——全空域、全流程、全场景、全解析和全价值"。[②]这种"五全基因"对文化产业的产业链和创新链的精准对接产生了深远的影响。产业链是一个完整的产业面向市场需求而形成各个企业间的协作关系；创新链是以某一个创新主体（大专院校、科研机构、研发中心、重点实验室等）为核心，形成多元主体协同配合的集合。创新链的本质是创新供给与生产需求的关系。长三角要提升文化产业的竞争力优势，就应该充分发挥数字经济的全空域、全流程、全场景、全解析和全价值的特点，以产业链为引导，以创新链为驱动，以创新成果的研发和产业化应用为归宿，最终在全球文化产业的大格局中形成竞争力优势。

比如连续多次名列全国文化企业 30 强的宋城演艺，堪称世界演艺企业规模第一位，也是中国旅游演艺上市公司第一股。它强调"一切源于文化，一切围绕文化"，以城市文化的挖掘驱动演艺产业的发展，创造了年演出场次第一、年观众人数第一、年演出利润第一、剧院数第一、座位数第一的世界纪录，成为全世界规模最大的演艺娱乐公司。宋城演艺每年演出 15000 多场、吸引观众 5000 多万人次。在长三角一体化发展的背景下，宋城演艺在杭州、

①　UNCTAD: Creative Economy Outlook: Trends in international trade in creative industries 2002−2015; Country profiles 2005−1014, Foreword.

②　黄奇帆：《数字化颠覆全球金融生态》，《探索与争鸣》2019 年第 11 期。

萧山、上海等地积极进行线下布局，而且利用"六间房"平台，集聚了 29 万名签约主播，每个月的活跃用户达到 5621 万，每天直播时间超过 6 万小时，创造了中国和世界演艺历史的全新纪录 [①]。再比如中国电视剧上市公司第一股华策影视，2013 年并购全国第二大影视公司上海克顿传媒成为行业龙头企业。它聚焦于电视剧、电影、综艺三大精品内容，年产精品电视剧高达 1000 集、电影数十部、综艺十余档，其规模产量、全网播出量、市场占有率、海外出口额稳居全国前列，在全国电视台收视和视频网络排名前十部电视剧中占比 30%，网络年总点击量破 1000 亿次。它以内容为核心全面布局泛娱乐产业，包括在长三角核心区域——上海松江科技影都，由它的母公司重点投资项目——首期用地 77 亩、投入资金超 10 亿元的长三角国际影视中心在 2020 年正式启动建设。它将作为拉动沪浙苏皖四省市的"G60 科创走廊"的重要项目，推动从剧本研发、拍摄、服化道置景、美术，直到后期制作的整体联动。

（四）平台助力：加快形成流量经济

长三角文化产业迈向高质量一体化发展，必须要适应数字经济背景下全球产业要素流通的规律，积极建设各个细分领域的专业服务平台，并且通过高端集聚，作为产业要素流通的加速器。2018 年 11 月，首届长三角国际文化产业博览会在上海隆重举办，汇聚了来自长三角和海内外的 330 多家企业，形成了 10 个长三角文化产业专业联盟与合作平台，还有更多的专业平台在筹备和建设中。这显示了上海和长三角文化产业联动发展的强大活力。在互联互通、快速迭代、海量流通的数字经济时代，它们采用跨域合作、专业整合、协同推进的方式，其中包括长三角红色文化旅游区域联盟、长三角动漫产业合作联盟、长三角文创特展产业联盟、长三角文旅产业联盟、长三角影视制作基地联盟、长三角文化装备产业协会联盟、长三角 XR 创意媒体发展联盟、长三角电子竞技产教协同创新中心、长三角文化金融合作服务平台等，连同已经有序运行多年的中国（义乌）文化产品交易博览会、中国国际动漫游戏博览会、ChinaJoy、中国上海国际艺术节演出交易会等大型会展交易平台，形成了一个规模庞大的平台体系，正在创造规模惊人的流量经济。如截至 2018

---

① 根据宋城演艺在首届长三角国际文化产业博览会上展示的资料和数据整理。

年底，义乌文交会累计交易额超过 400 亿元，累计外贸出口额超过 250 亿元，累计参会专业采购商超过 100 万人次。它的背后是义乌及长三角地区规模庞大的实体经济。义乌市就有 1 万余家文化生产和经营的市场主体，文化产品年总产值逾 1000 亿元，形成了文化用品、工艺品、年画挂历、印刷包装、玩具等优势产业。在长三角地区，具有专业化分工协作的文创园区、文创小镇、专业街镇、专业村，更是星罗棋布。它们形成了平台流量与实体经济的深度结合，为长三角文化产业向海内外市场辐射提供了重要条件。

这些平台覆盖整个长三角地区，利用统一的供应链管理信息系统，管理着多用户、多供应商、多渠道的订单程序，包括用户数据、需求分析、内容搜索、产能分配、仓储运输等，实现用户与供应商、服务商的精准连结。它们对于用户来说，是一个可靠而灵活的低成本文化内容供应源；而对于生产商来说，是一个通往分散小众市场的海量渠道。它促进长三角文化产业跳出了本地化的狭隘空间，进入到一个互联互通的巨大市场中，形成以流通为导向的运行模式。正如中国专家陈文玲所指出的：中国形成了超大的市场优势和内需潜力，2018 年市场规模大约为 363 万亿元，2019 年可能会达到 400 万亿元，"中国现在不但有市场规模，还会形成现代流通核心竞争力。"[1] 比如长三角文化金融合作服务平台就由上海徐汇、南京、杭州、宁波、绍兴、蚌埠 6 个长三角的市、区联合发起。徐汇区作为上海文化金融合作试验区，正在探索文化与科技、金融跨界融合的新模式，而南京正在打造文化金融服务中心，杭州则在构筑文创融资的服务链。该平台针对长三角的文化企业进行融资项目的征集，共收集到 60 余个优质融资项目。目前这些平台的流通能量还不够强大，对长三角各市区县的渗透力还不够深入，但是它们预示着长三角文化产业以重点集群作为基础，以网络平台为节点，以市场流通为导向，迈向一体化发展的正确方向。

---

[1] 陈文玲：《2020：加速赋能中国经济高质量发展》，《社会科学报》2020 年 2 月 27 日第 1 版。

五、开放优势与建设亚太门户

（一）结构升级：培育外向型文化企业

长三角文化产业的高质量一体化发展，其重要内容是树立对外文化开放的新优势，以向内陆地区辐射和向亚太地区辐射的两大扇面，成为全球文化产业的国际枢纽和亚太门户。中国是全球化的参与者、贡献者和受益者，而长三角是中国参与全球化最为领先和最有深度的地区之一。根据中国学者张辉的研究，在有统计数据的 188 个国家和地区中，中国对外出口商品中最终消费品占所统计国家和地区前五位的有 123 个，中间品占所统计国家和地区前五位的有 73 个；从中国自国外进口的商品中，最终消费品占所统计国家和地区前五位的有 60 个，中间品占所统计国家和地区前五位的有 74 个。全球有 1/3 到 2/3 的国家通过中间品和最终消费品贸易与中国紧密地联系在一起[①]。从宏观上看，在全世界商品的循环大体系中，中国已经处于中间枢纽的位置，广泛联系着世界上大部分的发达经济体和发展中经济体，这在文化产业和文化贸易领域也有相应的表现。根据联合国贸发会议颁布的数据，中国已经成为全球增长最快、规模最大的文化创意产品出口国，但是在文化创意的服务出口方面，中国仍然存在逆差。有鉴于此，中国在对外文化贸易方面，不仅仅要扩大规模，更要优化结构，加快产业升级。而要完成这一任务，必须培育一大批外向型和国际化的文化企业。

长三角文化产业适应这一产业升级的需求，形成了全国规模最大的国家对外文化出口重点企业集群和重点项目集群，并连续 10 年在全国保持了规模的优势。长三角在首批 13 家国家对外文化出口基地中占有 4 家。在商务部连续颁布的历年国家对外文化出口重点企业中，长三角拥有的数量约占全国总数的 1/3，其中包括上海世纪出版、上海今日动画、江苏译林、江苏原力动画、浙江华策影视、浙江华谊兄弟、安徽华文国际经贸等一大批生机勃勃的文化出口重点企业。

---

① 张辉：《一带一路：全球治理之中国方案》，《中国社会科学报》2017 年 12 月 26 日第 2 版。

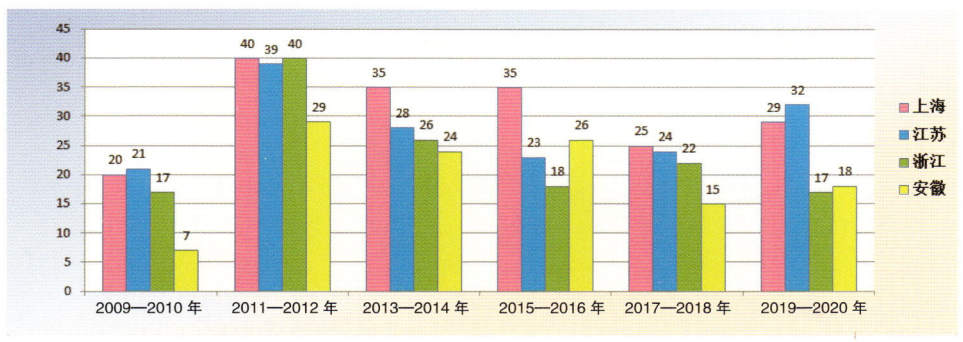

图 5-8　长三角地区拥有的国家对外文化出口重点企业数量（家）[①]

（二）双向流通：从引进到输出

长三角文化产业参与全球的产业链和供应链，是一个从引进消化到创新输出，进而促进双向流通的升级过程。长三角城市群要打造文化产业对外开放的新优势，不可能一蹴而就，也不能单向输出，而是要在这种双向流通的过程中，逐步熟悉国际文化市场的规则，吸引自己所需要的高端文化资源，对接世界优秀的文化艺术人才、机构和作品，同时提升自身的国际化运作水准和输出质量。如由中法两国领导人共同推动的"西岸美术馆与蓬皮杜中心五年展陈合作项目"在 2019 年 11 月正式对外开放，法兰西共和国总统埃马纽埃尔·马克龙先生与上海西岸文化艺术委员会主席方世忠共同为之揭幕。在五年内，西岸美术馆计划呈现 3 个分别为期一年半的常设展和约 10 个为期半年的特别展，展陈内容由西岸美术馆和蓬皮杜中心共同策划。蓬皮杜中心是目前国际上最重要的现代艺术收藏和展览中心之一，也拥有世界上最出色的新媒体艺术馆藏。它也将通过这一纽带，向法国和世界观众展示中国顶级艺术的魅力与价值。又比如，作为第 22 届中国上海国际艺术节委托邀约作品，由被誉为"实验戏剧灯塔式人物"的美国戏剧家罗伯特·威尔逊担任导演兼舞台和灯光设计，大型原创音乐戏剧《不可能的黑郁金香》以丝绸之路为主题，讲述 17 世纪初中国明朝年间，意大利传教士利玛窦和中国学者李之藻共同完成《世界万国图》（《坤舆万国全图》）的故事。这是人类历史上第一张用

---

① 本文作者根据商务部公布的数据整理和绘制。

中文标识的世界地图，是西方文明与中国文明交融后形成的重要科学和文化成果。这些项目是意味深长的象征：长三角文化产业的高质量发展，要在不断扩大对外开放中推进，促进"西风东渐"和"东风西渐"的交融，形成"全球智慧、高端融合，联合出品、人类共享"的模式。

长三角文化产业打造对外开放的新优势，对于全国都具有示范的意义。改革开放以来，中国从原先一个被隔绝于世界经济体系之外的发展中国家，迅速迈向站立于世界舞台中央的全球大国。中国融入世界文化贸易体系的路径，具有鲜明的特色和创新性。它既不同于美国和英国等西方发达国家长期积累的文化贸易优势，也不同于韩国等后起的东亚经济体采用的追赶战略，而是坚持中国自身的核心价值观念和优秀文化传统，又顺应国际文化贸易的规则，为世界贡献更多的中国文化财富。这一过程往往是从吸引国际跨国公司的文化投资开始，扩大先进文化技术、关键设备和优质内容的进口，使本土资源和国际要素获得优化组合，又在这个过程中通过自主创新，培育自身的高端文化生产能力，发展技术密集型、资本密集型、版权密集型的文化项目，努力进入全球文化产业价值链的中高端，把中国优质的文化产能向外输出，扩大中国在全球文化贸易市场上的话语权。这个前所未有的开拓过程，迫切需要长三角起好首发、首创、首展的示范和探索作用。比如，上海国际艺术品保税服务中心的功能设计，展现了自贸区作为国家试验的创新意义和世界级的综合服务水平。该中心建筑面积 6.83 万平方米，是全球面积最大的艺术品综合保税仓库。它对标国际标准，安防等级达到美国 UL Class2 标准。它集艺术品仓储物流、展览展示、拍卖洽购、评估鉴定、版权服务、金融服务等六大功能于一体，依托上海自贸区境内关外的政策优势，开展保税 / 非保税展示、拍卖、交易、租赁等服务，而且包括"国际艺术品保税临时出区展示""国际艺术品海关保证金代垫""国内艺术品交易税费补贴"等便利化措施，给来自全世界的艺术品投资商营造了一个固若金汤、便捷高效的"家"。

（三）高端整合：参与国际合作与竞争

长三角文化产业在新时代中国对外文化开放中正在发挥越来越重要的作用。这首先是由长三角的地缘优势所决定的。中国首倡的"一带一路"为中国文化产业的发展提供了新的空间视野，"一带一路"和长江经济带在空间上形成了三大发展轴：第一为沿海发展轴，由中国沿海 11 个省市，形成了海上丝绸之路的动力长廊；第二为亚欧大陆桥发展轴，从东海之滨的江苏连云港开始，向西通过海陆联动江苏、安徽、河南、山西、甘肃、青海、新疆等 7 个省区，从阿拉山口出境联动西亚、中亚和欧洲，进入地中海和大西洋沿岸，是新丝绸之路陆上经济带的主线之一；第三为长江经济带发展轴，它包括上海、江苏、浙江、安徽、江西、湖北、湖南、四川、重庆、贵州、云南等 11 个沿江省市，并且通过中南半岛铁路网，联接东南亚及南太平洋和印度洋。中国学者王战、郁鸿胜等指出：这三条发展轴，如同一个巨大的"π"字形战略[①]，而长三角正是在"π"字形战略的交汇点上；其次，长三角打造对外文化开放的新优势，与它作为世界级大城市群的巨大包容性密切相关。正如《全球城市》的作者萨斯基娅·萨森所指出的："全球城市既是为生产、也是为执行多样化与复杂化的中介功能的极端空间。"提供面向全球的资源集聚和优化配置，是全球城市和世界级大城市群最重要的功能。这种高端服务一方面促进了公司和市场的全球化，另一方面加快了资本、技术、人才、创意等的海量流通。"它需要围绕不同全球经济回路的节点。它需要来自不同国家、文化和知识背景的专业人士和经理集中在一个空间里互相学习，哪怕这种学习是无意的。这种过程构成独特的'城市知识资本'，只能在具有多样化知识和体验的城市中产生。"[②]

近年来，长三角服务"一带一路"大局，积极打造体现国际文化融合的重大项目和重大平台，有一些成果堪称历史上的世界首创。它们实践了打造人类命运共同体的理念，推动了国际文化产业和艺术成果的互联互通，在世界范围内产生了广泛的影响。如在 2015 年第十七届中国上海国际艺术节论坛期间，来自 18 个国家的 22 个艺术节代表联合发出倡议。到了 2017 年第十九届中国上海国际艺术节，"丝绸之路国际艺术节联盟"在上海正式成立。这是中国首倡的"一带一路"建设在人文合作方面的一个重大收获，也是历史上首次由一百多个国家和地区的艺术机构共同成立的国际艺术节联盟。它经过多次扩容，截至 2019 年共有来自 44 个国家和地区的 163 家艺术机构加盟，

---

① "上海参与建设长江流域经济新支撑带的若干问题研究"课题组：《"π"形战略格局中，上海该怎么做》，《解放日报》2014 年 12 月 25 日。

② 王昀：《萨斯基娅·萨森答"全球城市"八问》，观察者网，2014 年 5 月 14 日。

包括印度德里艺术节、罗马尼亚锡比乌国际戏剧节等。该联盟以"多样、合作、促进、示范"为宗旨，贯彻联合国倡导的文化多样性的主张，在节目展演、合作制作、共同委约、人才培训等方面展开了富有成效的合作。随着长三角一体化发展的日渐成熟，除了上海、南京和杭州等超大城市和中心大城市，还有更多的大中小城市参与到国际文化产业的合作与竞争中，在多个领域承担起流通枢纽的作用。据统计，长三角的苏浙皖三省共占全国百强县的47席①，涌现了一大批产业强市（县）和经济强镇。这些中小城市的强劲竞争力和外向型经济为它们进入全球文化贸易链提供了重要基础。如联合国教科文组织所属的 A 级组织——世界手工艺协会（WCC）主办的"世界工艺文化节"，就在长三角的县级市——东阳举办。东阳被授予"世界木雕之都"的称号。这是 WCC 成立 50 年来规模最大的一次世界盛会，显示了东阳市已经成为世界范围内传承手工艺遗产和振兴手工艺文化的重要基地。

结束语

从整体上看，长三角文化产业已经成为全国范围内跨省市的合作机制最为有效、文化产业集群最为强盛、国际文化合作和贸易最为活跃的地区之一。这一充满生机的系统是有效市场、有为政府、有益文化等诸要素协同作用的结果。正如诺贝尔奖金获得者赫尔伯特·西蒙（Herbert Simon）指出的：社会系统是设计出来的，而非自然命定的。它依赖看问题的新鲜角度，追求更加有价值的理想和更加睿智的策略②。从这个角度来看，长三角文化产业的高质量一体化发展，体现了这一重大战略的设计者和建设者所拥有的远见卓识和优秀的执行能力。未来在这方面的研究，将在长三角文化产业高质量发展的研究深度上和与世界大城市群同类内容的横向比较上，随着实践的发展进一步展开，提炼出它的创新性和引领性的规律和路径，为研究界和产业界提

---

① 京东公共战略研究院曾晨、冯蕾：《发掘城市群消费潜力 促进形成强大国内市场》，《经济日报》2019 年 3 月 31 日。

② 赫尔伯特·西蒙：《管理行为》，中译本，詹正茂译，机械工业出版社，2007，第 16 页；靳涛：《诺贝尔殿堂里的管理学大师：赫尔伯特·西蒙》，河北大学出版社，2005，第 25 页。

供富有价值的时代启迪和中国经验。

主要参考资料

［1］ 姚士谋、朱英丽、陈振光等：《中国城市群》，中国科学技术大学出版社，2001
　　　年9月版；

［2］ 李炎、胡洪斌主编：《中国区域文化产业发展报告》，社会科学文献出版社2018
　　　年10月版；

［3］ EY：Cultural Times—First Global Map of Cultural and Creative Industry. Dec 2015，
　　　www.unesco.org

［4］ UNCTAD: Creative Economy Outlook: Trends in international trade in creative industries
　　　2002–2015; Country profiles 2005–1014　www.unctad.org

［5］ European Agenda for Culture: Good Practice Report—On the cultural and creative
　　　sector's export and internationalization support strategies, Jan 2014, http://ec.europa.eu/
　　　culture/library/studies/access–finance_en.pdf

第三篇

数字转型，新兴业态

第六章
在线新经济与中国文化产业新业态：主要特点、国际借鉴和重点任务 ①

　　在世界文化产业的发展史上，许多文化产业新业态如彩色电影、电视剧、三维动画、实景演艺等的大规模出现，其根本动力在于支持新业态的新生产力要素的充分涌现，为消费者提供了新的巨大价值，激发了潜在的文化消费市场，而激发这种新业态的契机可能是某一项科技发明、一项商业模式革新、甚至是一场突如其来的危机。2020 年初以来，新型冠状病毒感染对中国乃至世界文化产业都带来了巨大的冲击。2020 年前三季度，全国文化产业规模以上企业实现营业收入 66119 亿元，同比下降 0.6%，而与互联网密切结合的文化产业新业态小类逆势上扬，实现营业收入 21229 亿元，同比增长 21.9% ②。中国各级政府审时度势，纷纷出台鼓励在线新经济和文化产业新业态的规划和政策。党的十九届五中全会文件指出：实施文化产业数字化战略，加快发展新型文化企业、文化业态、文化消费模式。国家发改委颁布的《关于推进"上云用数赋智"行动，培育新经济发展实施方案》、上海颁布的《上海推进"在线文旅"发展三年行动方案》等，都显示政府层面与企业层面、学术层面正在逐步形成共识：依托在线经济的发展，发展文化产业新业态，为中国文化产业提供强大动能。

　　①　基金项目：国家社会科学基金艺术学重大项目"习近平总书记关于文化建设重要论述研究"（项目编号：18ZD01）。

　　本文首次发表于《同济大学学报（社会科学版）》（CSSCI 核心期刊）2021 年第 3 期，由中国人民大学《复印报刊资料·文化创意产业》2021 年第 6 期全文转载。

　　②　国家统计局：《2020 年前三季度全国规模以上文化及相关产业企业收入下降》，中国政府网，2020 年 10 月 31 日。

一、把握文化产业新业态的特点

（一）数字经济与在线新经济的内涵

文化产业新业态是在数字经济基础上发展起来的，它的内涵与定义随着人们对于数字经济的认识而不断深化。美国学者泰普斯科特（Tapscott，1996）在《数字经济：网络智能时代的机遇和挑战》一书中，首次详细论述了互联网会如何改变人类的商务模式。在 2016 年 9 月举行的 G20 杭州峰会上，多国领导人共同签署通过了《二十集团数字经济发展与合作倡议》，它指出"数字经济是以使用数字化的知识和信息作为关键生产要素、以现代信息网络作为重要载体、以信息通信技术的有效使用作为效率提升和结构优化的重要推动力的一系列经济活动"[①]。此后"数字经济"这一提法也被许多官方文件和重大会议所采用，例如 2017 年中国政府工作报告、党的十九大报告、《金砖国家领导人厦门宣言》等。

在专业研究层面上，中国信息通信研究院发布的《数字经济白皮书（2017 年）》，在"数字经济"定义的基础上总结了七点特征：第一，数字数据成为新的关键生产要素；第二，数字技术创新提供源源不断的动力；第三，信息产业的基础性先导作用突出；第四，产业融合具有推动数字经济的引擎性先导作用；第五，平台化生态成为产业组织的显著特征；第六，线上线下一体化成为发展新方向；第七，多元共治成为数字经济的核心治理方式[②]。联合国贸发会议在 2017 年以来的多份《世界投资报告》中从经济和技术层面上把数字经济描述为三个层面：核心数字技术、狭义数字经济、广义数字经济。它们包括通信、信息技术软硬件、互联网平台、数字解决方案、数字内容、电子商务、全球经济数字化等内容，形成一个复合型的结构[③]。

从这个意义上说：中国多地政府提出的"在线新经济"是数字经济的主要表现形式之一。它是以数字数据作为核心生产要素，以数字数据＋计算力

---

① 《二十国集团数字经济发展与合作倡议》，G20 官方网站，http://www.g20chn.org，2016 年 9 月 20 日。
② 中国信息通信研究院：《数字经济白皮书（2017 年）》。
③ 联合国贸发会议：《世界投资报告（2017）：投资与数字经济·要旨与概述》，联合国贸发会议官方网站，https://www.unctad.org，2017 年 9 月 30 日。

作为产业动力，以现代信息网络作为重要载体，以信息通信技术的有效使用作为效率提升的推动力，与生产制造、商务金融、文娱消费、教育健康、流通出行、城市管理、公共服务等领域深度融合的新型经济模式。如果说数字经济是与数字技术紧密结合的经济系列活动，那么在线新经济就是在此基础上与互联网紧密结合的经济运作模式，而中国文化产业新业态，则是聚焦于"互联网＋文化"、具有新动能和新消费特点的文化经济业态。它集中体现为国家统计局所指的"互联网＋文化"之新业态小类[①]。数字经济、在线新经济和文化产业新业态，从学理维度和实践维度上正是密切相关又有不同侧重点的三个范畴，构成了从大到小的三个同心圆。

（二）文化产业新业态的特点和价值

中国倡导的文化产业新业态，以高质量发展为主要导向，与在线新经济紧密相结合，以在线、智能、交互、跨界为四大特征。它们不仅仅是国民经济统计指标体系中若干个相对独立的行业统计小类，更重要的是成为新的文化生产力代表，为文化产业提供了前所未有的新动能，推动了要素重构、场景再造、流量升级、价值创新和普惠民生，成为推动文化产业可持续增长的重要引擎。

第一，新业态推动了文化产业的要素重构，即以数字数据＋计算力为重点，对其他要素如创意、内容、资本、技术、空间等进行重新评估和有效配置。由于数据要素和知识技术要素一样，可以被重复使用和多人使用，从而导致同样收益的情况下生产成本不断下降，因此，文化产业新业态注重开发数字数据，促成了报酬递增效应。

在文化新业态的生产和经营过程中普遍使用数字化的知识与信息，使得文化生产方式发生了根本性的变化：文化企业提供的大量产品是数字文化产品和服务，即产品数字化；数字文化产品与服务的传输通过互联网支付方式进行，即传输在线化；供需双方之间的海量文化产品和服务交易在互联网平

---

① 国家统计局解读 2020 年全国规模以上文化及相关产业企业营业收入数据时指出："互联网＋文化"新业态保持快速增长。从文化及相关产业细分行业看，文化新业态特征较为明显的 16 个行业小类包括广播电视集成播控、互联网搜索服务、数字出版、动漫和游戏数字内容服务、其他智能文化消费设备制造等。参见国家统计局网站，http://www.stats.gov.cn/tjsj/sjjd/202101/t20210129_1812935.html，2021 年 1 月 31 日。

台上进行，即交易虚拟化。数字出版、数字音乐、电竞游戏、数字视频和音频、直播电商等类别，正是它们的代表性表现形式之一。

第二，新业态推动了文化产业的场景再造，即以线上线下相结合的空间开发为重点，推动在线、在地、在场三种文化生产方式的有机整合，从而形成跨界联通、广泛赋能的网链结构，具有灵活与柔性化生产的特点，能够满足跨区域、跨国界的海量个性化需求。

以数字经济为基础的文化产业新形态具有跨域融合的鲜明特点，以物理空间为主的在地、在场文化场景，被结合到互通互联的网络结构中，而以虚拟空间为主的在线文化场景，包括云会议、云展览、云走秀、云体验、云游学等，在 5G、AI、大数据等技术的推动下，又能够融入实体空间，发挥文化+对实体经济和社会民生的赋能作用。

第三，新业态推动了文化产业的流量升级，即以数字化平台作为协调和配置资源的基本经济组织，全面推动流量升级。数字化平台不仅是汇聚各方数据信息和开展计算的中枢，更是实现价值创造的核心，也是创造巨型经济流量的主要引擎。而数字化平台的模式创新已经成为文化产业新业态的主要竞争领域。近年来涌现的互联网内容开发和集成播控平台模式、专业艺术市场评估和指数研究平台模式、设计研发和供需对接平台模式、网络交流社区和时尚生活引领的平台模式等，都开发出新的文化生产和消费领域。

如中国电竞产业近年来高潮迭起。在 5G、大数据和移动互联等技术的支持下，数字化电竞平台在瞬间创造的经济流量与吸引的巨大观众体量远远超过电影、演艺、出版、零售书店等传统文化产业的增长幅度。2016 年中国电竞产业的营业收入达到 532.2 亿元，2017 年达到 772.8 亿元，2018 年达到922.1 亿元，同比增长 19.3%，2019 年猛增到 1151.2 亿元，同比增长 24.9%，吸引电竞观众 4.55 亿人次，创造增加值 229.1 亿元[①]。

第四，新业态推动了文化产业的价值创新，即以新视听和新体验为核心，为消费者不断开发和提供新的消费价值，带动新消费包括艺术消费、时尚消费、体验消费、品牌消费、美丽消费等的升级，带动整个产业链和价值链的不断延伸。

① 依据伽马数据：《2019 上海电子竞技产业发展评估报告》整理，参见秦迎林、杨嘉雪：《上海打造"电竞体育＋文旅"新业态：现状、机遇、对策》，载徐锦江主播、花建执行主编：《上海文化产业发展报告（蓝皮书）2021 年》，上海社会科学院出版社 2021 年版。

文化产业以人的精神文化消费需求为出发点和归宿，文化产业新业态必然以创造人所需要的新价值为核心，正如国际多媒体协会联盟主席哈威·费舍所指出的："虽然数字王国的本质是技术和二进制码，但它释放了在人类各个领域最天马行空的想象力"[①]。如近十年来迅速发展的沉浸式体验项目，它为受众提供了大奇观、超震撼、全体验、逻辑力的价值，迅速衍生出沉浸式演艺、沉浸式会展、沉浸式遗产保护、沉浸式游戏等新形态和新的消费市场。

第五，新业态推动了文化产业的普惠民生，即以互联网连接海量的文化消费者，形成点对点、点对面、一对多等多种对接形式。而以数字化形式呈现的文化产业供应链及在线政务、在线法律服务、互联网金融等形式，又为大中小微各类文化企业提供更多的服务。

在传统市场竞争中处于弱势地位的群体，在文化产业新业态中能够有效地参与产业链并且从中获利。在线新经济降低了市场准入的门槛，吸引了大批中小微企业、个体商户、文艺工作者和自然人，并且在史无前例的中国脱贫攻坚战中发挥了独特作用。如中国（深圳）国际文化产业博览会、长三角国际文化产业博览会等重要会展，纷纷设立了面向中西部后发达地区的文化产品电商平台，它们以零入驻费、零保障金、零运营成本的"三零"优惠政策，取得了很好的社会效益。

表 6-1　文化产业新业态所发挥的新动能

序号	新动能	新作用
1	要素重构	以数字数据＋计算力的运用为重点，对其他要素如内容、资本、技术等进行重新评估和有效配置。
2	场景再造	以典型应用场景为重点，推动在线、在地、在场三种文化生产方式的有机整合。
3	流量升级	以数字化平台作为协调和配置资源的基本经济组织，开发新的文化生产力，提升经济流量。
4	价值创新	以新视听和新体验为核心，为消费者不断开发和提供新的文化消费价值。
5	普惠民生	推动大批中小微企业、个体商户、文艺工作者和自然人参与文化生产和产品消费。

① 哈威·费舍：《数字冲击波》，黄淳译，旅游教育出版社，2009，第 265 页。

二、国际视野中的数字经济与文化产业新业态

结合数字经济和在线新经济，推动文化创意产业的可持续发展，是全世界范围内的重要潮流，也是中国文化产业积极参与全球化合作与竞争的重要领域。而主要发达国家推动数字文化创意产业增长的政策和举措，显示了立足不同国情的发展模式。它们采用的概念不尽相同，包括数字经济、互联网平台、智能社会等，而聚焦点正是"互联网＋文化"的文化产业新业态，显示了值得我们借鉴的有益经验。

（一）顺应全球化潮流，形成巨型平台＋头部内容优势

数字经济具有全球化、集约化和高端化的鲜明特色。由于互联网用信息网络覆盖了全世界，突破了地缘和国界，它所汇聚的数字数据和其他要素必然是全球化的，它对于文化消费市场的辐射必然是区域性的和国际性的；由于数字化平台作为协调和配置资源的基本经济组织，形成超强的集聚力和广阔的辐射力，拥有内容、技术和商业模式优势的核心平台，就必然形成集约化的优势；由于现代信息网络中的关键枢纽平台，具有协调和配置资源的引擎作用，它们就必然要争夺内容的优质资源，同时依托互联网的巨大流量，倾力推动内容升级，争夺竞争力优势的制高点。从 20 世纪 90 年代以来，美国快速形成一批与互联网和数字经济相结合的文创产业领军企业，顺应了文化创意产业向全球化、集约化和高度化发展的趋势。

1998 年和 1999 年，美国商务部发布《浮现中的数字经济》报告，把发展数字经济作为驱动新发展的手段。2000 年，美国商务部发布《数字经济 2000》报告。此后，美国政府部门每年都推出数字经济的报告和官方文件。从数字经济的规模看，美国位居世界第一，2019 年达 13.1 万亿美元；中国位居第二，规模为 5.2 万亿美元①。

美国的这一国家战略导向催生了一批与互联网和数字经济相结合的文化创意产业领军企业。它们把巨型互联网平台与头部内容优势相结合，实现从 0 到 1 的创新，形成超大规模的竞争优势，在细分领域占据了区域乃至世界市

---

① 中国信息通信研究院：《全球数字经济新图景（2020 年）——大变局下的可持续发展新动能》，https://www.sohu.com/a/424671530_123753?tc_tab=news，2020 年 10 月 14 日。

场的主要份额。如奈飞（Netflix）成立于 1997 年，从一家原来从事影视光盘出租的连锁性商业机构，迅速转换成为一家通过网络提供影视付费收看服务的流媒体企业，又快速成为在全球范围内汇聚各国影视作品的播放平台，直至成为自主开发优质影视作品，包括开发第一部多视角网络电影《黑镜》的头部内容企业。它的市值突破 2200 亿美元，一度超过了成立半个多世纪的娱乐业巨头沃尔特·迪斯尼公司。其他代表性企业如亚马逊、脸书、微软、谷歌、环球音乐等，都在细分领域形成巨型平台＋头部内容的综合优势，成为美国文化娱乐类跨国公司在数字经济时代的升级版。

图 6-1　美国与数字经济相结合的文创企业巨头 [①]

（二）突出"以快制胜"，抢占数字文创的新业态高地

数字经济具有科技研发驱动、快速更新迭代、应用加速普及的鲜明特色。这是因为，数字经济依赖数字数据、技术进步和人的智慧投入，这与工业经济依赖于能源、原材料和资金，农业经济依赖于土地、自然条件和初级劳动力的情况是截然不同的。英国《经济学人》杂志在 2017 年 3 月的封面文章中把数据比喻为新时代的"石油"，其实石油是储量有限的不可再生资源，而数据却每时每刻都在增加。英特尔创始人之一戈登·摩尔指出：集成电路上可以容纳的晶体管数目在大约每经过 18 个月便会增加一倍。随着传感器的普及和数字技术的发展，人类的生产和社会活动将全面实现数字化。2020 年全

---

①　本文作者综合 Netflix、Microsoft、Universal Group 等官方网站的资料设计和绘制。

球的传感器数量达到 1000 亿个，它们 24 小时都在产生海量的数据。

英国是第一次工业化革命的发源地，也是全世界最早把创意产业列入国家战略的国家之一。英国虽率先享受到工业文明进步带来的优势，也最早感受到传统工业所带来的负面效应和未来数字经济的大潮冲击。有鉴于此，英国政府先后出台了多项政策，以数字经济为先导，开启"数字英国"转型之路。2009 年 6 月，英国政府推出的《数字英国》计划。2015 年年初，英国政府出台了《数字经济战略（2015—2018）》。2017 年 3 月，英国文化、媒体和体育部发布《数字战略》。当年英国政府把该部正式改名为"数字化、文化、媒体和体育部"，体现了英国政府对数字革命的巨大期待和实施决心。

《数字英国》2009 年	《信息经济战略》2013 年	《数字经济战略》2015 年	《数字战略》2017 年	《数字宪章》2018 年

1992 年
英国成立国家遗产部
Department of National Heritage, DNH

1997 年
英国改名为文化、媒体和体育部
Department for Culture, Media and Sport, DCMS

2017 年
英国改名为数字化、文化、媒体和体育部
Department for Digital, Culture, Media and Sport, DCMS

图 6-2　英国政府颁布的数字经济文件

英国把与数字经济相结合的创意经济领域作为重点推动和率先攻关的重点。根据英国国家创新署颁布的《英国沉浸式经济》报告，英国抢先动员了1000 多家沉浸式技术专业公司，雇用了 4000 多名员工，开发了 1 万多个沉浸式体验的角色，共涉及 22 个市场细分领域。其中，介入媒体市场的公司数量在全部沉浸式体验的细分市场中占据的比重最大，约为 60%，英国已经占据全球沉浸式体验出口市场 9% 的份额[①]。与此同时，英国国家创新署近年来每期投入 500 多万英镑，鼓励英国在数字经济与创意经济相结合方面有优势的企业，积极拓展中国等新兴市场。

---

① "Innovate UK: The immersive economy in the UK—The growth of virtual", augmented and mixed realty technologies, www.innovateuk.ukri.org, 2018-05.

（三）建设"超智能社会"，融合多维空间，推动数字贸易

数字贸易是指依托数字经济所开展的贸易形式。它包括数字内容的贸易形式和数字化的流通形式，即不仅仅包括依托互联网开展宣传、咨询、交易、结算，从而促进实物商品如时尚产品的贸易，而且包括通过互联网传输的数字化产品和服务，如数据、数字图像、数字视频和音频、数字化服务等贸易。它最突出的特点就是贸易方式的数字化和贸易对象的数字化，依托数字数据的流通而大大提升了供需双方交易对接的精准性和时效性，突破了传统意义上的实物贸易在跨国流通过程中的诸多限制。根据国际数据公司（IDC）的数据，2019 年全球公共云服务市场总额达到了 2334 亿美元，同比增长 26%，半数以上的全球服务贸易已实现数字化[①]。

日本多年来加大对数字信息产业的政策支持、法律规范，为发展数字贸易创造了有利环境。2016 年 1 月，日本内阁会议通过第五个科学技术基本计划，核心是建设全球领先的"超智能社会"，最大限度利用信息通信技术，将网络空间与现实空间融合，使每个人最大程度享受高质量服务和便捷生活。作为一个国内市场有限、高度依赖海外市场的海岛型国家，日本历来把发展对外贸易作为基本国策之一。结合数字经济推动日本内容产品的对外贸易，成为日本朝野上下的重要共识。日本经济产业省 2019 年 5 月发布的 2018 年度电子交易市场调查显示：在电子交易领域中，2018 年日本对中国的出口额为 1.53 万亿日元（1 日元约合 0.06 元人民币），同比增长 18.2%；中国对日本出口额为 261 亿日元，同比增长 7.4%；美国对日本的出口额为 2504 亿日元，同比增长 7.6%，日本对美国的出口额为 8238 亿日元，同比增长 15.6%。[②] 其中的重要门类为电竞游戏、数字音乐、数字出版和 IP 授权服务等内容产品。日本对中国和对美国市场的电子交易出口形成了明显的顺差，而且顺差仍然在扩大。

（四）优化"平台 + 网络"：孵化个人创意，实现创业和创岗

新一代互联网具有全移动、全覆盖、全渗透、全时段、全体验的特点。

---

① IDC：《2019 年全球公共云服务市场总额达 2334 亿美元 同比增长 26%》，http://www.199it.com/archives/1103357.html，2020 年 8 月 19 日。

② 《日本智库眼中的数字贸易》，新华网，http://www.xinhuanet.com/globe/2019-07/15/c/138209104.htm，2019 年 7 月 15 日。

它可以采用空前巨大的规模和跨越时空的便捷性，把分散的个人脑力资源连接到一个巨大的网络上，从而组成高效的产业链和价值链。它又能通过"数据＋计算力"而突破个体劳动者的智力局限，把人类智能和人工智能相结合，优化各种要素和资源的配比。从这个意义上说，在线新经济也是智能经济，依托在线新经济开发的文化产业新业态，向"平台＋网络"的方向提升，成为提升文化产业竞争力的重要领域。

2013 年韩国的朴槿惠政府上台后，把经济复兴、国民幸福、文化繁荣与和平统一定为执政时期的四大国政基调。该政府提出了"创意经济"，设立未来创造科学部，推行以高新科技为基础的创业创新政策。2018 年 4 月，韩国未来创造科学部颁布《创新增长引擎》五年计划，把大数据、下一代通信、人工智能等作为重点发展方向，焕发创新增长活力。2020 年 6 月，文在寅政府宣布，计划至 2025 年，以数字化、绿色化和稳就业为方向投入约 76 万亿韩元（1 美元约合 1207 韩元），发展"非接触经济"，克服疫情影响，挖掘经济新动力。

韩国文化创意产业结合互联网，逐步形成了新的生态系统。韩国政府鼓励搭建多种服务平台，对蕴藏在个人头脑中的创意资源进行孵化，并且把分散的成果串联到一个有效的产业链上，实现从创意到创业、创岗的转化，"这些创意平台可以划分为线上和线下两种。线上指网络平台，线下指实体平台，如园区、基地等。网络平台的代表有故事主题公园（Story Theme Park）、素材检索网站和数据库"①。线下平台如堤川故事创作园区、网络漫画创作体验馆、音乐创作所、富川影视基地、光州亚洲文化殿堂等。这些平台涉及的领域包括故事资源、网络漫画、音乐、电视剧、游戏等。从平台的功能来看，可以划分为孵化型、研发型、投资融资型、流通型、体验型、消费型等。孵化型是把抽象的创意具象化；研发型指针对内容开发所需的技术开发和人才培养予以支持；投资融资型指的是提供产品开发所需的资金服务；流通型指的是产品的宣传和营销；体验型指的是产品的展示和推广；消费型指的是产品的销售。

---

① 鄢葵：《创意经济语境下的韩国创新平台》，载荣跃明主编，花建执行主编：《上海文化产业发展报告（蓝皮书）2017 年》，上海社会科学院出版社，2017。

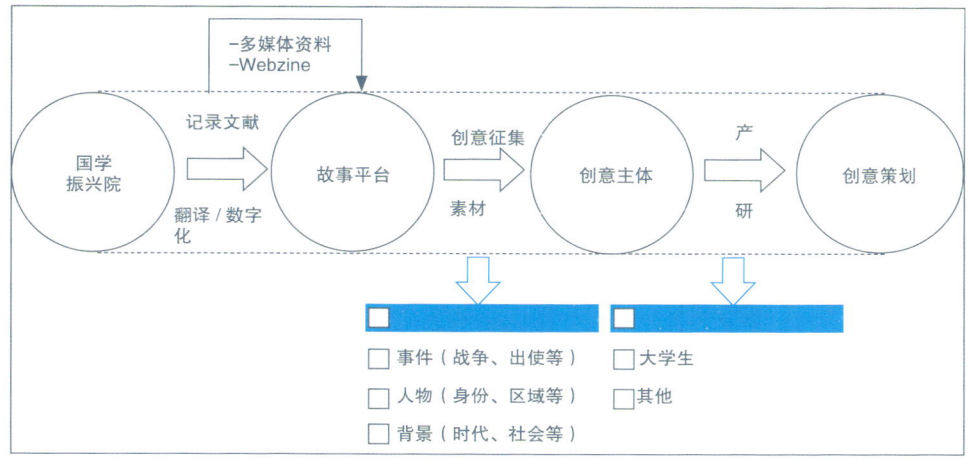

图 6-3　韩国故事主题公园的研发平台模型 [①]

他山之石，可以攻玉；创新制胜，王者归来！在全球数字经济风起云涌的背景下，中国依托在线新经济，发展文化产业新业态，必须大力开发数字数据，激发创新动能，重组文化产业价值链；必须推动企业组织形态的创新，发展平台 + 网络的多种经济模式，全面提升企业核心竞争力，必须依托中国超大型市场的有利条件，把供给侧结构改革与需求侧更新有机地结合起来，在以下三方面聚力突破。

（一）开发数字资产，重塑文化产业价值链

1. 以数字数据作为文化产业新业态的核心要素

发展中国文化产业新业态的重点任务，是大力开发数字资产，激发文化产业高质量发展的强劲动能，突破经营效益不高和增长动力不足的瓶颈。中国文化产业从 20 世纪 90 年代后期正式起步以来，经历了十多年的快速增长，其增速正在逐渐减缓。从 2000 年到 2014 年的十五年间，中国文化产业增加

---

①　鄢蓁:《创意经济语境下的韩国创新平台》，载荣跃明主编，花建执行主编:《上海文化产业发展报告（蓝皮书）2017 年》，上海社会科学院出版社，2017。

值占 GDP 比重从 1% 到 3.8%，而从 2015 年到 2019 年的五年间，占 GDP 比重仅从 4% 爬升到 4.5%，未能实现"十三五"文化发展改革规划纲要提出的成为国民经济支柱产业的目标①。与此同时，从全国文化产业从业人员人均创造效益等主要指标看，也存在增长缓慢、效率低下、动力不足等情况。

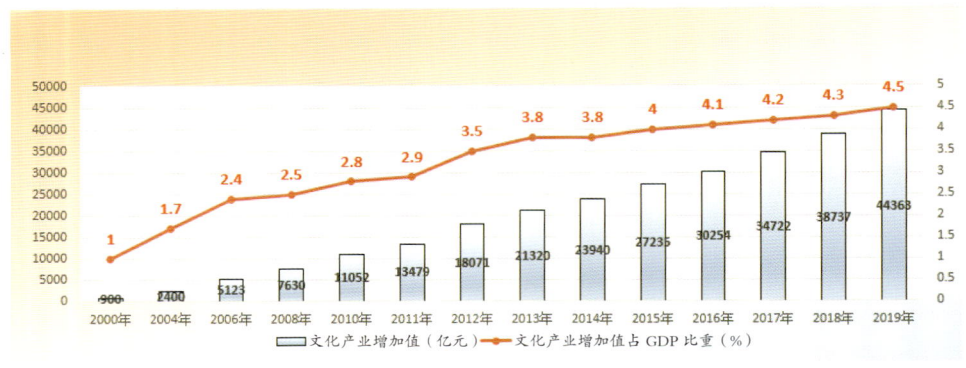

图 6-4　全国文化产业增加值（亿元）和占 GDP 比重（%）（2000—2019 年）②

这说明：新增长理论所描绘的传统要素投入所带来的报酬递减规律在中国文化产业领域明显地浮现出来。要推动中国文化产业的可持续增长，如果仅仅依靠土地、房地产、基础劳动力、资金等传统要素的投入，并且按照传统模式竭力扩大文化产品的产能，到了一定程度就会出现产能过剩、报酬递减的情况。根据党和政府强调文化产业高质量发展的要求，发展文化产业新业态的意义在于：转变传统的产业增长模式，深入挖掘新的投入要素——数字数据，形成优质的数字资产，推动文化产业增长方式的深刻转型。

数字数据是数字经济的核心生产要素，在传感器、5G 技术、人工智能、区块链、物联网、云计算等技术的基础上，人类获得的数字数据正在海量增长。正如 1998 年美国商务部报告《浮现中的数字经济》所说，今天不应该再着眼于"货币"这个工业时代的核心资源，应该关注"信息"作为核心资源对经济的决定作用。

必须指出：数字数据本身不能产生效益，要把它转化成为优质的可投资

---

①　《国家"十三五"时期文化发展改革规划纲要》提出到"十三五"末文化产业成为国民经济支柱性产业。一般而言，一个产业贡献的增加值必须占国内生产总值的 5% 以上，才能被认定为国民经济支柱产业。

②　作者根据国家统计局等公布的有关资料设计和绘制。

和可增值的价值量——数字资产，关键是进行交换、整合与创意，即依托"数据＋计算力"而提升文化生产力水平，把发挥人的想象力和创造力作为取之不竭的源泉，在内生的意义上激发知识型人才对于文化产业的投入，以文化新业态引爆前所未有的文化消费领域，才能实现报酬的递增和产业的可持续发展。正如哈威·费舍所指出的："数字王国虽然以简单化和简化的二进制语言'1'和'0'为基础，但随之而来的新信息社会赖以存在的却是想象力和创造力，这也将成为新经济的主要资本。"①

2. 大力开发数字资产，重塑文化产业链

文化产业新业态在开发数字数据的基础上，必然要重塑文化产业链。其特点是把数字数据转换成为高质量的数字资产，以数字数据的交换、整合与创意为主线，集聚产业链上各个环节的企业和机构。近年来，正如中国学者陈春花所指出的："当数据为核心的时候，商业模式在变，效率也在变。"②企业在数字化转型中依托数据先改变消费端，因为那是商业模式变得最快的部分，而企业接下来会改变制造端，进一步解决产业的效率问题，从而引起整个价值链的更新。

近年来风起云涌的 MCN（Multi-Channel Network）经济，也称直播经济，就是一种依托多频道网络传播的文化营销新业态。它兼有文化新媒体和在线新经济的双重属性，其核心是文化营销，体现了"在线、互动、智能、跨界"的特点。MCN 将不同类型的 PGC（专业生产内容）组合起来，以数据开发为核心要素组织产业链，实现内容的持续输出和实时反馈，促进商业变现，其形式包括直播带货、红人孵化、主播孵化、供应链管理等。MCN 以数据＋计算力作为驱动力，结合人力资本的投入，以多维空间的群体性人际交互为主要形式，以信息交流和情感分享为基本内容，创造直接或者间接的经济效益。MCN 经济依托互联网和新媒体，极大地激发了人的想象力和创造力，与越来越多的行业包括快速消费品、农副产品、汽车、家电、教育、旅游、科技等联接，适应了当今时代小众、多变、时尚的消费需求。

根据专业机构的调研，2017 年中国 MCN 机构数量为 1700 家，从那时起

---

① 哈威·费舍：《数字冲击波》，黄淳译，旅游教育出版社，2009，第 263 页。
② 陈春花：《传统产业数字化转型的"六个关键认知"》，https://www.sohu.com/a/314440845_330810?sec=wd，2019 年 5 月 16 日。

中国 MCN 经济进入到一个爆发式增长阶段，参与 MCN 投资、内容、平台、服务的机构越来越多，四年间的平均同比增速超过 100%[①]。2019 年中国直播电商行业的总规模达 4338 亿元，预计 2020 年的用户规模将达 5.24 亿人，市场规模将突破 9000 亿元，并且在未来几年继续保持一定比例的增长。MCN 经济依托数字资产，形成了独特的产业链，将内容服务机构、专业平台、投资机构、广告商和第三方服务机构组合起来，在资本的支持下，实现内容的持续输出和实时反馈，促进投资的商业变现。2020 年 5 月 15 日，上海市网络视听行业协会宣布成立全国第一家 MCN 专业委员会。其首批 44 家会员单位中，包括小红书、拼多多、新文化、趣头条、喜马拉雅等新型平台和新文化、美 ONE、葡萄子、番茄蛋等内容机构，也包括东方明珠等投资机构、专业广告机构和多样化的第三方服务机构。这种新的产业链在较短的时间内迅速形成，说明文化产业新业态依托在线新经济，采用服务数字化、传输在线化、交易虚拟化、带货明星化的方式，发挥人的想象力和创造力，可以持续地降低运作成本，有效地形成报酬递增。

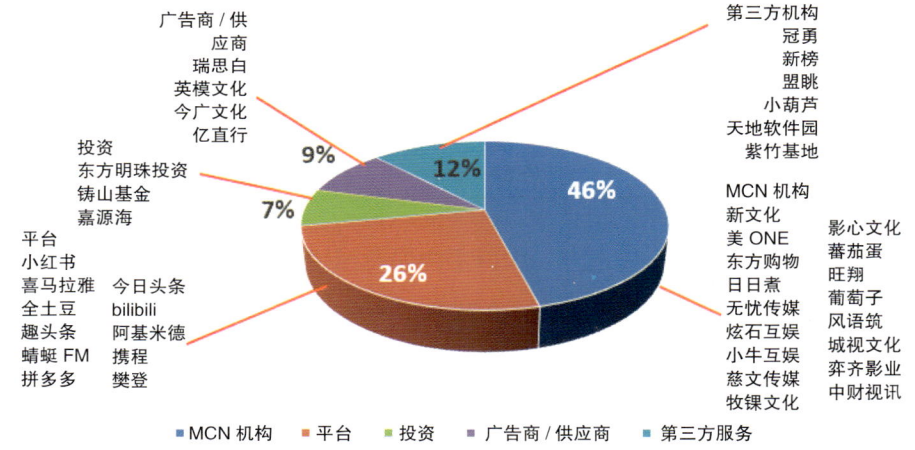

图 6-5　上海网络视听行业协会 MCN 专业委员会成员单位构成[②]

---

① 艾媒报告中心：《2019—2020 年中国 MCN 机构专题研究报告》，转载自原创文章：《艾媒咨询：2019—2020 年中国 MCN 机构专题研究报告》，https://www.sohu.com/a/400454402_243993，2020 年 6 月 8 日。

② 张韬：《直播经济的新风口》，在"世界城市文化论坛——在线新经济与长三角高质量一体化发展分论坛"上的演讲，2020 年 12 月 9 日。

（二）创新平台模式，激发企业活力与扩大流量

1. 创新平台模式，推动流量经济

20 世纪 90 年代以后，世界各国都更加注重技术创新对经济增长的引领作用，技术创新过程日益平台化。在线新经济的一大特色是建设数字化平台体系，为供需双方和中介等市场参与方提供在线互动和交易机制，促使所有参与主体不断降低成本和提高质量，并且在外延上改造和扩展价值链。虽然在衡量在线新经济以及相关的价值创造上还存在不少困难，但是数字化平台正在以低成本增长、高速度扩张、个性化服务而成为新生产力的重要代表，特别是体现在集约化的巨型平台和灵活性的数字零工这两个相辅相成的方面。

文化产业新业态把发展新型平台作为升级的关键。互联网背景下的平台化机制"去中心化"，使得经济关系的网络结构从传统的中心外围格局转向全连接网络生态，点对点（P2P）的连接应用在各产业领域和市场扩展，数量众多的在线主体形成分享资源的互联互通效应。这使每个参与者的成本下降，也加深了它们之间的分工协作。正如中国学者陈春花所说："传统的企业战略逻辑，对于想做什么、能做什么、可做什么是有边界的。想做什么是初心，能做什么是资源，可做什么是产业环境。但是在数字时代，这三个核心逻辑都发生了深刻变化[1]。"每个经济主体想做什么可以重新定义，能做什么可以跟别人链接，可做什么可以跨界跨域实施。这正是在线新经济为每个主体所提供的重要价值。平台型企业为了满足用户的多样化需求，就会追求集成服务、增值服务和跨界服务，包括对其他同类平台进行兼并和控购，从而加快了平台的集约化趋势。如腾讯（微信）和阿里巴巴（支付宝）几乎占领了整个中国移动支付市场，喜马拉雅占据了中国音频内容服务市场的 60% 以上，正是其中生动的案例。

---

[1] 陈春花：《传统产业数字化转型的"六个关键认知"》，https://www.sohu.com/a/314440845_330810?sec=wd，2019 年 5 月 16 日。

2. 汇集海量"零工"：激发主体活力

文化产业新业态依托巨型平台和新型网络，吸引了海量的文化"零工"，把千千万万处在市场竞争弱势地位的劳动者，聚拢到文化产业链的各个环节。在互联网平台和网络的支持下，远程创意设计、跨国实时公演、云上展览展示、在线电子竞技、智能文化装备订制生产与远程操控等新的文化生产模式层出不穷。越来越多的企业和劳动者通过线上和线下的互动与协作，开发出新的文化产品和文化服务。文化产业企业可以把生产单元划得更小，甚至成为"一个人企业"，同时通过全移动、全覆盖、全时段、全体验的网络，而形成铺天盖地的"蚂蚁雄兵"和"致命蜂群"。而在巨型平台与新型网络的基础上，大量的文化消费者也通过与文化生产者的互动，包括提供丰富信息、分享文化内容、优化设计方案等，成为文化生产活动的参与者。

中国文化产业新业态的一大亮点，是近年来进入到"互联网平台创新爆发期"。这些平台在开发数据计算、开发领域、运营模式、技术应用、服务群体、表现形态、流通形式等方面，都达到了前所未有的广度和深度。如喜马拉雅创造的互联网音频内容开发模式、阅文创造的华语原创大 IP 开发模式、巨人创造的原创游戏＋大电影＋衍生产品开发模式、小红书创造的"线上种草、线下拔草、线上再种草"模式、国家对外文化贸易基地（上海）创造的 CCLF 国际文化授权交易模式、长沙马栏山视频文创产业园创造的以视频 IP 运营为先导推进内容制作＋数字营销的模式以及上海国际艺术品交易月以"政策集中、主体集中、交易集中、效益集中"相结合的国际展览及交易模式等，都通过创新创造出巨大的文化生产力和文化消费市场。其中阅文作为规模最大的正版华语文学开发和服务平台，创造了超过 10 亿级票房的改编电影、突破 40 亿点击量的改编动画系列、多部总流水过亿的改编游戏、1000 多万元的单部作品周边销售、1500 万册的单品图书出版、1200 万册的漫画单行本销量。

图 6-6 中国数字文化产业平台的创新模式（部分）[1]

（三）推动跨界融合，以文化赋能场景建设

1. 推动在线、在地、在场方式的有机结合

文化产业新业态推动在线、在地、在场三种文化生产方式和文化消费方式的有机整合，推动文化产业的供给侧结构改革和消费侧更新，从而创造出跨界联通、广泛赋能的新型文化场景。传播学者梅罗维茨在 20 世纪 80 年代从社会学家戈夫曼的"拟剧理论"获得灵感，提出了"场景"（situation）概念。随着移动互联网时代的到来，罗伯特·斯考伯等提出了新的"场景（context）"概念，预言"在未来 25 年，场景时代即将到来"，移动设备、社交媒体、大数据、传感器和定位系统成为移动互联网的"场景五力"，其营造的内容场景会帮助每个个体获得前所未有的在场感[2]。丹尼尔·亚伦·西尔则指出：场景是一个地方的整体文化风格或美学特征，它赋予一座城市以巨大的文化能

---

① 作者根据对国家对外文化贸易基地（上海）等项目的调研和资料设计与绘制。

② 罗伯特·斯考伯、谢尔·伊斯雷：《即将到来的场景时代》，赵乾坤，周宝曜译，北京联合出版公司，2014，第 7 页。

量[①]。

文化产业新业态结合在线新经济的发展，正在融入城乡生活的各个空间，把线上的文化服务导入线下空间，又把线下的文化项目导入在线领域，让人们在"多次元"的时空层面上获得丰富的文化体验，包括"在地同感""异地同感""在线同感"等。近年来，中国许多城市塑造文化场景的新成果得益于文化产业新业态的贡献。如上海结合优秀历史建筑和历史街区保护，开展了"建筑可阅读"项目。截至2020年，全市开放的"建筑可阅读"达1039处，并且从"扫码阅读"的1.0版、"建筑开放"的2.0版，进入"数字转型"的3.0版，实现了建筑的"可读""可听""可看""可游"。

2. 开展多样性的数字文化赋能方式

文化产业新业态依托在线新经济，具有对工业、城市建设业、商贸业、科技服务业、旅游业等的广泛渗透和带动作用，其核心是把优质的文化内容，作为一种高级的生产要素，融入其他产业领域，为许多经济和生活领域进行文化赋能。这一过程的最大特色是因物赋形、因地制宜、因时制宜，形成1+1大于2的生产力增值效应。

第一，数字IP的故事赋能，即从当地的文化资源中提炼出核心的IP，结合5G、8K、MR、云计算、区块链、大数据、人工智能等技术，创造出数字化的核心文化主题和故事，又把这种高品质的数字文化IP植入到物理空间中，形成充满想象力和创造力的场景，让人们从多维空间感受文化内容IP的魅力。如列入首批中国文化旅游融合先导区（基地）的华侨城甘坑客家小镇，从数百年流传的客家非物质文化遗产——客家凉帽中，提炼创作了《小凉帽——白鹭归来》的故事，拍摄了VR电影并且荣获国际电影节大奖，继而赋能于甘坑客家小镇的建设，发挥了良好的先导示范作用。

第二，数字文化事件的体验赋能，即以大规模的数字文化赛事、节庆、展览、活动、俱乐部等，落地在重点的园区或景区，吸引大量的文化工作者和爱好者集聚，把网上社区转换成为线下社区，以原创开发的数字文化IP，赋能城市和乡镇，形成特色鲜明的文化风格。如著名的电竞产业集聚区上海灵石电

---

① 丹尼尔·亚伦·西尔：《场景——空间品质如何塑造社会生活》，祁述裕，吴军译，社会科学文献出版社，2019，第10页。

竞中心，打造"一核双新三生态"的电竞社区：主核——以电竞赛事内容为核心，发挥厂商、赛事方和场馆方的合力；双新——以新技术、新人才集聚全球游戏技术和基建配套；三生态——以内容制作生态、赛事配套生态、文化配套生态为三重点。

第三，数字文化服务的跨界赋能，推动在场、在地、在线相结合的展览展示、电竞赛事、动漫游戏、创意设计、线上交易、直播和培训等，把在线的文化内容延伸到本地，如全国数字音频内容服务的领军企业喜马拉雅开创"有声城市解决方案"，形成了以新基建结合 24 小时城市书房、新基建结合公共文化服务、新基建结合有声政务等新型业态，在东中西部多个城市稳步推广，受到各地的广泛欢迎。

四大开放平台
华为上海 5G 创新中心
中国移动上海 5G 应用创新中心

重点实验室
车娱智能"5G 国家级智能车联网大视频平台"等

视讯内容
华录科技、环球在线、圆云文化

视频播控
咪咕视讯、天翼视讯
央广视讯

消费服务
皓范科技、华垒信息
实讯网络

技术赋能
网达软件、视讯中国

图 6-7　浦东金桥的"文创＋在线新经济"产业结构

第四，数字文化集群的生态赋能，即以数字文化产业的上下游各企业和机构的集聚，形成供应链齐全、各要素集中、富有创新活力的新型产业集群，形成发展数字文化产业的动力引擎。如浦东金桥地区依托国家级经济技术开发区的优势，大力发展文化产业新业态，2019 年文创产业营收达到 510 亿元，实现税收 27.54 亿元[①]。金桥地区以"文创＋在线新经济"为特色，不但集聚了华为上海 5G 创新中心等四大开放平台、车娱智能"5G 国家级智能车联网

① 上海市浦东新区文化产业促进中心（上海东方艺术中心）：《上海市浦东新区文化创意产业发展白皮书（2020）》。

大视频平台"等重点实验室，而且集聚了华录科技等诸多视讯内容企业、咪咕视讯等视频播控企业、实讯科技等服务机构等，形成了一个具有强劲创新活力的产业集群和生态环境。

国家"十四五"规划把"加快数字化发展建设数字中国"作为重大任务，并且要求"实施文化产业数字化战略，加快发展新型文化企业、文化业态、文化消费模式"①。在全面建设社会主义现代化国家的新征程上，各地大力推动的文化产业新业态，汇聚了互联网科技的推动力、产业升级的贡献力、文化创意的创造力。它体现了在线新经济的强大市场活力，也体现了建设文化强国的国家意志，满足了追求幸福生活的人民意愿，必将展开可持续发展的远大前景。

---

① 《中华人民共和国国民经济和社会发展第十四个五年规划和 2035 年远景目标纲要》，新华网，2021 年 3 月 12 日。

第七章
数字文化产业的资源开发——TCI 框架、三大维度与提升重点 [①]

　　数字文化产业是中国推动文化产业高质量发展的重点领域，也是中国发展数字经济的重要组成部分。2017 年，文化部印发的《关于推动数字文化产业创新发展的指导意见》指出：数字文化产业以文化创意内容为核心，依托数字技术进行创作、生产、传播和服务，呈现出技术更迭快、生产数字化、传播网络化、消费个性化等特点，成为文化产业发展的重点领域和数字经济的重要组成部分。2020 年，文化和旅游部印发的《关于推动数字文化产业高质量发展的意见》再次明确了到 2025 年发展数字文化产业的战略要求和重点目标：推动中国的数字文化产业达到国际领先地位。而加强资源开发与有效整合，正是贯彻党和国家这一大政方针的重要举措。因此，对此开展研究，具有重大的理论价值和现实意义。

　　近年来，国内外一些研究者从不同角度探索了数字文化产业的资源开发。约翰·哈特利从资源结构角度指出，文化形式不同于技术资源，其可以超越时间而成为可供后人创新的资源；[②] 英国国家科学与艺术基金会从经济地理的角度分析了英国主要城市分布的文创产业集群，指出它们对于当地技术和

　　① 　基金项目：研究阐释党的二十大精神国家社科基金重大项目"推进文化自信自强的时代背景与现实途径研究"；浙江音乐学院实验室及科学研究平台开放基金资助项目"数字化背景下的中外文化产业发展与趋势研究"（ZY2022A01）研究成果。
　　本文首次发表于《同济大学学报（社会科学版）》（CSSCI 核心期刊）2023 年 6 月号。
　　② 　约翰·哈特利：《文化科学》，何道宽译，商务印书馆，2017，第 29 页。由中国人民大学《复印报刊资料·文化创意产业》2023 年第 6 期全文转载。

文化资源的高度依赖性；[①] 贾斯汀·奥康纳从城市更新角度，指出工业化时代城市扩张所忽视的文化遗产正在成为后工业化时代文创产业的重要资源；[②] 李龙飞从跨境并购角度指出中国文化企业的跨境并购业绩与资源禀赋的文化距离存在密切关联；[③] 耿琦分析了开发技术资源对于培育文化产业新业态的重要作用。[④] 本研究的创新之处在于：分析数字文化产业所需资源中的基本生产要素和先进生产要素；创立 TCI 研究模式，即从技术（technology）、内容（content）、投资（investment）三维视角来研究数字文化产业的资源开发；从国际比较的意义上，提出中国数字文化产业加强资源开发与有效整合的实施重点。

一、产业资源的开发与研究框架

（一）资源要素的结构与数字化转型

资源整合（resource integration）是指将与产业相关的各类资源要素进行优化整合，从而获得核心竞争力来推动产业的可持续增长。它最初是现代经济学与管理学的概念，指的是从资源基础观（resource-based view，简称 RBV）出发，要求企业开发稀缺的、不可模仿和不可替代的核心资源，并整合非稀缺性的周边资源。随后，这一概念被扩大到产业和城市发展领域。如联合国教科文组织和世界银行在研究报告《城市，文化，创意》中提出：在文化创意产业推动城市可持续发展的过程中要绘制文化资源地图。[⑤] 该报告还分析了首尔、京都、利马、昂古莱姆等城市采用"由上而下"保护资

---

① Juan Materos—Garcia and Hasan Bakhshi, Geography of Creativity in the UK, https://www.nesta.org.uk，2016-07.

② 贾斯汀·奥康纳，任明：《创意产业之后——兼论为什么我们需要一种文化经济》，《上海文化》2018 年第 2 期，第 46 页。

③ 李龙飞：《资源禀赋与中国文化企业跨境并购绩效》，张伟民主编：《2019 全球文化创意产业合作与发展国际会议——产教融合与中国机遇论文集》下册，2020 年，第 48 页。

④ 耿琦：《文化科技中的新技术与新业态应用发展态势报告》，李凤亮主编：《文化科技创新发展报告（2019）》，社会科学文献出版社，2019，第 234 页。

⑤ UNESCO & THE WORLD BANK: Cities, Culture, Creativity: Leveraging culture and creativity for sustainable urban development and inclusive growth，https://www.unesco.org/en，May21, 2021.

源与"由下而上"汇集资源的不同做法。从广义上看，生产要素（factors of production）又称生产输入（productive inputs）、资源（resources）等，指所有可以用于生产商品或提供服务的资源，即一定地区内拥有的物力、财力、人力、技术等各种物质形态的总称。这些资源本身并不直接具有价值。当它们与生产商品或所提供的服务相关联时，它们就成为生产的要素，通过组合而被赋予了各种价值。因此，从资源到要素的过程，是人们不断开发新的生产力的过程。有鉴于此，产业竞争的关键要义之一就是资源的竞争，其要求产业主体持续开发最优秀的资源，形成效益、规模、品牌、动能等优势。

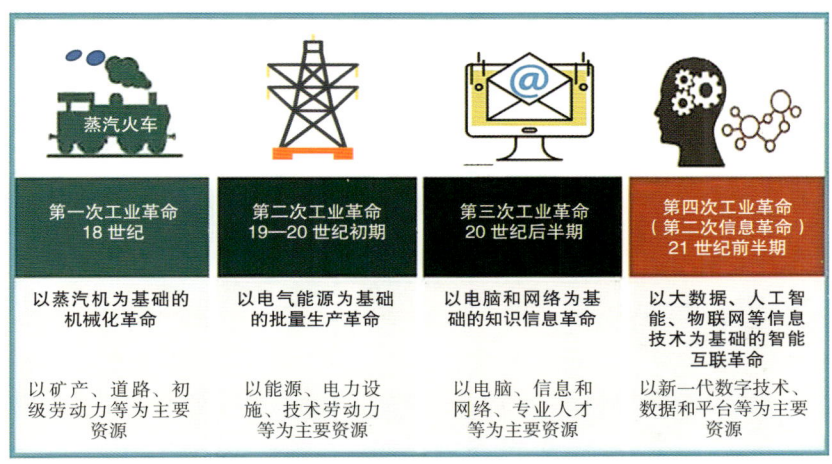

图 7-1　四次工业革命及主要采用的资源①

随着人类社会从农业社会、工业社会迈向后工业化社会，生产要素种类从土地、矿产、能源、初级劳动力、资本等类别，拓展到数字技术、数据与平台、算法和算力、优质资本等类别，各要素形成多种组合并不断变化。在第四次工业革命的带动下，现代产业越来越重视生产要素报酬（Factors of Production），即进行生产经营活动时所投入的各种社会资源以及它们在国民经济运行及生产经营中所产生的回报。矿产、能源、耕地和初级劳动力等传统资源对现代经济增长的贡献相对下降，而技术、知识、信息、创新型人才等先进资源要素成为现代经济发展的主导，并呈现出边际收益递增、增长质量改善等鲜明特征。正如美国学者迈克尔·波特所指出的：一个国家的竞争

---

① 本文作者根据资料绘制。

优势建立在基本生产要素禀赋和先进生产要素禀赋的组合上，而这些禀赋是当地既有资源和主动培养开发相结合的结果。[1] 传统资源禀赋仅仅为企业提供一种比较竞争优势，而先进生产要素才是现代企业推动创新、实现超越的核心源泉。

表 7-1　数字化背景下的先进生产要素和基本生产要素[2]

特点及内涵	先进生产要素	基本生产要素
特点	体现数字化特点，由企业、政府和个人等开发的新型生产要素，可以整合基本生产要素而形成新的生产力。	一个国家或者城市固有的要素禀赋。它体现了原始优势，必须由先进生产要素引领，才能发挥作用。
内涵	技术和装备，包括数字技术专利等；文化 IP 内容，包括著作权等；数字基础设施，如网络、数据库；投资，包括现代金融服务体系等。	自然资源，如矿产、耕地等；独特气候，如温湿度、空气质量等；地理位置，如海港、河港等；人口资源，包括劳动力和技能等。

对先进生产要素予以高度重视和大量投资，是数字化时代开发产业资源、提升增长动力的关键。联合国贸易发展大会的报告指出：世界正处于数字时代的风口浪尖上。数字化正在改变全球的经济活动，重塑价值链、技能、生产、贸易和劳动力结构，激发出新的生产力。[3] 维基百科对于数字化采用了两个概念：Digitization 和 Digitalization。它们的英文拼写近似，但含义有所不同。前者指狭义的数字化转换，后者指广义的数字化转型。在数字化推动下，数字数据等先进生产要素流通的速度和频率大大超过基本生产要素，显示了"五全基因"即全空域、全流程、全场景、全解析和全价值的强大力量。[4]

在数字文化产业的视域中，数字化的"五全基因"具有独特的内涵。它不仅指将非数字化的文化产品格式转换为数字化格式，而且指利用数字技术

① 迈克尔·波特：《国家竞争优势》，李明轩，邱如美译，华夏出版社，2002，第18-19页。
② 本文作者根据资料整理绘制。
③ UNCTAD: INFORMATION ECONOMY REPORT2017: DIGITALIZATION, "TRADE AND DEVELOPMENT·OVERVIEW", https://unctad.org/. Oct2, 2017.
④ 黄奇帆：《数字化为何具有颠覆性？》，原载《北京日报》，见人民网 http://www.people.cn/，2020 年 2 月 10 日。

改变文化产业的资源结构，培育出新型的文化企业、文化业态、文化消费模式。它在文化研发和生产中，打破区域和空间障碍，把在地、在场、在线的生产形态连成一体；它在文化经营管理中，以全面感知和智能服务融入产业链的各个环节；它在文化传播中，把数字文化成果融入人类劳动、社交、生活的各种场景；它在文化消费中，依托大数据分析海量人群的文化消费行为；它在文化价值领域中，针对人的感性、知性和理性需求，提供无限广阔的体验服务。有鉴于此，我们需要设计新的研究框架来把握数字文化产业的先进生产要素，并且通过对它们的深入开掘和优化整合，提高中国数字文化产业的竞争力。

（二）TCI 研究框架的设计及目标导向

近年来，一些国际组织、著名智库和专家提出了研究文化产业及其资源的多种框架，这些研究角度和目标导向虽不尽相同，但是都倡导基本要素、内在逻辑和目标导向的结合。如联合国教科文组织在 2008 年提出文化创意产业的"同心圆"框架，即以艺术家为中心，把制造、发行和营销等支持性活动置于外圈，但是这难以反映文化生产过程的特殊性；经济合作组织在 2021年提出了数字贸易的研究框架，即针对以数字方式订购 / 交付文化产品或文化服务的国际销售或购买交易，提供专业研究的工具包[①]；联合国教科文组织和世界银行在 2021 年提出城市创意经济生态模型 CCC 框架，即将文化生产分为创造、制作、分发、交换和归档五大步骤，从空间、时间和组织维度研究多种因素的相互依赖性。[②] 而本文的重点是从数字化背景下提升文化产业竞争力的角度，提出 TCI 研究框架，即从技术（technology）、内容（content）、投资（investment）三大维度来研究数字文化产业的资源开发与有效整合。其内在逻辑是加强三者在先导性、匹配度和成长性方面的有机结合，其目标导向是加强先进要素的开发与整合，推动该产业的高质量发展与包容性增长。

---

① OECD，Measuring Digital Trade—OECD Going Digital Toolkit，https:// www.oecd. org/going-digital，Oct1，2021.

② UNESCO & THE WORLD BANK: Cities, Culture, Creativity—Leveraging culture and creativity for sustainable urban development and inclusive growth ，https://unesdoc.unesco.org/ ark，May21，2021.

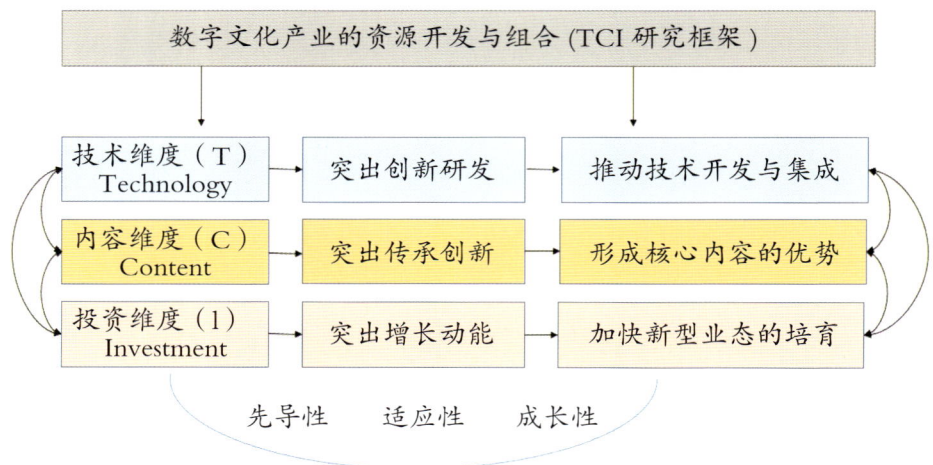

图 7-2　研究数字文化产业资源组合的 TCI 框架[①]

第一，技术是装置与实践的有效集合。数字文化产业的核心技术主要包括人工智能、扩展现实、全息显示、超高清显示、区块链、附加标识等。它们具有三重意义：①这些数字技术是人为了实现自身目的而发明出来的手段，是人类对现象的主动性编程，如超高清显示技术是对数字化摄录、压缩、传输、解码、还原、呈现等手段的高度集成；②数字技术是人类数字化实践和数字元器件的集成，如沉浸式体验就是集软硬件于一体的包裹型、多感官、大震撼、可控型的文化产业新形态；③数字技术是可以运用在一种文化框架中的数字装置和工程实践的集合，是人类过去和现存技术的总和。

第二，内容是文化价值的根本体现。数字文化产业所提供的核心价值是数字化呈现的内容，即文化产业的从业人员在吸取文化遗产要素的基础上所提炼和创造出的文化内容。这些内容凝聚了人类的理念、情感、智慧、审美、想象力，凝聚了丰富的人文及审美价值，是人类把握艺术和美的感性、知性、理性三者的有机统一；与此同时，这些内容以符号体系和知识产权形式呈现出来，具有专有化权利、可价值评估、可交易流通、可延伸开发四大特点，从而与前述的数字化技术形成了深度的契合。

第三，投资是推动产业增长的杠杆。文化投资的核心是向文化产业领域

---

①　资料来源：作者整理绘制。

投入可以增值的价值量。借用 19 世纪英格兰经济学家麦克德鲁对资本所做的概括：资本是用于增值目的的经济量，凡是可以获取利润之物都是资本。而数字文化产业投资，就是向该领域投入可以获取利润的经济量。鉴于数字文化产业以创新为主要驱动力，因而该领域的投资应该被引导到具有创新意义的核心环节上。这使得"数字文化产业的创新领域""以营利为目的""投入经济量"这三点成为其最重要的特征。

技术、内容、投资必须在先导性、适应性和成长性方面形成有机结合：开发优质的技术资源，要以创新研发的前沿成果，引导数字化实践和数字元器件的新集成；打造优秀的内容资源，要以适应科技进步的人文力量，体现主流的价值观和社会的包容性增长，提升人的综合素质和社会的文明程度；投入优质的资本资源，要以加强产业成长的倍增机制，形成投入与产出的动能。近年来，中国各地在开发文化元宇宙、发展沉浸式体验、拓展 MCN 新业态、开发 ChatGPT 文创成果等方面的创新研发和热烈争论，聚焦点之一就是如何加快开发数字技术、文化内容、优质投资三大资源，形成先导性、适应性和成长性的有效组合，为中国数字文化产业的高质量发展提供强大的动能。

二、技术维度：突出创新与研发

（一）数字技术研发的重要价值

数字技术是发展数字文化产业的核心资源，加强数字技术的研发为数字文化产业提供了强大动能。习近平总书记指出："加快从要素驱动、投资规模驱动发展为主向以创新驱动发展为主的转变"。[①] 这既是世界上主要国家转型发展的共同选择，也是中国发展数字文化产业要激发的核心动力。

从世界范围看，主要发达国家大多跨越了要素驱动、投资规模驱动发展的阶段，将创新驱动作为金融危机之后推动经济复苏和可持续发展的主要动力。创新驱动的内容非常丰富，首先是以自主创新形成完备的技术创新体系，也包括以产业创新形成新型产业体系，以产品创新形成新兴市场，以制度创新为经济社会发展提供保障等，也就是说：新技术的开发会形成强大的动能，

---

① 《习近平总书记在中国科学院第十七次院士大会、中国工程院第十二次院士大会上的讲话》，中国共产党新闻网，http://cpc.people.com.cn/n/2014/0609/c64094-25125270.html，2014 年 6 月 9 日。

传导到产业的各个领域，其最终成果难以预料。正如恩格斯所指出的："在马克思看来，科学是一种在历史上起推动作用的、革命的力量。任何一门理论科学中的每一个新发现——它的实际应用也许还根本无法预见——都使马克思感到衷心喜悦……"①

麦肯锡公司的一项研究选择了三个从公元 10 世纪到现在以技术投资而刺激人均 GDP 增长倍率明显的国家即德国、英国和中国，并且与世界平均水平做了比较。根据该研究：以公元 10 世纪为基准，以此到公元 20 世纪的一千年间，德国、英国、中国乃至全世界以技术投资推动人均 GDP 增长的倍率逐步上升。这种增长倍率在公元 10 世纪到公元 19 世纪 30 年代大体上显示出一条向上的平滑线。从这期间之后到 1950 年，这四者的距离明显拉开。德国、英国及世界平均的增长倍率稳步提升，大幅度超越了中国。随着第三次工业革命的到来，在德国和英国保持领先水平的同时，中国加强了对技术的投资，有力地刺激了人均 GDP 的增长倍率，其曲线明显上升而且超过了世界平均水平。该研究预测，从 2025 年到 2050 年，技术进步将会以 10 倍的力度推动第四次工业革命，催生一批新的产业，其刺激人均 GDP 增长的倍率将超过 1000 年到 2020 年的幅度。这种投入与产出的规律（见图 7—3）与中国后来居上的态势，同样在数字文化产业领域鲜明地体现出来。

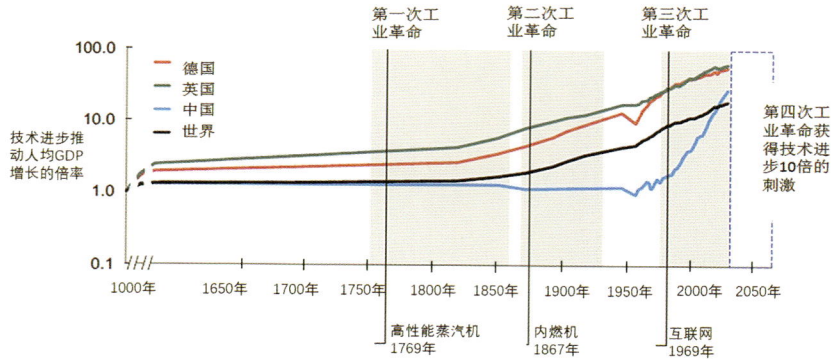

图 7-3　德国、英国、中国和全世界技术投资对人均 GDP 增长的刺激作用②

---

① 恩格斯：《在马克思墓前的讲话》，《马克思恩格斯全集》，人民出版社，1972，第 19 卷，第 374—376 页。

② 资料来源：McKinney & Company: The top trend in tech., 2022。

注：原图为英文，作者将其翻译为中文，并且做了适当修订。

数字技术之所以成为数字文化产业的核心资源，关键在于形成了数字文化产业的新体系，其包括以基础设施、软件和硬件、数字解决方案、数据库等构成的"数字产业生态"；以通过数字化方式灵活就业和创业的大批"数字文创零工"；以超高清影视、MCN、数字广告、沉浸式体验、电子竞技等形式而展开的海量"数字消费市场"、以远距离投送和数字方式进行订购/交付文化产品或文化服务的"数字文化贸易"等。犹如热带雨林孕育了万千物种，这个新体系越是丰富、活跃和庞大，越是有利于培育数字文化产业新业态。比如根据《2021年全球游戏市场与消费者调研报告》（Google for Games and Newzoo 的研究报告），2020年以来，亚太地区成为全球游戏产业增长的主要地区，截至2021年12月，该地区消费者平均每周的消费时间达17.4小时，移动游戏的消费者达16.2亿人，移动游戏市场收入达到579亿美元，[1] 其主要潮流之一就是"游戏技术促进了社会参与"。大批数字技术率先在亚太地区获得应用，这推动电子游戏产业从街机时代、主机时代、端游时代、手游时代，迈向云游戏阶段。[2] 而5G、云计算和流媒体构成了云游戏的底层技术逻辑，大大简化了消费端的装备，让更多的消费者直接参与云游戏活动。

（二）数字技术研发的竞争态势

有鉴于此，全球数字文化产业的资源竞争首先是对核心技术资源的开发。一个数字文化产业发达的国家，必然是开发和掌握大量数字技术的强者。这并不是要求它自力更生开发一切数字技术，而是指在世界互联互通、高度开放的过程中，着力开发核心的数字技术，不因缺乏核心技术而受制于人；并且在这个过程中，逐步进入世界数字技术和文化产业的前沿，特别是领先开发以下六大技术（见表7-2），率先突破各个国家都急于探索而尚未解决的问题，发挥领跑者的作用。如果习惯于用市场换技术，或者用"买买买"来获得技术，就容易被锁定在"微笑曲线"的低附加值区域，被对手"一剑封喉"。

① Google for Games and newzoo， "Beyond 2021: Where does gaming go next? Asia-Pacific gaming market and consumer research report." http://www.google.com.hk，Jan 17,2022.
② 胡鹏林：《云游戏的源流、运营机制与商业伦理》，《同济大学学报（社会科学版）》2021年第3期，第66页。

表 7-2　数字文化产业的六大核心技术 [①]

名称	基本特点	在数字文化产业领域的应用及作用
扩展现实	通过电脑使真实场景与虚拟场景相结合，打造人机交互的虚拟环境。	应用于影视、展览等领域，发挥了沉浸式、交互性、全感体验等作用。
全息显示	利用全息原理实现 3D 影像 360 度显示的技术，呈现立体显示的特效。	扩大数字文化产品的应用范围，提升消费者的视听体验度。
附加标识	通过加密、认证、水印、指纹、签名技术等附加信息的技术。	对数字出版、数字音乐等领域的知识产权保护起到重要作用。
超高清显示	具有超高分辨率的显示技术 Ultra HD，提高了人的视听体验度。	推动影视等装备的升级，形成超高清显示的产业链和生态圈。
区块链	由区块组成链条的信息技术，具有去中心化、难以复制的特点。	应用于游戏、MCN 等领域，实现内容资源的全过程安全管理。
人工智能	模拟、延伸和扩展人类智能的技术，形成仿人类智能的反应系统。	应用于文化产业的全产业链，对各个环节具有智慧赋能作用。

　　通过检索 incopat、orbit、derwent 和 cnki、google scholar 等数据资料发现：从 2000 年到 2019 年的 20 年间，六大技术专利申请量加速增长，反映出主要国家和领军企业对数字技术加大研发投入的趋势。其中，扩展现实的专利数量在 2014 年以后陡增，从 2017 年开始达到了一个历史高峰（见图 7—4）。从全世界范围看，在文创产业六大数字关键技术下的 40 个二级技术中，近 20 年间专利数量发生了巨大变化。从图 7—4 可以看出：2010—2019 年快速崛起的核心数字技术，如增强现实、体感设备、机器学习 / 深度学习、机器视觉 / 计算机视觉、眼动交互、语音交互、虚拟现实、头盔显示器、全息显示元件等，其专利数量呈现爆发式的增长，由此催生了一大批数字文化产业新业态如 MCN、沉浸式体验、数字出版、数字音乐、游戏电竞、数字展览展示等的出现。

---

　　① 本文作者根据专利文献数据库 incopat，orbit，derwent 和非专利文献数据库 cnki，web of science，google scholar 等以及 Deloitte Insights 等其他公开数据资源整理和绘制。

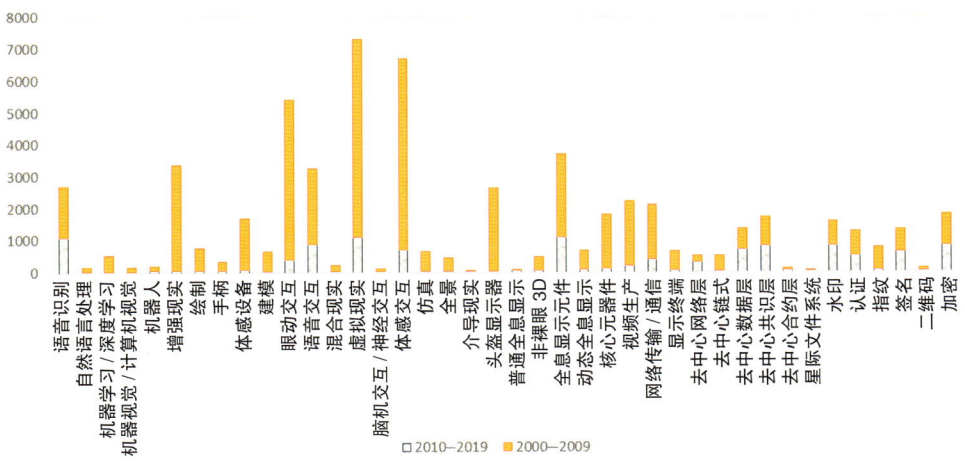

图 7-4　全球文创产业领域主要专利分布变化（2000—2009，2010—2019）①

从主要国家的竞争态势看，截至 2021 年初，美国、中国、日本和韩国在文创产业核心技术领域的专利数量居于各国的领先地位，促成了它们在数字游戏、MCN、沉浸式体验、虚拟数字人等数字文化新业态方面占有优势。其中，美国的研发起步最早，对相关专利的申请数量最多，达到 12179 件；日本和韩国在美国之后分别加大了对研发的投入，申请相关专利数量分别达到 10286 件和 5838 件；中国在这方面的研发起步最晚，但是拥有的相关专利数量增长最快，达到 11849 件，居于全球第二位（见图 7—5）。这些成果推动了中国在超高清影视、MCN、沉浸式体验、数字视听等领域的快速增长，也显示了中国通过研发和申请专利，加强数字文化产业竞争力的广阔前景。

从全国主要城市申请文创产业关键技术之专利数量的情况看，北京（1978 件）、深圳（1471 件）、上海（798 件）、广州（489 件）名列前四强，第五到第八名分别为杭州、成都、南京、西安。从常住人口人均获得文创产业关键技术专利的角度看，深圳为全国第一。深圳高度重视开发数字文化产业的核心技术，集聚了腾讯、华为、华强、大疆、劲嘉、华侨城、A8、环球数码、创梦天地等一大批数字文创的排头兵企业。《深圳市培育数字创意产业集群

---

① 本文作者根据专利文献数据库 incopat, orbit，derwent 和非专利文献数据库 cnki，web of science，google scholar 等以及 Deloitte Insights 等其他公开数据资源整理和绘制。

行动计划（2022—2025 年）》提出，加快推进数字技术在文化生产、传播、消费等各环节的全面赋能，聚焦于体现主流文化、发挥创新驱动、促进重点产业和重大项目的研发领域，到 2025 年使得深圳数字创意产业增加值突破 1000 亿元。这一规律启发更多的中国城市：面对数字文化产业的潮流，要从国家和城市文化战略的高度，加大核心技术的研究开发，激发出"文化＋科技"的澎湃活力。

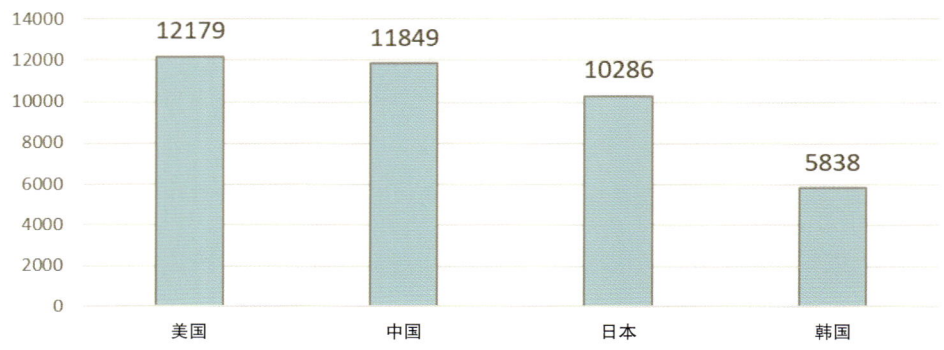

图 7-5　美国、中国、日本、韩国文创产业专利申请数量（件）[①]

三、内容维度：内容传承与创新

（一）IP 内容的属性和开发路径

技术进步催生了数字文化产业的新业态，也促进了优质内容 IP 的开发。技术进步向全社会普及了勤于探索、严密证伪、反复迭代、鼓励创新的价值观，同时其也需要从文化艺术领域汲取焕发想象、崇尚人文、注重审美、张扬个性的营养，唯有如此，数字技术和人文内容才能在本质上相辅相成。这就是数字化推动下开发文化产业内容的底层逻辑，正如科学家阿尔伯特·爱因斯

---

① 本文作者根据专利文献数据库 incopat, orbit，derwent 和非专利文献数据库 cnki，web of science，google scholar 等以及 Deloitte Insights 等其他公开数据资源整理和绘制。

坦所说："逻辑可以让你从 A 点到 B 点，但想象力可以带你去任何地方。"[①]

德勤洞察（Deloitte Insights）的研究报告《技术发展的趋势，2010—2022》指出，这 10 多年来的技术进步，不仅仅在物理和器物的层面上展开，而且还深刻影响了六大领域，包括核心价值观的复兴、技术的商业化、网络和社会信用、数字化体验和虚拟现实、大数据和人工智能、云和分发平台。[②]这些价值观集中体现在文化内容方面，是在传承遗产的基础上创新的结果。按照马克思的观点：人类不仅仅从事物质劳动，也从事精神劳动。"任何一种精神生产都不能脱离它的一定的社会基础和社会条件，埃及神话绝不能成为希腊艺术的土壤或母胎"。[③]这种精神生产力的成果之一就是人类世世代代积累的多样性的文化遗产。

联合国教科文组织指出，创造力是经济增长的动力之一，而基于文化多样性的遗产是人们得以焕发创造力的重要基础。"创造力是社会变革和技术创新的源泉……文化多样性应当被视为获得收益、提升业绩的根本"。[④]有鉴于此，数字文化产业必然要把丰富的文化资源开发成为优质的文化资产和优良的文化资本，实现从创造性转化到创新型发展。如图 7-6 所示，在这一语境下，"文化资源"是具有较高的人文和审美价值的历史文化遗产，作为一种潜在的产业价值而具有公共性；"文化资产"是指文化从业人员所创造的、受到法律保护的专有权利 IP，作为显性的产业价值而具有专有性；"文化资本"是指把文化资产与资金、技术等相结合，形成可投资、可增值、可变现的价值量，具有产业化的增值性。

IP 资源的原型是故事、传说和神话，但是它们并不等同于 IP。优质 IP 的密码隐藏在故事和神话中，包含了对人类生存目标和意义的解释。破译和表达这些密码，可以引发共鸣，让无数人的理想、追求和智慧相通相融。而数字技术成为人类开发优质 IP 资源的催化剂和加速器。正如时任国际多媒体协

① Bloomberg Philanthropies, BOP, London's Mayer: World Cities Culture Report, 2015.

② Deloitte Insights; Tech Trends 2022.

③ 马克思、恩格斯：《马克思恩格斯全集》第 3 卷，人民出版社，1960，第 35 页。

④ 联合国教科文组织：《着力文化多样性与文化间对话·提要》，中文版，2011 年 12 月 15 日，第 35 页。

会联盟主席的哈威·费舍所说："数字技术是发展文化和精神空间的强大力量。数字技术不但再现、传播和记录所有以前的文化，它们也创造新的文化产品。"[①] 在数字化背景下提炼 IP 资源的路径，包括去情境化、本质化与再情境化等重要环节。

图 7-6　从文化资源到文化资本的转化开发过程 [②]

　　情境化是设计故事发生的文化背景与环境。去情境化是将故事的核心情节与部分原型文化进行剥离，去除那些现代观众难以接受的背景部分。本质化的过程是提炼其中蕴含的基本主题以及密切相关的故事原型和意象群。正如荣格所指出："从科学的、因果的角度，原始意象可以被设想为一种记忆蕴藏，一种印痕或者记忆痕迹，它来源于同一经验的无数过程的浓缩。"[③] 。而采用数字技术进行再情境化是开发 IP 内容的关键环节。它包括对意象的分类与提取，即结合数字工具，分析大量"显性因子"，包括图案、形态、色彩、构图、音节、动作等，从中提炼出"隐性因子"，包括情感、意义、倾向、理念、比喻等要素，并且进行数字格式的转换和编码，形成一个丰富的数字化文化基因库。依托这样的大数据库，可以通过人类智能和人工智能相结合等多种方法，进行再创造：①组合法，把不同的意象元素分解后，进行多样化重组，

①　哈威·费舍：《数字冲击波》，黄淳译，旅游教育出版社，2009，第 263 页。

②　本文作者根据资料整理绘制。

③　《荣格文集》第 15 卷，普林斯顿大学出版社，第 443-444 页。转引自王立：《中国古代文学十大主题》，辽宁教育出版社，1990，第 16 页。

形成杂交型的新意象；②简化法，在保留原有意象的基础上，化繁为简而突出原先的造型特征；③衍生法，在原有基础上通过数字技术包括 ChatGTP 的赋能，在虚实交互中研发出同一系列的丰富意象；④抽象法，凝练原图形的特征，通过提炼而做适当的夸张和发散处理等。经过这样再情境化之后的 IP 内容，不仅仅具有了数字化的格式和形态，而且有可能实现"三量"的有机结合（见表 7-3）：

表 7-3　数字化的 IP 内容特点

序号	要素	作用	构成
1	文化能量	内在的吸引力	富于人文意义的主题和内涵
2	强大流量	流通的标识度	易于数字传播的故事和形态
3	优质销量	产业的转化率	形成市场爆款的卖点和收益

（二）开发优质 IP 的竞争路径

世界上主要国家在发展数字文化产业过程中，把开发优质的内容 IP 作为资源开发的重要领域，并且在因地制宜的过程中探索出不同的整合路径。

其有益的经验之一是利用数字技术快速流通的优势，在世界范围内广泛搜集各类文化遗产包括故事、传说和神话等，进行再情境化的改造，使 IP 内容能够适应各种区域文化市场的需求。如皮尤研究中心在 2021 年 11 月 1 日的研究报告《世界各地的人们喜欢和不喜欢美国社会和政治》[①]中指出，10 多个发达国家的受访者中，71% 的中位数认为美国娱乐业优于世界平均水平。究其原因，此与美国的数字娱乐和媒体业通过自主开发与投资并购吸取世界范围内大量文化资源密切相关。以 1986—2020 年美国 20 项娱乐和媒体领域的大型并购案为例，它们均围绕优质的 IP 内容展开。如 2009 年迪士尼公司以 42.4 亿美元并购漫威公司，获得了蜘蛛侠等 5000 多个漫画 IP 的所有权。

---

① Richard Wike，Laura Silver，Janell Fetterolf，Christine Huang，J.J.Moncus：《世界各地的人们喜欢和不喜欢美国社会和政治》，www.pewresearch.org，2021 年 11 月 1 日。

而许多出生于 20 世纪末叶和 21 世纪初叶的青少年，自幼获得了大量来自互联网、视音频、流媒体、KOL 关键意见领袖等信息，在心理上形成了审美期待，如一看到海洋世界，就会联想起《海底总动员》和《加勒比海盗》。所以，这些针对优质 IP 内容的并购案，反映了它们在数字化时代的重要价值。

有益的经验之二是聚焦于具有前瞻性和引领性的领域，把技术开发、遗产传承、内容创意相结合，开发适应数字化传播的文化内容。如英国国家科研与创新署支持的"创新英国"项目推动建立了"英国沉浸式"集群。这个集群具有跨学科和跨行业特点，聚焦于方兴未艾的沉浸式体验领域，集聚了 1700 多位行业领袖、研究者、艺术工作者、创意专家、投资商、技术开发商等，大力开发沉浸式演艺、文博、影视、健康等项目；由英国相关部门支持投资 1000 多万英镑建立的"未来故事学院"，支持沉浸式叙事的培训和研发，资助了 30 多个沉浸式体验的创新性项目。[1]

有益的经验之三是提前研究文化出口之目的地国家的市场需求和文化背景，并以此作为 IP 内容开发的重要参照，使其表达的价值观念、审美风格、明星风范等，更容易被当地受众接受。如韩国连续实施"文化立国""文化兴盛"的基本国策。韩国的文化内容产业不仅着眼于国内市场，而且瞄准东亚、北美和欧洲市场等，开发适合跨境传播的 IP 内容。根据韩国文化产业振兴院的研究，2021 年韩国的文化内容出口额达 115 亿美元。近年来，韩国出品的《鱿鱼游戏》在奈飞（Netflix）上线仅 28 天，就吸引了 1.42 亿户家庭观看；韩国流行音乐（K-POP）包括防弹少年团（BTS）和 BLACKPINK 等，则进入欧美和中东市场，带动了线上演唱会门票和流媒体音乐的销售。

中国开发数字文化内容的路径既体现了国际共同的规律，又显示了鲜明的特色。中国以辽阔的疆域、众多的人口、悠久的历史，形成了区域文化资源的多样性。正如马丁·雅克所言："与近代许多单一的民族国家不同，中国实际上就是一个具备多样性的文明实体。"[2] 有史以来，中国整合了海洋文明、农耕文明、游牧文明、工商文明等多种形态。在历史维度上，中国累积了从

---

[1] Innovate UK："The Immersive Economy in The UK—The growth of virtual, augmented and mixed realty technologies,www.innovateuk.ukri.org. 2018-05.

[2] 马丁·雅克：《当中国统治世界：中国的崛起和西方世界的衰落》，张莉、刘曲译，中信出版社，2010，第 159 页。

先民创世纪、先秦文化、唐宋文化、江南文化等巨大遗产，如三星堆、良渚、金沙、马王堆等遗址在发掘中发现了不同历史年代的文化遗产沉积。在空间维度上，中国涵盖了齐鲁、燕赵、三秦、三晋、湘楚、吴越和巴蜀等7大地域文化形态以及20多个次级地域文化形态。改革开放40多年来，中国形成了超大型市场和完善的工业体系，在长三角、珠三角、京津冀、成渝等地培育起日趋壮大的数字文化产业集群。中国多地把数字文化产业的主体、技术、内容、市场等优势相结合，不断开发出优质的内容IP。

路径之一是提炼中华民族优秀的文化遗产，根据数字文化产业的需要，利用其中的密码重新进行创作，创作出数字文化IP新形态，体现中国古典审美和现代科技美学的有机结合。如根据北宋张择端《清明上河图》创作的数字视听版成为无数人流连忘返的艺术瑰宝；根据故宫博物院收藏的北宋青绿山水巅峰之作《千里江山图》而创作的舞蹈诗剧《只此青绿》，融入数字视听技术，将宋画、宋词、宋艺构成一幅情感浓烈的人文历史画卷，呈现出宋风雅韵的舞台视听盛宴。

路径之二是以数字技术推动文化遗产的保护，把文化资源转化成为可阅读、可分析、可转换的文化资产。通过"上云、用数、赋智"将文化遗产融入各种文商旅体项目和城市更新之中，通过跨界融合和赋能，广泛拓展它们的社会用途。中国诸多重点博物馆在藏品数字化和数字化博物馆方面做了大量探索。如敦煌研究院举办数字化的"飞天神韵·莫高精神"展览；故宫开发文创产品达8700多种，已上线的8款App平均下载量上百万次，线下商店最高销售额每天超10万元。

路径之三是吸取世界上优秀的IP内容，融入中国的文化元素，进行再情境化的反复迭代，探索出一种传承与创造、理解历史与迈向未来相结合的新颖业态。它采用复原、激活、移植、再造等多种方式，把外来的IP进行中国化，又把中国元素融入外来的IP。如沉浸式演出《不眠之夜》（*Sleep No More*）最初改编自莎士比亚经典作品《麦克白》。继2003年伦敦版、2009年波士顿版、2011年纽约版之后，[①]上海版在2016年正式亮相。它在吸取各个版本的基础上进行深度的再创造，融入了深厚的海派文化元素，开创了连续演出1500场、

---

① 纽约版《不眠之夜》由Emursive公司出品。

观演人次逾 44 万、平均上座率 95%、总收入高达 3.8 亿元的驻场演出新纪录。[①]

路径之四是从讲好中国故事、彰显主流文化、表达城市美学的角度，集成数字技术成果，自主创作出数字文化 IP 新形态，体现现代科技美学与人文精神的有机结合。如 G20 杭州峰会的主题演出融西湖美景、精湛演出、科技集成于一体，彰显了此次峰会的主题"构建创新、活力、联动、包容的世界经济"，并且成为长演不衰的高端文化 IP 内容；而列入 2021—2022 年度国家对外文化出口重点企业和项目的一批原创优秀成果[②]，如腾讯开发的游戏《王者荣耀》、米哈游开发的游戏《原神》、上海沐瞳开发的《无畏对决 Mobile legends》等游戏，以"中国文化＋国际潮流"的特点而风靡海外市场，成为受许多国家年轻人喜爱的"国民游戏"。根据应用分析商 App Annie 公布的《2021 年移动游戏出海洞察报告》，中国游戏开发商在头部海外游戏市场份额超过 23%，在海外市场位居全球第一。[③]

四、投资维度：激发动能的新组合

（一）发挥产业投资的强大动能

邓小平同志在 1991 年春节视察上海时，就高瞻远瞩地指出："金融很重要，是现代经济的核心。金融搞好了，一着棋活，全盘皆活。"[④] 这一论断，对于发展数字文化产业仍然有深刻的指导意义。金融的核心是在信任基础上让货币在不同时间、不同空间之间进行交换。而进行货币的跨时间、跨空间交换就是投资的过程，即通过让渡（价值）货币使用权而获得收益。数字文化产业投资以"数字文化产业的创新领域""以营利为目的""投入价值量"形成了三个重要特征。这类投资推动多种资源的流通和配置，以金融驱动文

---

① 本文作者根据于上海版《不眠之夜》创作和演出的调研所得。

② 国家商务部网站：《关于公示 2021-2022 年度国家文化出口重点企业和重点项目名单的通知》，http://www.mofcom.gov.cn/article/h/redht/202107/20210703180727.shtml，2021 年 7 月 21 日。

③ App Annie：《2021 年移动游戏出海洞察报告》，https://www.sohu.com/a/482307707_120855974，2021 年 8 月 9 日。

④ 邓小平：《视察上海时的谈话》，《邓小平文选》，人民出版社，1993，第 366 页。

化价值链的重组，对数字文化产业的壮大具有五个方面的重要功能。

一是资金融通功能。以知识产权作为核心资产，让数字文化企业以合理的成本筹措到需要的资金，发挥对资金的筹措、动员和汇集作用。二是资源配置功能。由金融机构监督数字文化企业使用资金，并且通过共同分担和重新包装的方式改变风险，把资源分配到回报率较高的数字文化产业项目上，特别是分配到具有创新价值高的关键环节上，实现资源的有效配置，也让金融资本获得应有的回报。三是风险管理功能。通过有效的金融市场机制，帮助数字文化企业管理层，进行有效的风险管理。四是价格信号功能。通过有效的金融手段，向数字文化企业发出明确的金融信号，帮助其做出明智的战略决定。五是国际化平台功能。通过国际化资本的流通，推动数字文化产业的跨域和跨境投资。

按照马克思的说法："一旦资本成为资本，它就会创造它自己的前提……资本不再从自己的前提出发，它本身就是前提，它从它自身出发，自己创造出保存和增殖自己的前提。"[①] 资本一旦投入数字文化产业，就会推动各种要素组合起来，向着增殖的方向运转，运转得越快，产出越高，它的生命就越活跃。如果停滞了，它的生命也就完结了。所以，数字文化产业投资的过程也就是文化生产力的形成过程，是数字文化产业发展过程中最重要的动力之源。当然，放任资本的逐利会产生过度投机、过分集中等弊端，但是一旦形成良好的引导机制，投资会对数字文化产业的创新提供强大的动力。世界上数字文化产业发展最为迅速的区域，不但是技术和内容开发最为密集的地区，也是创新投资最为活跃的中心。

硅谷是一个富有启发的典型案例。从 1970 年代到 2020 年代，这里涌现了史蒂夫·乔布斯、杨致远、拉里·佩奇、谢尔盖·布林、马克·扎克伯格、埃隆·马斯克、艾德·卡特莫尔等优秀企业家，培育出数字动画的领军企业皮克斯、视频平台 YouTube、全球最大的搜索引擎谷歌、MCN 新业态的开创者 Maker Studio、元宇宙领军企业 Mate 等一大批数字文创产业的排头兵。1990 年代，美国学者亨利·埃茨科威兹等提出了"三螺旋理论"，即大学、产业、政府的互动催生了创新，而硅谷则超越了这一模式，形成大学——

---

① 马克思，恩格斯：《马克思恩格斯全集》第 48 卷，人民出版社，1972，第 163 页。

产业——政府——资本"四轮驱动"创新理论和实践模式。硅谷集中了全美40%左右的风险投资，硅谷人均获得的风险投资为3945美元，大大超过美国其他地方的人均获得43美元的风险投资额度。[①] 活跃的风险投资能够在瞬息万变的科技市场上反复试错，捕捉到富有前途的新技术和新模式。如2005年，PayPal的三位前员工在硅谷创建了YouTube，开创了一个新的视频共创和共享模式。谷歌敏锐地发现了它所代表的数字文化新业态，在2006年10月以16.5亿美元收购了YouTube，而到2021年，YouTube平均每天的广告收入接近1亿美元。由此可见，投资、技术和内容的深度融合能够形成高效的要素整合，迸发出强大的数字文化生产力。

（二）推动投资方式的优化组合

文化产业项目具有精神性、符号性、价值评估的多元性等特点，因而在投资和交易方面具有非标准化、半标准化、标准化三种情况。随着文化产业作为一种现代产业登上历史舞台，特别是数字文化产业作为新兴业态而崛起，需要在投资重点的选择上，突出创新链、产业链、价值链的结合，即以价值链为引导，以创新链为聚焦，以产业链为归宿，把资本聚焦到可以创造最大价值的战略性环节，以创新成果的研发和产业化应用为归宿，推动数字文化新业态的成长壮大。这就需要把多样化的投融资方式因地制宜地进行选择和组合。

第一种是以文化产权交易为代表的投融资方式。所谓"产权交易"是响应现代产权制度发展要求出现的一种市场交易机制。其中，文化产权交易成为重要的组成部分。它需要政府、银行、专业的文化产业投资基金和市场研究机构等进行合作，并需对从市场调研到风险评估、从项目策划和产权备案到运营保险的多个环节进行优化设计。前述的谷歌并购YouTube就是一个典型的案例。

第二种是以商业银行业务为代表的投融资模式。在后工业化时代快速兴起的文化消费，越来越呈现出个性化、多元化、多样态的取向，这就越来越需要金融系统提供针对轻资产型、非标准化、个性化的文化交易的金融服务。

---

① 黛博拉·佩里·皮肖内：《这里改变世界——硅谷成功创新之谜》，罗成译，中信出版社，2013，第156页。该数据来自美国风险投资协会的报告。

如商业银行参与的艺术品质押融资业务、艺术品金融理财业务、艺术品拍卖业务等，在这个过程中，艺术品资产实现了金融化。有了符合艺术品资产金融特性的标的物以及质押平台的构建和支撑体系，艺术品资产化业务才有可能做得更大更强。

第三种是以基金与上市为代表的资产证券化模式。其核心是发挥文化资本市场与文化要素市场的积极作用。一方面，沿着文化资源资产化、金融化这一发展的主线，通过对金融综合服务的创新拓展，不断介入文化金融证券市场，特别是通过股权、债权与资产重组市场，推进文化企业上市；另一方面，进一步促进股权投资市场及并购市场的发展，发挥产业投资基金与股权投资基金的作用，推动以证券业态为基础，推动银行、投资基金、PPP（政府和社会资本合作）相结合的多种模式。

第四种是互联网金融服务模式。互联网金融是指依托云支付、云计算、社交网络、搜索引擎 App 等互联网工具，实现资金融通、支付和信息中介等业务的一种新兴金融。近年来风生水起的互联网艺术品交易正是其中一种数字文化金融新业态。根据《艺术市场 2022 年——巴塞尔艺术和瑞银报告》所提供的数据可知，尽管受到外部环境冲击，全球艺术品交易的在线市场在 2021 年继续扩大，同比增长 7%，达到 133 亿美元。在线艺术品交易占全球艺术品市场销售额的 20%[①]。

从中国数字文化产业的发展来看，需要把握产业规律和聚焦创新，不断完善文化金融服务的"补、筹、贷、投、保"联动机制，聚焦三个不同阶段，把各种投资方式整合成一个激发数字文化产业动能、培育数字文化新业态的有效体系，以加强数字文化产业投资的灵活触达、有效赋能。

第一阶段是从 0 到 1 的阶段，即数字文化产业的新主体、新业态、新模式的初创阶段。在此阶段要宽容失败，鼓励创意，大力支持从无到有的原始创新、基础创新、自主创新，特别是推动政府科研资助、企业科研经费以及种子基金、天使基金等的投入，给予创新的幼芽以特别的呵护，提高数字文化初创项目的成活率。

第二阶段是从 1 到 100 的阶段，即数字文化产业新型企业、新型业态、

[①]　The Art Market 2022—An Art Basel & UBS Report.

新型消费模式的成长阶段。在此阶段要推动文化投资基金、文化小额贷款公司、文化担保公司等充分发挥作用，特别是要为新创企业和项目提供应用性场景，让它们从"首发""首秀"进入"首用"，并且与各类科创中心、孵化基地、加速器、重要会展等平台相结合，推动更多数字文化产业、企业在证券市场的主板、创业板及新三板上市。

第三阶段是从 100 到 1000 万的阶段，即数字文化产业快速壮大、逐步升级的阶段。在此阶段要提升价值链、延伸产业链、聚焦创新链，特别是要通过投资赋能推动数字文化企业进入增长的第二曲线，推动企业不断进行技术、内容的迭代升级，迈向数字文化价值链的中高端环节，还要依托中国自贸园区的体制创新优势，依托《区域全面经济伙伴关系协定》（RCEP）等自贸协定，积极推动对外投资和贸易，以扩大数字文化产业的规模优势。

结语

发展数字文化产业的三大核心资源是技术、内容、投资。这三大维度的开发不是孤立的，而是需要根据国家和城市的文化战略，以文化引领、政策扶持、制度保障形成三者在先导性、匹配度和成长性方面的有机结合与横向贯通，同时还要根据这三大维度开发的特殊规律，加强先进要素的供给，促进科技向善、内容焕新、投资赋能的有机结合，体现中国文化产业高质量发展的目标导向。这是中国数字文化产业动力机制的底层逻辑，也将成为中国推动技术创新、文化创新和制度创新，以文化建设推动中国式现代化的重要内容。

第八章
长三角数字文化产业：一体化与新动能 ①

一、大城市群竞争跨入数字星球时代

（一）数字经济重塑了人类文明形态

跨入 21 世纪以来，数字经济作为一个强劲的国际潮流，培育出新的生产力，创造出巨大的数字资产和增长动能，深刻地改变了人类的生产方式和生活方式。根据 2016 年 9 月 G20 杭州峰会《二十国集团数字经济发展与合作倡议》所下的定义，"数字经济是以使用数字化的知识和信息作为关键生产要素、以现代信息网络作为重要载体、以信息通信技术的有效使用作为效率提升和结构优化的重要推动力的一系列经济活动" ②。

数字经济推动人类文明跨入到一个新的时代。2019 年 9 月第 74 届联合国大会期间，联合国人居署举办的"全球城市竞争力报告发布会"发布了《全球城市竞争力报告 2018—2019——全球产业链：塑造群网化城市星球》③。

---

① 基金项目：国家社会科学基金艺术学重大项目"习近平总书记关于文化建设重要论述研究"（项目编号：18ZD01）研究成果。
本文首次发表于《江苏社会科学》（CSSCI 核心期刊）2021 年第 2 期。
② 《二十国集团数字经济发展与合作倡议》，G20 官方网站，2016 年 9 月 20 日，http://www.g20chn.org。
③ 《全球城市竞争力报告 2018-2019》在纽约联合国总部发布，http://gucp.cssn.cn/zjwl/hzhb/201909/t20190925_4977377.shtml，2019 年 9 月 25 日。

它指出：过去 40 年间人类彻底告别分割、分散、独享的农业地球，进入聚集、联系、共享的城市星球。地球更多地被城市所覆盖，多数国家和地区的多数人在城市里居住和活动。各种有形和无形的城市网络包围、穿透和突破了地球。一个个单中心的城镇星星，先组成城市圈城市群星系。而城市带的星河，又组成全球城市网络的星空。地球进入城市时代，城市进入星河时代，人类进入数字化城市星球时代。

数字化城市星球时代的出现，代表着一种新的文明正在兴起。这种文明把数字数据作为最重要的生产力要素，重新评估和整合了其他要素如资本、人才、技术等，培育出新的生产力形态，即数字产业化和产业数字化。它培育出新的人类社会形态，即智慧城市与智慧社会。智慧社会是信息社会在新的技术和社会条件下的升级，显示出信息化建设从技术辅助人类走向技术与人类共生的社会动力学发展规律。数字文化产业正是在这样的新型文明基础上孕育的文化新业态。

安永机构在 2015 年 12 月颁布的《文化时代——第一张全球文化创意产业热图》指出：全球文化创意产业的市场规模达到 2.25 万亿美元，而与数字技术结合的新业态，成为其中增长最快的部分[1]。这些新业态包括多个部分：在线销售的数字内容产品、在线销售的流媒体文化服务、相关的数字设备销售。文化创意产业与数字经济形成了相互拉动的强劲联盟。文化创意内容成为网络经济的强大引擎——2013 年在全球创造了 2000 亿美元的数字内容销售，也带动了 5300 亿美元的数字设备销售。文化商品创造了数字经济最大的收入来源，产生了 660 亿美元的 B2C 销售收入（其中，在线和移动游戏为 338 亿美元，数字影视为 130 亿美元，数字音乐为 103 亿美元，数字图书为 85 亿美元），还创造了 217 亿美元的在线媒体和免费流媒体网站的广告收入[2]。

面对数字经济的潮流和数字文化产业的崛起，中国政府做出了重要的战略部署。2017 年，中国国家文化和旅游部颁布的《关于推动数字文化产业创新发展的指导意见》指出："数字文化产业以文化创意内容为核心，依托数

---

[1] EY: Cultural times——The first global map of cultural and creative industries, December 2015 www.worldcreative.org，P8.

[2] EY: Cultural times——The first global map of cultural and creative industries, December 2015 www.worldcreative.org，P24.

字技术进行创作、生产、传播和服务，呈现技术更迭快、生产数字化、传播网络化、消费个性化等特点，有利于培育新供给、促进新消费。" 在跨入中华民族伟大复兴第二个百年的历史性时刻，中国把发展数字文化产业作为一项国家级的大政方针，迅速地加以推动实施。国家《文化和旅游部关于推动数字文化产业高质量发展的意见》（2020 年）进一步提出："文化产业以创新驱动推进供给侧结构性改革，与数字技术协同推进、融合发展，新型业态蓬勃兴起，为产业高质量发展注入新动能，数字文化产业成为优化供给、满足人民美好生活需要的有效途径和文化产业转型升级的重要引擎。"

（二）数字经济时代的大城市群竞争

数字化城市星球时代对城市群的发展规律产生了深刻的影响，使得数字经济竞争力成为城市群的核心竞争力和更新升级的强大引擎。在数字化城市星球时代的浩瀚天幕上，有些城市星座的星光明显黯淡了，而有些城市星群的光亮度却持续提升。通过比较可以发现：其重要原因是城市数字经济发展水平，包括数字基础设施、数字化专业人才、数字化创新研发投入和活动等的差异。数字文化产业正是在城市数字经济基础上孕育的灿烂之花。上海社会科学院研究团队颁布的《全球数字经济竞争力发展报告 2020》（数字经济蓝皮书）指出：全球主要城市的数字经济竞争力包括三大要素：①城市提升数字经济竞争力必须有强大的经济实力，特别是形成先进的现代信息网络等基础设施；②城市推动数字经济增长必须以创新作为动力，提高研发投入和产出效率；③城市提振数字经济活力必须依赖充裕的数字化专业人才及其竞争力。

根据该研究项目对大数据的测算，2020 年全球主要城市数字经济竞争力前 15 强中，美国占据 6 席，欧洲占据 4 席，中国占据 2 席，澳洲占据 1 席，日本和新加坡各占据 1 席。而且中国 2 座城市的排名比 2019 年的排名有所上升。值得注意的是：作为长三角核心城市的上海，总排名第 12 位，比 2019 年上升两位，是所有城市中上升幅度最快的，而且在数字经济与基础设施竞争力方面排名领先，超过了波士顿、洛杉矶、芝加哥和东京等城市，显示出强劲的上升势头。

表 8-1 全球主要城市数字经济竞争力（15 强）[①]

排名	城市	经济与基础设施 竞争力	数字创新竞争力	数字人才竞争力	总得分
1	纽约	69.40	87.35	67.90	74.88
2	波士顿	48.36	70.99	93.57	70.98
3	伦敦	54.75	73.62	68.20	65.52
4	新加坡	82.17	56.21	53.51	63.96
5	东京	49.83	86.53	55.12	63.83
6	旧金山	58.99	64.08	67.58	63.55
7	洛杉矶	43.44	71.56	63.21	59.40
8	北京	62.93	60.98	48.22	57.38
9	华盛顿	43.51	51.24	70.51	55.09
10	巴黎	39.37	61.03	63.44	54.61
11	芝加哥	40.62	58.03	60.57	53.07
12	上海	52.90	55.33	48.78	52.34
13	斯德哥尔摩	51.12	46.64	58.84	52.20
14	哥本哈根	46.46	34.25	75.72	52.14
15	悉尼	41.26	42.91	71.55	51.91

（三）长三角发展数字经济的内生动力

当前，世界城市体系正处于工业革命以来最深刻的持续变化中。全球金融危机后亚太地区在世界城市等级结构中的快速提升，形成世界经济重心逐渐向亚太地区移动，成为国际城市力量对比变化的重要趋势。一些国际著名智库的研究成果指出：到 2025 年全球 GDP 增长的 47% 将发生在 440 个新兴国家城市。亚太地区的城市在总体实力上不断向顶级位置的前沿靠近。亚太地区不但会出现 1~2 个核心世界城市群，甚至可能出现全球的顶级城市[②]。在

[①] 张伯超：《全球数字经济城市竞争力发展报告（2020）》，载王振、惠志斌主编：《全球数字经济竞争力发展报告（2020）》，社会科学文献出版社，2020，第31页。

[②] 美国大西洋理事会报告：《展望2030：后西方世界的美国战略》，转引自王战、王振等著：《上海2050年发展愿景——建立在信息文明、生态文明、治理文明、文化融合基础上具有影响力的全球城市》，上海社会科学院出版社，2016。

这一场世界范围内城市数字化转型的激烈竞争中，长三角作为中国经济最为发达、数字基础设施建设发展最快、产业创新最为活跃、国际经贸合作最为广泛的地区，在发展数字经济和数字文化产业方面，显示了独特而重要的优势，引起了海内外有识之士的广泛关注。

第一，长三角正在自觉地迈向一个跨越工业化和信息化时代的"跨时代世界级大城市群"。工业化时代的世界级大城市群侧重追求城市的规模和物质财富，而后工业化时代（信息化时代）的世界大城市群侧重追求高质量的数字资产和流量经济，更加强调城市的国际竞争力和全球影响力。长三角是中国近现代工业的发祥之地，又是在工业化基础上率先推动产业转型的中国龙头城市群。长三角正在跨越工业化和信息化两个时代，在拥有世界第六大城市群的规模和物质财富之基础上，更加突出流量经济的特征，即在信息处理、信息流量、市场定价、平台建设、配置全球资源方面具有一流的能力，造就一个兼备物质财富、实物投资和数字资产、流量经济的全球数字之都。

第二，长三角正在奋力打造"世界级经济型–文化型大城市群"重合形态的升级版。随着长三角向高质量一体化发展，长三角作为世界级"经济型大城市群"的综合实力获得持续增强，以"一核五圈四带"为宏观布局而形成高度互联互通的经济共同体。5G、人工智能、大数据、云计算、工业机器人等新技术和新产业成为长三角经济升级版的强大动能。与此同时，长三角作为世界级"文化型大城市群"，传承了长三角共有的文化基因——江南文化，突出了它注重开放、精致、审美、重商、应变的人文精神，同时依托发达的数字基础设施、数字人才和数字创新，把高度密集的江南文化资源包括海派文化、海洋文化、都市文化、运河文化、金融文化等的成果转化成为高价值的数字文化资产。上海图书馆年会首创的"数字人文与数字学术"论坛、浙江大学与哈佛大学共建的"学术地图发布平台"、复旦大学开发的中国历史地理信息系统（CHGIS）等，标志着长三角正在成为中国数字人文代表性成果和平台最集中的区域之一。[①]

---

① 数字人文是人文社科与大数据、人工智能等数字技术相结合而形成的新型学科范式。参看王顺青：《数字人文的发展进程及未来展望》，载丁波涛主编：《全球信息社会发展报告（全球信息社会蓝皮书）2019–2020》，社会科学文献出版社 2020 年 4 月版。

在长三角贯彻高质量一体化发展的国家战略之大背景下，长三角数字经济获得了前所未有的发展。2018 年中国数字经济规模达到 31.3 万亿元，占 GDP 比重超过了 30%，规模为全球第二位。而长三角数字经济规模总量达到 8.63 亿元，占 GDP 比重达到 40.9%。长三角数字经济占全国的比重达到 27.6%，占比超过全国平均水平 10.9%。[①] 与此同时，2018 年长三角与数字经济和互联网密切结合的文化新业态营业收入占全部文化产业营业收入的 20.12%，其中数字游戏占 77.5%，混合业态包括数字出版、数字音频、数字视听、数字文博等占总数的 20.12%，长三角互联网文化出口机构出口的网络文化产品为 20279 个，接近全国出口总量的 60%。[②]

长三角数字文化产业的独特意义和示范作用在于"一生态、两引擎"，即依托世界级大城市群的强大实力，打造高度一体化的大城市群数字文化生态，建设充满活力的数字文化生产力引擎，打造不断升级的数字文化消费力引擎。它为全国提供了一个大城市群发展数字文化产业的先行示范经验，也为世界提供了一个新兴经济体和发展中国家大力培育数字文化产业集群的有益经验。

二、营造一体化的数字文化发展生态

（一）覆盖长三角全境的数字经济载体

长三角发展数字文化产业的一大特色，是持续建设有利于创新和创业的一体化发展生态。数字文化产业作为一种以数字经济为基础的新兴业态，必然依赖于鼓励创业和创新的文化生态。就好比北美鲑鱼不会无目的地四处漫游，而是喜好在生态优良的淡水溪河中产卵和在海洋中育肥、有规律地洄游一样。根据诸多国际著名智库、院校和研究机构的成果，创新创业生态聚焦于资源体系（创业空间、金融资本、专业人才等）、支持体系（政策体系、

---

① 马双：《中国长三角数字经济发展报告（2020 年）》，载王振、惠志斌主编：《全球数字经济竞争力发展报告（2020）》，社会科学文献出版社，2020，第 182 页。

② 参看《中国文化和旅游统计年鉴（2019）》，并且参看任文龙、陆建栖、陈亚兰：《长三角文化与科技融合》，载顾江编著：《长三角文化产业蓝皮书（2020）》，江苏人民出版社，2020，第 154 页。

技术体系）、环境体系（文化环境、市场和营商环境）三大要素。

长三角数字文化产业建设的重点，是吸取国际先进经验，推动"数字经济一体化"和"数字文创一体化"相结合，形成资源体系、支持体系、环境体系高度一体化的大城市群数字文化生态。长三角是中国城市群一体化发展最早、最为成熟的地区。早在1984年，上海就与苏锡常等城市率先启动了"上海经济区"建设，启动了跨省域大城市群建设的先河。经过30多年的发展，长三角的概念从地理概念的长三角（长江入海口的三角洲冲积平原）到经济概念和城市群意义的长三角（沪苏浙皖26个城市组成的长三角城市群）[①]，再到国家战略意义上的长三角区域（沪苏浙皖四省市全境）。目前的长三角区域包括沪苏浙皖的县级市在内，已经形成超大型城市、特大型城市、大中城市、小城市在内的城市等级金字塔结构[②]。长三角一体化的核心是区域经济一体化，即在区域内形成高度融合、公平一致的大市场，从而实现区域内的商品、资金、技术、服务、人才等的快速流通和高效配置。

2018年沪苏浙皖四省市的政府联合颁布《长三角地区一体化发展三年行动计划（2018—2020年）》，明确提出要打造覆盖长三角全境的数字经济产业集群，助推长三角高质量发展。这是全国第一个跨省市编制的三年行动计划。该计划实施三年来，一大批覆盖长三角全境的数字经济产业园区、数字经济研发中心、数字经济服务平台、数字经济重大会展迅速崛起，覆盖了长三角全境，成为长三角一体化发展迈向高质量升级版的重要标志。截至2020年上半年，长三角地区已经建成5G基站18万个，5G在智慧城市、智能制造等重点领域创新应用示范项目近1000个[③]。沪苏浙皖的著名高校、领军企业、行业协会、投资基金、公共平台等纷纷在数字文化产业的内容制作、投资融资、技术研发、市场推广等方面建立各类合作联盟，包括上海世纪出版集团、江苏凤凰出版传媒集团、浙江联合出版集团等共同建立的长三角数字出版协同

---

①　2016年国家颁布的《长江三角洲城市群发展规划》将长三角城市群确定为上海，江苏省的南京、无锡、常州、苏州、南通、盐城、扬州、镇江、泰州，浙江省的杭州、宁波、嘉兴、湖州、绍兴、金华、舟山、台州，安徽省的合肥、芜湖、马鞍山、铜陵、安庆、滁州、池州、宣城等26市，面积共21.17万平方公里。

②　2019年国家颁布的《长江三角洲区域发展规划纲要》，把长三角区域规划面积界定为沪苏浙皖四省市全部区域，面积为35.8万平方公里，经济总量约占全国1/4，全员劳动生产率位居全国前列，成为引领全国经济发展的重要引擎。

③　《这三年，沪苏浙皖一起干成哪些大事》，《解放日报》2021年2月10日。

创新平台（2020 年），以及上海精文投资、浙江文投集团、江苏文投集团等建立的长三角文化产业投资联盟（2020 年）、长三角电竞教育联盟（2019 年）、长三角影视拍摄基地合作项目（2019）、长三角动漫产业合作联盟（2018 年）等，明显加强了长三角数字文化产业在细分领域的优良生态。长三角四省市获得国家和省市级政府认可，聚焦于移动互联网、大数据、人工智能、新型视听、数字游戏、云计算、混合现实、智能装备等领域的各类数字经济产业园区和集聚区超过 150 家。平均每家集聚 100 家的企业、机构和专业平台。一个以世界级大城市群综合实力为基础，以高质量一体化发展为战略目标，以资源体系、支持体系、环境体系等为内容的长三角数字文化生态正在大江和大海交汇处悄然形成。

表 8-2　长三角主要数字经济产业园区（部分）[①]

省市	主要数字经济产业园区
上海市	张江科学城、金桥开发区、临港国际创新协同区、紫竹高新区、漕河泾开发区、市西软件信息园、市北高新区、创智信息产业带、创谷信息产业带、徐汇滨江、北杨人工智能小镇、人工智能未来小镇、临港松江科技城等 30 多个。
江苏省	中国声谷－江苏信息服务产业基地、江苏省互联网产业园、中国中小企业信息产业园、中国（南京）软件谷、常州创意产业基地、无锡（国家）工业设计园、无锡物联网小镇、泰州大数据产业园、苏州工业园等 40 多个。
浙江省	杭州高新区中国互联网经济产业园、浙大网新产业园、新加坡杭州科技园、杭州未来科学城、杭州梦想小镇、云栖小镇、梦栖小镇、云谷小镇、望江智慧产业园、湖州多媒体产业园、嘉兴科技城、百度云智·宁波大数据产业基地、中国（舟山）海洋科技城等 40 多个。
安徽省	中国声谷（合肥）、合肥巢湖经济开发区动漫游戏产业集聚区、蚌埠大学科技园、铜陵铜官区 IT 产业园、马鞍山软件产业园、芜湖镜湖区信息软件园等 20 多个。

（二）增长极、科创廊、产业带相结合的布局

在优良的数字经济生态基础上，长三角数字文化产业正在形成"点、线、带、廊"结合的空间大布局，并且通过这种极富长三角特色的布局，不断优化和升级长三角数字文化生态，推动长三角数字文化产业的一体化发展。表 8-2

---

① 本文作者根据综合调研材料绘制。

中所列举的许多数字经济产业园区，结合人工智能、大数据、区块链、云计算、混合现实、新型视听、5G 和移动通信等，积极开发数字文化产业的核心技术和共性技术，并且集聚资金、人才、项目、内容等大量资源，而"点、线、带、廊"的空间布局和有机联通，推动了技术、资金、人才和内容等在长三角全境快速流通和优化配置。

　　如建设中的长三角 G60 科创走廊就是一个创举。它从上海松江区的 1.0 版本，发展到沪嘉杭联动的 2.0 版本，再扩大到联通沪苏浙皖九个地区的 3.0 版本。它目前包括上海、嘉兴、杭州、金华、苏州、湖州、宣城、芜湖、合肥等 9 个城市，覆盖面积约 7.62 万平方公里。根据四省市共同研究制定的《长三角 G60 科创走廊建设方案》，该走廊包括了沪苏浙皖四省市多个数字文化产业的增长极和辐射带。它们相互依托又相互促进，在沪苏浙皖四省市接壤地带形成"珍珠成串、长藤结瓜"的态势。

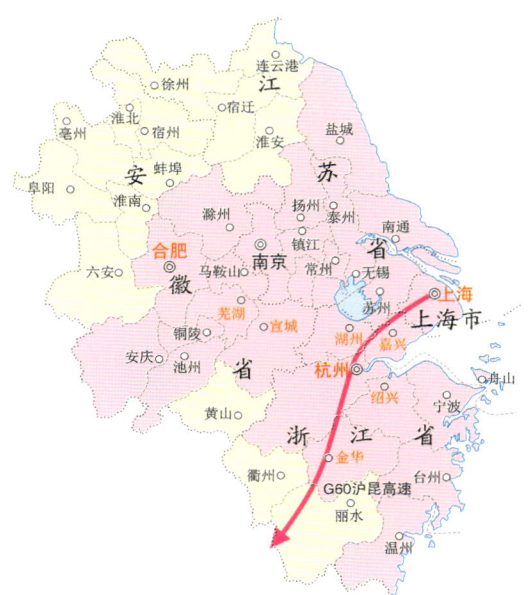

图 8-1　G60 科创走廊规划布局图①

---

　　① 《松江："三朵云"成就 G60 科创走廊的未来》，上海市人民政府官方网站，2021 年 1 月 4 日。http://www.shanghai.gov.cn/nw15343/20210104/45bdde6f1b0d42deacd050c5fdd2c79e.html

这一科创走廊中的乌镇，是世界互联网大会举办地，位于长三角的核心地带。该大会又被称为"乌镇峰会"，是第一次由中国举办的首届世界互联网大会。它第一次汇集了全球网络界领军人物共商发展大计，第一次全景展示中国互联网发展的理念和成果，第一次以乌镇这座千年古镇命名的世界网络峰会，并且形成了一个充满活力的互联网产业集群。乌镇在面积48平方公里的主体区域中，正在建设峰会核心区、科创云栅、未来生活城、国际产业园、数字文教港五大功能区，已经吸引互联网企业近800家，近期将突破1000家，实现注册资金近90亿元。作为中国的行政区划单位，乌镇是最低和最小的一级，但是在互联网经济和数字文化产业的意义上，它却是一个具有世界知名度的增长极和流通平台。

如果说乌镇等代表了一颗颗闪亮的珍珠，那么位于松江的上海科技影都及杭州湾北岸影视基地群则犹如一条充满活力的影视产业带。它在逐渐成形的过程中，确立了明确的战略目标，即建立科技含量高的电影工业体系，追赶世界一流电影工业水平。正如中国电影学者刘海波所说：现代电影制作流程极其复杂，分为很多工作环节，形成工业体系，每个专业化岗位各司其职，组合在一起才能形成高效率、高品质的电影生产[①]。近年来好莱坞大片的片尾字幕，不时出现新工种。每一部片子各自创新一小步，不断积累才形成了好莱坞电影工业体系。上海科技影都的核心项目之一长三角国际影视中心总投资近百亿元，由中国电视剧上市公司第一股、中国电视剧行业的龙头企业华策影视母公司大策集团和中国南山集团投资建设，不仅显示了长三角联手打造超大型影视基地的决心，更把目标定位在全国范围内科技含量最高的高科技综合影视产业平台，显示了中国电影工业追赶国际先进水平的排头兵态势。

三、建设充满活力的数字文化生产力引擎

（一）形成新兴的数字文化产业集群

长三角发展数字文化产业的重要经验，是打造充满活力的数字文化生产力引擎、发展数字文化产业的强劲动力。新增长理论提出：由传统要素投入

---

① 龚丹韵：《上海能为中国电影工业做点什么》，《解放日报》2019年2月18日。

而形成的规模效应可能出现报酬率递减的现象，而造成报酬率递增的原因有知识和技术的溢出效应、人力资本的溢出效应和持续地学习新知识和新技术等。如果仅仅依靠土地、房地产、劳动力、资金等要素投入来推动文化产业的增长，并且竭力扩大文化产品的产能，到了一定程度就会出现产能过剩、报酬递减的情况。世界银行和国务院发展研究中心、财政部联合发布《创新中国：中国经济增长新动能》（2019 年）指出：近年来，中国的投资大幅放缓，增速不到 2001—2010 年平均增速的一半。在 2011 年之前的 10 年里，实际投资每年增长 18.0%，而 2017 年的增长率仅为 5.0%[①]。其主要原因之一是中国对基础设施和房地产领域已经接近投资过度。随着基本公共基础设施逐步到位，中国公共投资对经济增长的总体回报预计正在逐步下降。这在文化产业领域也有一定程度的反映：中国文化产业从 1990 年代后期正式起步以来，总体的增速正在逐渐减缓。它在 2000 年到 2014 年的十五年间占 GDP 的比重从 1% 到 3.8%，而在 2015 年到 2019 年的五年间占 GDP 的比重仅从 4% 提高到 4.5%，没有能够实现文化产业在"十三五"时期成为国民经济支柱产业的目标[②]。其中的深刻原因之一就是传统要素投入而形成的报酬率递减，以及大量低端产能的过剩而造成效率低下。一些地方以投资房地产的思路发展文化产业，动辄圈地皮搞开发的路径已经难以为继。在数字经济的大背景下，中国文化产业必须挖掘新的投入要素——数字数据，形成优质的数字资产，推动文化产业增长方式的深刻转型。

从产业革命的角度看，人类经历了四次工业革命。第一次和第二次工业革命主要通过蒸汽动力和电力改造劳动工具而提升生产力水平，第三次工业革命主要利用电子与信息技术实现劳动者和劳动工具协同的自动化程度，以及推广现代化管理来提升生产力水平。根据世界经济论坛创始人克劳斯·施瓦布的研究，在第四次工业革命中，人类采用数字技术、智能技术等，通过数据＋计算力而极大地提升了生产力[③]。在文化产业领域中，这一产业革命的典型特征包括：通过智力革命突破劳动者的智力局限（如人工智能和人类智

---

① 《创新中国：培育中国经济增长新动能（2019 年 9 月）》，www.economyworld.net

② 《国家"十三五"时期文化发展改革规划纲要》提出到"十三五"末文化产业成为国民经济支柱性产业。一般而言，一个产业贡献的增加值必须占国内生产总值的 5% 以上，才能被认定为国民经济支柱产业。

③ 克劳斯·施瓦布：《第四次工业革命——转型的力量》，世界经济论坛北京代表处译，中信出版社，2016，第 15-19 页。

能混合的各种文化生产）、让劳动工具实现智能化（文化装备领域的工业机器人与智能化生产线）、提供前所未有的丰富体验（沉浸式文化艺术体验的各种形态等）、以网络化与智能化改善生产与服务流程（流媒体及各种互动和柔性供应链等），成为空前的产业新动力。

从城市和区域的角度看，与数字经济和互联网紧密结合的创新型文化企业，成为上述新型文化生产力的集中代表。哪个城市群的创新型文化企业数量越多、规模越大，代表了其新型文化生产力的水平越高。云南大学李炎、胡洪斌教授领衔研究的《中国区域文化产业发展报告》，把全国划分为环渤海、长三角、东北、东南、中部、西南、西北七个区域。其中长三角文化产业规模最大，占 GDP 的比重最高[①]。而在这七大地区中，长三角数字文化产业重点企业的增长最为显著。

近年来，以长三角网络文娱行业上市公司群体为代表，形成了全国规模最大的数字文化产业企业集群之一。截至 2019 年末，长三角网络文娱产业上市公司数量达到 85 家，总资产达到 5159 亿元，营业总收入达到 1723 亿元，净利润达到 76.68 亿元，人均营业收入突破 100 万元[②]，明显高于全国各城市文化产业的平均水平。

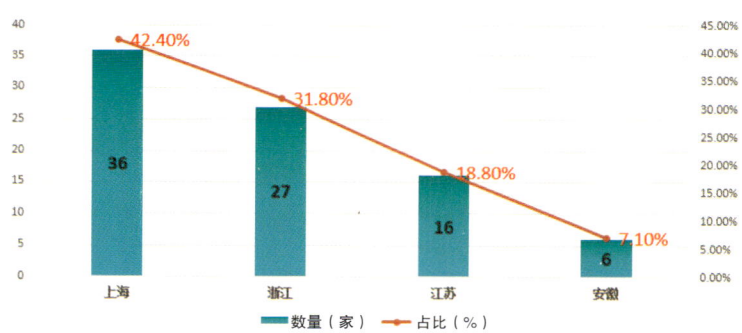

图 8-2　长三角网络文娱产业上市公司数量及占比

长三角网络文娱产业上市公司的分布显示出鲜明的集群效应。其中上海

①　李炎、胡洪斌主编：《中国区域文化产业发展报告（2016-2018）》，社会科学文献出版社，2018。

②　上海文化研究中心，腾讯研究院：《长三角数字文化消费研究报告2020》，2020 年 11 月。

拥有 36 家，浙江拥有 27 家，江苏拥有 16 家，安徽拥有 6 家。它们分布在长三角四省市的 14 个城市中，上海以"龙头引领"而拥有的网络文娱产业上市公司数量最多，浙江呈现"一核多点"即以杭州为中心，嘉兴、金华等七座城市多点分布，江苏呈现"双核驱动"即以南京与苏州为两大核心，而安徽呈现"中心极化"即合肥拥有 5 家上市公司，此外芜湖有一家上市公司。这些上市公司的主营业务集中在网络游戏（24 家）、影视生产（23 家）、文化信息（18 家），占比高达 75%，其余分布在数字阅读、网络动漫、网络视频等领域。这反映出长三角数字文化产业的重点，正在向价值链的前端集中。与此同时，就网络文娱产业上市公司的龙头企业而言，上海量多质平、浙江有量无利、安徽量少质精、江苏亟待培育，亏损是相当普遍的现象，亟待进一步提升经营绩效。

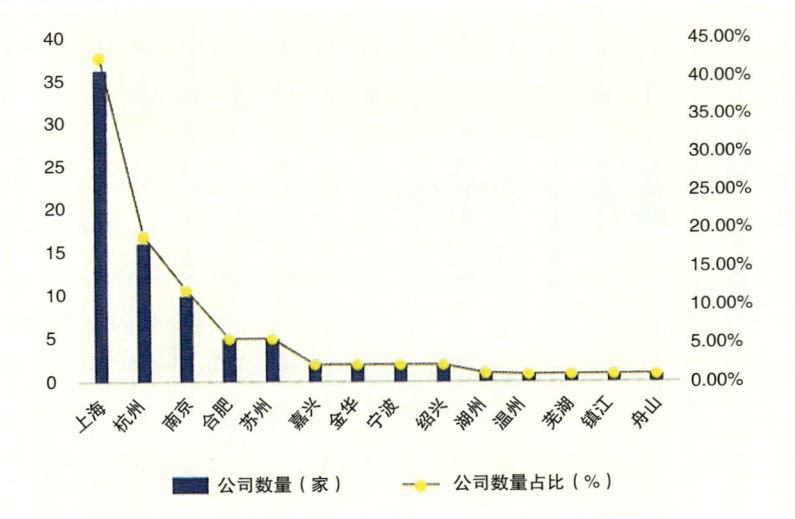

图 8-3　长三角城市网络文娱产业上市公司分布状况 [①]

---

① 上海文化研究中心，腾讯研究院：《长三角数字文化消费研究报告 2020》，2020 年 11 月。

（二）以先进生产力推动产业提质增效

近年来，中国正在经历新一轮的经济转型，新经济正在快速兴起，国家的创新能力不断增强。正如《创新中国：培育中国经济增长新动能》所指出的：全要素生产率（TFP）是衡量技术进步拉动生产率的贡献指标。中国 TFP 占美国的比重，从 1978 年的 31% 上升到 2014 年的 43.3%，而同年日本、法国、德国的 TFP 占美国的比重分别达到 71.1%、95.3%、93.0%。近年来，中国劳动力生产率增速和全要素生产率增速放缓，从全球金融危机前 10 年的约 3.51% 降至 2008—2017 年的 1.55%[①]。这说明中国科技创新对于提升增长新动能尚未充分释放，还有巨大的提升空间。中国需要加大改革力度，培育增长的新动能。

正是从这个意义上，长三角数字文化产业显示了以先进生产力推动产业提质增效的深刻意义。它不仅仅意味着长三角在该领域的企业数量和集群规模在持续壮大，上市公司的数量和市值在稳步上升，更重要的是，长三角数字文化产业领域的一批领军企业和重点企业，在艰苦的创新和奋力的追赶中，以数据+计算力为核心，以先进生产力提升了产业增量，提高了投入产出效率，开发了许多新领域和新业态，成为具有示范引领性的产业"第一"和行业"之最"，发挥了中国文化产业向高质量发展升级的排头兵作用。

第一，激发新动能，在传统产业中注入新智力。在文化产业领域中有许多传统形态的产业，如演艺、印刷、零售、电影放映、文化用品生产等，过去在投入和产出的效率上缺乏竞争力，全要素生产率（TFP）比较低。数字经济与文化产业结合而产生的新动能，不仅仅表现在开发数字出版、电竞游戏等新业态，而且表现在通过数字技术和"数据＋计算力"，推动传统产业实现智能化升级。如文体广电演艺装备，是横跨科技服务业、先进制造业、现代服务业的重要领域，也是"中国制造"迈向"中国智造"、体现中国文化软实力的重要内容。随着中国文化建设的规模和水平日益提高，各地对文化装备的质量和规模提出了结合 5G、8K、智能化、新视听、全感觉、沉浸式体验等越来越高的要求。长三角地区是中国文化装备企业最为集中的区域，以数字经济带动文化装备产业向科技型、智能化、品牌化方向持续升级，成为

---

① 世界银行和国务院发展研究中心、财政部：《创新中国：培育中国经济增长新动能（2019年9月）》。www.economyworld.net。

近年来长三角数字文化产业的一大亮点。其中的代表如浙江大丰号称"中国文体广电演艺高端装备上市公司第一股"，从事文体广电演艺的高端装备和系统集成，是 G20 杭州峰会、金砖厦门峰会主要场馆核心设备及 20 多年央视春晚相关设备的提供者。它在全国中高端细分市场占有率达 70% 以上，它融合了智能化的装备研发、先进制造和专业服务，拥有咨询设计、生产制造、安装调试、运营管理、维护保养为一体的整体实力，连续十余年综合实力稳居行业第一。

第二，推动新供给，以规模竞争创造新效益。在文化生产领域中包括"在地""在场""在线"三大形态，传统的产业思维专注于画地为牢，而数字文化产业，则以在线、智能、交互、跨界为四大特征。由于互联网用信息网络覆盖了全世界，创造了数字城市的网络星球，数字文化产业所开发的数字数据和目标市场必然是跨域和跨国的。创新型的文化产业企业运用互联网思维，能够对超量资源进行快速整合与掌控，有可能形成流量经济的规模化优势。先后 11 次入选全国文化企业 30 强的宋城演艺，被称为"中国旅游演艺上市公司第一股"。它经过 20 多年的励精图治和不懈努力，成为全世界演出场次最多、每年吸引观众人数最多、演出票房规模最大、打造旅游演艺项目最多的领军企业。它以"一切始于文化，一切围绕文化"为主线，在杭州、三亚、九寨沟等地开发旅游演艺基地，形成了规模宏大的"千古情"演艺系列，以及"六间房"等线上和线下相结合的旅游演艺新业态。

第三，开发新技术，开发全新的消费市场。大量事实说明，一个国家巨大的文化消费潜力，不会自然而然地转化成为文化生产力，它有待于富有创新活力的文化企业，率先开发出具有前瞻性和领先性的文化产品和文化服务，才能激发文化消费市场的新蓝海。正如苹果公司创始人史蒂夫·乔布斯所指出的："消费者并不知道自己需要什么，直到我们拿出自己的产品，他们就发现，这是我要的东西！"[①] 真正意义上的创造需求，必定是从 0 到 1，即"无中生有"。它包括在整个系统尚不成熟时，像贝尔、富兰克林、爱迪生一样超前发明先进的技术，也包括在某个系统相对成熟时，将新产品镶嵌在成熟的产业系统中。近年来，长三角涌现了风雨筑、亮风台、视+、高重等一大批在细分领域推动数字研发+文化的重点企业。如科大讯飞作为中国最大的

---

① 沃尔特·艾萨克森：《乔布斯传》，管延圻、魏群等译，中信出版社，2012。

智能语音技术提供商，被称为"智能语音上市公司第一股"。它以领头羊的态势率先开发了全新的智能语音技术服务市场，不仅包括 BtoC，即针对消费者的各种智能语音服务项目，而且包括 BtoB，即针对多领域企业的语音转文字、口语评测等专业服务项目。它在智能语音技术包括中文语音合成、语音识别、多语种互译等多项技术上拥有国际领先的成果，是全国唯一以语音技术为产业化方向的"国家863计划成果产业化基地"，荣获了中国语音产业第一个"国家科技进步奖（二等奖）"。

第四，建设新平台，推动巨大的流量经济。流量经济是指在经济领域中各种依靠经济要素或生产物的流动而带来经济效益与发展的经济存在形态的总称。数字经济极大地推动了流量经济的增长，即在特定区域建立先进的数字化平台吸引区域外的资金、人才、技术、内容、信息等发展要素集聚，促进要素的重组和升值，再向外埠甚至是国际范围内输出要素和产能等，带动更大范围的资源双向流通。数字化平台不仅是汇聚各方数据信息和开展计算的中枢，更是实现价值创造的核心，也是推动巨型流量流通的主要引擎。长三角地区已经集聚了一大批相关的数字文化产业平台，如华策影视集团拥有近20家控股子公司、20余家参股子公司，是国内目前规模最大、实力最强的民营影视企业之一，成为"中国电视剧产业上市公司第一股"。它每年出品精品影视剧超过1000集、电影十余部、大型综艺节目数部，影视剧产量全球第一；全国卫视电视剧播出量占比18%、全国网络视频新剧点击量占比15%，均为全国第一；在全国电视平台收视率的排行榜单上前10名的电视剧中占比20%。在前20名电视剧中占比20%；在前50名电视剧中占比20%，它也是中国电视剧进出口贸易的强有力平台，每年向国际市场推广的中国电视剧数量为行业第一。

四、打造不断升级的数字文化消费力引擎

（一）核心引领与全域拉动的消费大格局

长三角数字文化产业发展的一个有效举措，是打造不断升级的数字文化消费力引擎，建设全国领先的一体化文化消费大市场。

大力推动数字文化消费，增强内需市场对经济增长的拉动力，是中国打

造以国内大循环为主、国内和国际双循环相互促进新格局的迫切需要。2020年4月，习近平总书记在中央财经委员会第七次会议上题为《国家中长期经济社会发展战略若干重大问题》的讲话中指出：大国经济的优势就是内部可循环，消费是我国经济增长的重要引擎，中等收入群体是消费的重要基础①。近年来，我国经济增长的投资、外贸、消费"三驾马车"的作用正在悄然变化。中国学者张金山指出："我国外贸依存度在 2006 年达到历史最高位的 64.2%之后不断降低，已经降低到 2019 年的 31.7%。中国货物和服务进出口对 GDP增长的贡献率为 11%，特别是该指标近些年还经常出现负值，比如 2016 年为 −11.6%，2018 年为 −7.4%"②。中国未来经济增长的拉动力比历史上的任何时期显得更加依靠内需。

从构成内需的最终消费支出和资本形成总额的情况来看，近年来最终消费支出对 GDP 的贡献率正在出现下滑的态势，从 2015 年的 69% 降低到 2019年的 57.8%③，这与西方发达国家最终消费支出对 GDP 贡献率高达 70% 以上的情况相比，两者之间的差距在逐步拉大。再从构成最终消费支出的居民消费和政府消费的情况来看，自从 2008 年以来，两者的比例关系基本稳定在 7∶3。由于中国中等收入阶层不断壮大、城市化进程加快，提振国内消费正在成为拉动需求的主战场。这期间需要政府、企业和社会共同来探讨拉动新消费的规律。

长三角发展数字文化产业的启发意义在于，数字文化产业消费作为一种非刚性、非必需的消费市场，主要不是通过扩大必需品的生产产能来形成规模效应，而是通过提高增量，即创造新的文化消费价值，包括审美、社交、体验、新鲜、愉悦、高雅、精致等的价值，引导人们去满足不断增长的对高品质生活的需求。俯瞰长三角数字文化产业的布局，可以发现一个有趣的现象：从大趋势看，数字文化消费是以网络为载体而实现"去中心化"的，但是在各省市各城市发展不平衡的背景之下，数字文化消费如电竞赛事、数字游戏、

---

① 习近平：《国家中长期经济社会发展战略若干重大问题》，《求是》2020 年第 21 期。
② 张金山：《对"十四五"时期构建国内旅游市场大循环格局的思考》，《中国旅游报》2021 年 1 月 27 日。
③ 国家统计局：《2019 年最终消费支出对国内生产总值增长的贡献率为 57.8%》，2020年 1 月 17 日。

数字视听等，又是依托优良的基础设施和市场体系，先做向心集聚，在达到一定的饱和度之后，再形成"中心－周边"扩散，从而形成长三角数字文化消费的特色，即核心引领、多圈扩散、带动全域、梯度提升。

长三角数字文化消费形成了明显的"一超三强，拉动全域"的特点。长三角的中心城市先后出台了推动数字经济发展的政策和文件，对发展数字文化产业和数字文化消费做了具体的部署。如上海颁布《上海在线新文旅发展行动方案（2020—2022年）》、杭州市印发《杭州市全面推进"三化融合"打造全国数字经济第一城行动计划（2018—2022年）》、苏州市颁布《推进数字经济和数字化发展三年行动计划（2021—2023年）》、南京市颁布《南京市数字经济发展三年行动计划（2020—2022年）》等。在政府、企业、市场同向而行、有效市场和有为政府共同发力的大背景下，在全国数字文化指数TOP10的城市榜单上，长三角城市的比重明显超过全国其他六个地区的城市。以国际化大都市上海领衔，排在全国第三位，杭州、南京、苏州紧随其后，排在第七、第九、第十位。四城市合起来占总量的40%，共同构成了长三角数字文化指数的50%[①]，显示了长三角核心城市"一超三强"对数字文化消费的强大带动作用。值得关注的是，长三角根据国家部署打造"一核五圈四带"，即以上海为一大核心，苏锡常、南京、杭州、宁波、合肥五大城市圈，沿海发展带、沿江发展带、沪宁合杭甬发展带、沪杭金发展带四大发展带。

在长三角城市聚合发展、共同发力的大背景下，其他诸多地级市也各显优势，奋起直追，形成了纲举目张的态势。从图8-4可以看出，2019年长三角数字文化指数TOP 10城市大体上是围绕上述"一核五圈四带"形成的。这在一定程度上勾画出长三角作为世界级特大城市群数字文化消费发展的优化布局与合理边界。

从世界范围内城市群发展的动力角度看，它存在两个相反的效应：集聚效应（agglomeration effect）和拥挤效应（congestion effect）。由于人口向心集聚，可以降低生产成本和形成规模经济。但是人口过度集聚，也会到达某一个拐点，即带来生活成本的升高、资源的紧张和人均公共服务水平的下降，从而降低城市对人口的吸引力而产生离心扩散。在一个特大型城市群的范围

---

① 上海文化研究中心，腾讯研究院：《长三角数字文化消费研究报告2020》，2020年11月。

内，必须兼顾中心城市与周边城市、向心集聚和离心扩散的适度平衡，才能促进人口和资源的便捷流动，保持可持续增长。

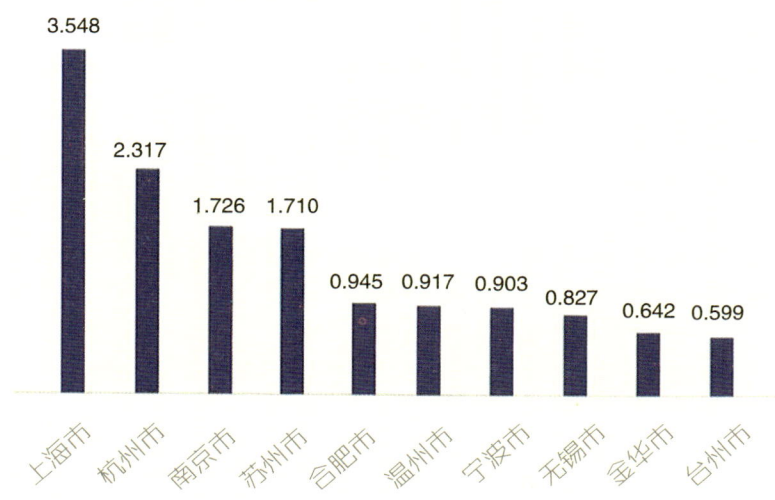

图 8-4　2019 年长三角数字文化指数 TOP 10[①]

事实证明，长三角依托"一核五圈四带"大格局所形成的数字文化消费市场，兼顾了大中小城市之间的适度平衡，是动态平衡而且可持续发展的。2016 年 6 月，国家文化和旅游部公布第一批第一次国家文化消费试点城市，在全国 26 个城市中，长三角地区的上海、南京、宁波、合肥入选，占比达到 15.4%，2017 年 2 月，国家文化和旅游部公布第一批第二次国家文化消费试点城市，在全国 19 个城市中，长三角地区的苏州、杭州、芜湖入选，占比达到 15.8%。长三角的这七座国家文化消费试点城市，分布在沿海区域、大江南北、运河沿线，每个又形成了多层次的辐射圈，而且彼此呼应，既有向心集聚，又有离心扩散，显示了长三角通过发展数字文化消费，惠及大中小城市与全域人民的有效成果。

（二）积极开发促进文化消费的新路径

从长三角推动数字文化消费的路径来看，在积极促进文化新消费，推动文化新动能方面，必须进行持续的创新。国务院文件所倡导的新消费门类，

①　上海文化研究中心，腾讯研究院：《长三角数字文化消费研究报告 2020》，2020 年 11 月。

包括服务消费、信息消费、时尚消费、品质消费等都与文化产业形成了密切的关系[1]。而居民日益增长的文化消费需求并不能自然而然地转化成为强大的文化消费力，必须要通过宏观的规划引导、正确的产业政策、有效的市场培育、鼓励新兴的业态等举措，才能把数字文化消费的潜力转化成为现实的消费力。

第一，加强数字文化的交互作用，广泛融入生活消费。大量事实表明：数字文化产业的生产力，必须转化成为适销对路的丰富数字文化消费产品和服务。由于数字经济可以通过网络直达消费者个体，这就使得消费者对于数字文化内容的小众化、个性化需求明显增加，对数字文化消费形式迭代更新的需求快速增长。而数字文化产品和数字文化服务，借助当代先进的数字交互技术，让原先封闭的文化生产过程变得开放。正如尼葛洛庞帝说："数字化使我们得以传达艺术形成的过程，而不只是展现最后的成品[2]。"数字艺术创造了一个巨大的引力场，吸附了各行业的人群参与创作与共享。数字文化广泛融入生活消费，让数字文化产业的生产者和消费者通过 PGC、UGC、EGC 等多种方式，共同参与文化生产和文化消费，从而大大扩展了数字文化消费市场的规模。

序号	名称	特点
1	阅文集团	国内领先的数字阅读平台和文学 IP 培育平台
2	哔哩哔哩	年轻消费者聚集的网络文化社区和视频平台
3	喜马拉雅	国内市场占有率最高的音频内容开发与服务商
4	巨人网络	中国领先的网络游戏开发商和游戏运营商

表 8-3　长三角的主要数字文化开发和服务平台（部分）[3]

[1] 《国务院关于积极发挥新消费引领作用加快培育形成新供给新动力的指导意见》，国发〔2015〕66 号。

[2] 尼古拉·尼葛洛庞帝：《数字化生存》，胡泳、范海燕译，海南出版社，1997，第 262 页。

[3] 本文作者根据综合调研材料绘制。

续表

序号	名称	特点
5	盛大游戏	中国领先的网络游戏开发商和国际化网游平台
6	小红书	引导时尚生活方式的平台和消费决策的入口
7	携程	中国规模领先的在线旅行服务公司
8	咪咕数媒	手机阅读、手机报和产品开发和内容运营商

　　长三角涌现了一大批细分领域的数字文化开发和服务平台，有许多在国内市场占有率名列前茅。它们把主要目标客户群确定为中国"80后"、"90后"约4亿人的群体，其中1986—1995年间出生的约有2.27亿人。他们成为数字经济时代的消费主力人群，从而拥有了广阔的未来市场。作为伴随互联网成长的一代人，他们在消费时更加注重互动性与体验感，愿意为获得实物商品之外的品质消费和服务体验而买单。有鉴于此，哔哩哔哩开发了动画、番剧、国创、音乐、舞蹈、游戏、知识、生活、娱乐、鬼畜、时尚、放映厅等15个互动式内容分区。2019年6月，它的游戏区拥有超过180万游戏UP主，截至2020年第三季度，它的月均活跃用户达1.97亿，并在8月首次突破了2亿，其中大部分用户在25岁以下。

　　第二，建立数字文化的示范力，扩大应用的示范场景。以2020年中国全面建成小康社会为重要标志，中国社会的消费主流正在从传统消费为主跨入以新消费为主的时代。传统消费是以满足人的基本生理和生存需求为主体，而新消费是人们在小康水平的基本需求得到充分满足后，所表现出来的围绕精神和心理需求发生的更高品质、更深层次、更广范围的消费追求。心理学家马斯洛把人的需求划分为五个层次：生理需求、安全需求、爱和归属感、尊重和自我实现、自我超越需求五类。而人的需求层次越高，越具有意识引领的模糊性。中国大批消费者特别是年轻一代产生了强烈的对健康、快乐、休闲、社交、美感、时尚、好奇、娱乐等消费的需求，但要用哪些消费来满足这些意识需求，消费者本身也不清楚。如果有能刺激他们需求的示范场景和体验，就会大大地激发他们的消费兴趣。这正是促进数字文化消费的一个重要规律，即打造线上和线下联通的示范场景，引导消费者在多次元的空间快速穿越，既能在线上"种草"，也能在线下"拔草"。

2020 年长三角有上海、苏州、杭州、南京、宁波、无锡，南通、合肥 8 个 GDP 超过万亿元的城市。当年全国一共有 22 座 GDP 超万亿元城市，长三角约占其中的 1/3。以提升精致生活品质、满足精神需求的服务型消费正在成为长三角居民的消费领头羊。长三角数字文化产业适应这一大趋势，不断地推动"在地、在场、在线"相结合，使得线上消费与线下消费融合，建立各种网络空间与实体空间相结合的示范场景，把新消费的愿景转化成为可体验、可享受、可获得、可推广的具体示范。如江苏率先打造"5G 大运河沉浸式体验馆"，运用 5G 独立组网实时传输高科技手段，采用大运河江苏段沿岸八个城市部署 4K 高清摄像头，通过天地运河 5G 立体覆盖数字孪生，诉说"最江苏"的精致美感生活；浙江省建立了"网络文学—数字出版—数字媒体—IP 衍生服务"全产业链条，成立中国首个"中国网络作家村"，形成了以咪咕数媒、天翼阅读、浙报传媒等为代表的数字阅读产业中心，让数字阅读成为一种全民时尚；而上海领先开发的"耳朵经济"不断推出升级版，中国音频服务的领军企业喜马拉雅，不但拥有中国最大的音频分享平台，吸引用户超过 6 亿，而且创造性地推出"有声城市服务解决方案"，包括 24 小时城市书房、城市有声图书馆、喜马拉雅阅读亭、线上 + 线下基层党建新载体、有声政务等示范场景，推动了城市公共文化服务的升级，也显示了长三角数字文化产业大有可为的广阔前景。

参考资料

［1］ 王振，惠志斌.全球数字经济竞争力发展报告（2020）［M］.北京：社会科学文献出版社，2020.

［2］ 丁波涛.全球信息社会发展报告（全球信息社会蓝皮书）2019—2020［M］.北京：社会科学文献出版社，2020.

［3］ 李炎，胡洪斌.中国区域文化产业发展报告（2016—2018）［M］.北京：社会科学文献出版社，2018.

［4］ UNCTAD: Digital Economy Report 2019, www.unctad.org

［5］ NESTA: Digital Culture 2019, Nov 2019, www.nesta.org.uk

［6］ EY: Cultural times--The first global map of cultural and creative industries, December 2015 www.worldcreative.org

第四篇
文化强国，创新驱动

第九章
文化创新的国际潮流和中国路径

党的十九大报告指出："世界每时每刻都在发生变化，中国也每时每刻都在发生变化，我们必须在理论上跟上时代，不断认识规律，不断推进理论创新、实践创新、制度创新、文化创新以及其他各方面创新。"在全球经济经历着艰难的复苏、经济下行压力增大、世界经济和政治格局深刻重组的背景下，创新成为各国转变发展方式、激发增长新动力的重点。而在技术创新、制度创新、资源创新等组成的创新大系统中，文化创新以独特的价值和作用，成为整个创新活动的催化剂和快捷键。从全世界范围看，文化创新的新理念、新实践、新路径正在不断涌现。我们要在理论上和实践上跟上时代的步伐，为文化创新的世界大潮流贡献中国智慧和中国经验。

一、把文化创新作为在危机中重启繁荣的快捷键

自全球金融危机以来，世界经济格局受到强烈冲击，暴露出既有经济、技术和社会制度的一系列问题，特别是既有的产业动力逐渐衰退，新兴的增长动能亟待培育。许多国家和地区都把创新作为摆脱危机、重启繁荣的关键。许多有识之士结合不同的专业经验指出：在技术创新、制度创新、资源创新等组成的创新大系统中，文化创新具有独特的规律，包括了先进理念、遗产延续、高级要素等多种属性。

（一）文化创新作为先进理念，激发了千百万人创造能量的内生动力

习近平总书记指出：要"加快从要素驱动、投资规模驱动发展为主向以

创新驱动发展为主的转变"。这既是世界上主要国家转型发展的共同选择，也是中国进入新时代所必须激发的可持续发展新动能。[1]改革开放四十多年来，在相当长的一段时间内，中国经济增长依赖于劳动力、资源和资本三大传统要素的投入。

从中国国内情况看，这三大要素在不同程度上面临着瓶颈约束。从劳动力角度看，根据《国家人口发展规划（2016—2030年）》，中国总人口将在2030年前后达到峰值14.5亿，此后呈现持续下降，中国总人口的老龄化程度将持续地加深，60岁及以上老年人口到2030年占比将达到1/4左右。中国劳动力的总体老化程度也将持续加重，到2030年，45~59岁的大龄劳动力占比将达到36%左右[2]；从资本角度看，经过四十年的改革开放，我国资本总量相对充足，经过几轮积极财政政策的刺激，政府投资已经面临着边际回报率逐步递减、可投资领域逐步减少、地方政府债务风险上升等挑战；从资源角度看，国家发改委联合财政部、环保部和国家统计局颁布的《循环经济发展评价指标体系（2017年版）》，把资源产出率作为可持续发展的主要指标。它指主要物质资源实物量的单位投入所产出的经济量，其内涵是经济活动使用自然资源的效率。我国人口众多，各类资源的人均占有量均低于世界平均水平。改革开放以来，我国淡水、土地、矿产、石油、木材等需求量大幅度上升，而我国的资源产出率仍然低于日本、英国、德国、韩国等发达国家的水平。

从世界范围看，主要发达国家大多跨越了要素驱动、投资规模驱动发展的阶段，而都把创新驱动作为金融危机之后推动经济复苏和可持续发展的主要动力。创新驱动的内容非常丰富，主要是以自主创新形成完备的技术创新体系、以产业创新形成新型产业体系、以产品创新形成新兴市场，以制度创新为经济社会发展提供保障，以战略创新所形成协同创新体系。创新驱动固然需要相应的要素和投资需求，包括技术创新、制度创新、资源创新等，而

① 《习近平总书记在中国科学院第十七次院士大会、中国工程院第十二次院士大会上的讲话》，中国共产党新闻网，http://cpc.people.com.cn/n/2014/0609/c64094-25125270.html，2014年6月9日。

② 《国务院关于印发国家人口发展规划（2016—2030年）的通知》，国发〔2016〕87号，中华人民共和国中央人民政府网站，http://www.gov.cn/zhengce/content/2017-01/25/content_5163309.htm，2016年12月30日。

它的核心要素是创造型的人才。文化创新理念正是人才最宝贵的动能和基因。它鼓励人们投入各种创造活动，把探索未知的领域看作是人生的高尚理想，对失败抱着宽容和平静的态度，持续地颠覆陈旧的技术模式和社会规范，敢于把创新的构想付诸实践，运用想象力和创造力去形成生产力的新组合。从这个意义上说，文化创新是创新驱动阶段的核心要素之一。有研究者分析了1500多名富有开创精神的企业总经理，发现创新者并非天赋异禀，而是用行动塑造了自己的创新基因。这些认知和行为特点包括：①勇于发问；②勤奋观察；③广泛交际；④善于实践^①。这是一个从质疑现状、提出问题，到敏锐观察、发现契机，再到广泛联系、激发灵感、以及付诸实践、获得实效的过程，又是在实践中培养了人的创新价值观和认知模式。它在创新力的意义上体现了"理念引导认知，行动塑造新人"的重要规律。而一旦这种创新基因在企业和城市的广大人群中扩散，就会激发出创意和创造的巨大能量。正如研究后工业社会的知名学者丹尼尔·贝尔所指出的："文化已成为我们文明中最具活力的成分，其能量超过了技术本身"。^②

从2006年开始，世界经济论坛和麦肯锡公司联合发布"全球创新城市热图"（Innovation Heat Map），它依托于专利、版权等知识产权的创造数量、创新活动的多样性和创新规模，把全球城市的创新能力划分为四类："涓涓的细流""涌动的温泉""汹涌的海洋""萎缩的池塘"。"涓流"是指创新发展初期的城市；"温泉"为快速发展中的创新城市；"汹涌的海洋"是在创新规模和产业化程度高速增长的城市；"萎缩的池塘"是失去了转型活力的老工业城市^③。根据该项研究，许多城市正在积极焕发人的创造活力和内生型的动力，从"涓流"迈向"温泉"状态，而旧金山、纽约、伦敦、东京等正在走向"汹涌的海洋"，上海、深圳等开始上升到"涌动的温泉"状态。文化创新正在登上城市创新驱动的舞台中心，这是一种创新全球化时代的城市竞争。"我们如今的文化担负起前所未有的使命：它变成了一种合法合理的、对新事物永无休止的探索活动。"^④

---

① 杰夫·戴尔，赫尔·葛瑞格森，克莱顿·克里斯坦森：《创新者的基因》，管佳宁译，中信出版社，2013，第11—12页。

② 丹尼尔·贝尔：《资本主义文化矛盾》，严蓓雯译，人民出版社，2010，第7—8页。

③ http://www.weforumihm.org/IHM_Tutorial.htm

④ 同注释①。

（二）文化创新促进遗产的可持续发展，培育了文化多样性的活力

跨入 21 世纪以来，文化创新对于促进人类遗产可持续发展的作用，获得了世界层面上的高度认同。联合国教科文组织在 2005 年颁布了"保护和促进文化表现形式多样性公约"，之后又颁布了多份评估报告，包括 2015 版的评估报告《重塑文化政策——为发展而推动文化多样性的十年》；2018 版的评估报告《重塑文化政策——为发展升级创意》等。2015 年 9 月 25 日联合国可持续发展峰会通过了一份由 193 个会员国共同达成的成果文件，即《改变我们的世界——2030 年可持续发展议程》的成果文件，第一次将"文化、创意"和"文化多样性"写进了议程，作为可持续发展的核心推动力量。2016 年在厄瓜多尔举行的联合国第三次住房和城市可持续发展大会形成了《新城市议程》(New Urban Agenda)。在上述文件所列出的目标矩阵中，也明确提出了"遗产的可持续发展"。

正如联合国教科文组织所指出的：联合国通过这些文件"第一次在全球层面承认了文化、创意和文化多样性在应对可持续发展挑战中的关键角色"[1]。文化遗产保留了人类对付各种挑战的智慧密码，因而是人类面向未来的宝贵资源。但是，仅仅强调单纯地保护文化多样性难以传承文化遗产。许多拥有古老文明和悠久遗产的地区正面临遗址破损和传统流失的巨大压力。即使在和平的环境中，岁月流逝、人员老化和自然侵蚀也会使古老的遗产遭受巨大的压力。

联合国教科文组织的报告引用了一些意味深长的照片和资料：在蒙古国草原深处的蒙古包外竖起了卫星接收天线，马达加斯加的原住民制作了新的查非美乐利木雕，津巴布韦的居民喜欢新款的数字视听装备，并且创作了新的民族音乐和舞蹈，传播给远方的互联网受众[2]。这些新的创意、技术和商业模式的加入，为遗产的可持续发展提供了重要的活力。从历史的角度看，唯有强大的创造力才能使得文化遗产延续下去。文化多样性的延续纽带和真正源泉是创造性活动，必须通过大规模的文化创新，才能使文化多样性获得可

---

① 联合国教科文组织：《重塑文化政策：为发展而推动文化多样性的十年》，意娜译，张晓明点校，社会科学文献出版社，2016 年 6 月版，第 10 — 11 页。

② 联合国教科文组织：《智力于文化多样性和文化间对话》，www.unesco.org，第 11 页。

持续发展。而推动遗产的可持续发展、保护文化多样性，又成为许多国家和城市开发新的创意、科技、商业模式和服务形态的强大动力。

比如，英国从 2016 年开始由英国创新知识转化联盟牵头，在英国国家科研与创新署支持的"创新英国"推动下，培育形成了"英国沉浸式经济"的集群。它表现出跨学科、跨领域和跨行业的鲜明特点，集聚了 1700 多位科学家、行业领袖、研究者、艺术工作者、投资商、技术开发商等，鼓励他们之间开展密集的信息沟通、创意交流和商业合作，并且在遗产保护、创意设计、演艺娱乐、健康与医疗、工程和管理等领域进行推广，其目的是推动英国发展成为沉浸式技术和产品开发的全球领袖之一①。根据研究报告《英国的沉浸式经济》的披露，到 2018 年初，英国已经动员了 1000 多家企业，雇用了 4000 多位员工，开发了 1 万多个沉浸式角色，销售额达到 6.6 亿英镑，在全球沉浸式出口市场中占据了 9% 的份额。而令他们高兴的成果之一，就是日新月异的沉浸式技术，在文化遗产保护和更新中发挥了越来越重要的作用。许多日益崩塌和亟待抢救的文化遗址和遗物，以及非物质文化遗产等，通过沉浸式技术获得了可持续的生命，成为年轻一代喜闻乐见的文化形态。这正如联合国教科文组织所指出的：事实上，只有别出心裁地应对飞速发展的环境，经常滋养文化多样性之根，才能保持文化多样性的活力。因此，艺术创作和涉及人类活动方方面面的创新，应当被视为保持文化多样性所需要的丰富想象力的最主要源泉。"所以，创造力本身是文化多样性之本，文化多样性本身又会增强创造力"②。

（三）文化创新作为高级要素，对多个产业形成赋能、提升和拉动

文化创新不仅仅是一种理念和心态、传承与创造，而且以具有创新内涵的设计、形态、情调、品牌、时尚、事件等形式体现出来，从而作为高级生产要素而流动到工业、商业、城市建设业、现代农业等不同的领域。这使得人们对于创新活动的升级获得了全新的认识和自觉性。

早在 1950 年代，知名管理学专家熊彼得就研究了创新的含义，指出创新

---

① Innovate UK: The immersive economy in the UK—The growth of virtual, augmented and mixed realty technologies. May 2018, www.innovateuk.ukri.org. P6.

② 联合国教科文组织：《智力于文化多样性和文化间对话》，www.unesco.org，P20。

模式分为原材料、工艺、产品、市场及管理方式创新五种。德鲁克则将创新来源细分为"七种创新机会"。2006 年经济合作与发展组织（OECD）颁布了《奥斯陆手册》（*Oslo Manual*），进一步把创新活动分为产品创新、流程创新、组织创新、营销创新。这些研究聚焦于技术生产和应用（Technological product and process,TPP），而到了《奥斯陆手册》第三版中进一步强调了非技术的组织和服务创新。[①] 之后，更多的有识之士发现：文化要素也在整个创新活动中发挥了不可忽视的作用。2009 年英国国家科学与艺术基金会的研究报告《软创新——创新变革的全景图》指出：在创新的领域中，除了人们熟悉的技术、材质、工具等"硬创新"，还有针对人类情感、想象、象征、品格的"软创新"。[②] 它是一种主要通过改变商品和服务而影响人的感官知觉、审美情趣、感情共鸣之创新。所谓的"软创新"包括两大类：第一是指产品的审美或者知识型创新，比如音乐、书籍、电影、时尚、艺术和游戏等；第二是指在产品和服务方面的审美创新，比如家具或者工业设计所表达的美感和人体工学功能等。这也可理解为：美学、艺术、形态等方面的文化创新成果，可以渗透到材料、工艺、产品、市场及管理方式方面，还可以进一步跨界流动到制造业、城市建设业、商贸业、现代农业等多个领域，形成"一源多用"的效果，成为推动产业和社会变革的高级要素。该报告以英国为例指出在整个创新大系统中，企业对"硬创新"和"软创新"的投入需求比例正在发生变化：机械、设备和相关软件的投入需求为 47%，内部研发的投入需求为 32%，外部研发的投入需求为 12%，相关知识的投入需求为 14%，设计基础的投入需求为 19%[③]。这说明，包括文化创新在内的"软创新"，在整个创新大系统中的重要性逐步上升。

在后工业化时代，人们不再单纯追求物质占有欲的满足，越来越多兼顾消费品的外观、形态、强调、象征、联想等，特别是把体验作为消费的重要对象。

---

① Oslo Manual——Guidelines for Collecting and Interpreting Innovation Data, 3rd Edition，https://www.oecd-ilibrary.org/science-and-technology/oslo-manual_9789264013100-en.

② NESTA: Soft innovation—Towards a more complete picture of innovation change, July 2009，P5.

③ NESTA: Soft innovation—Towards a more complete picture of innovation change, July 2009，P32.

正如美国学者 B. 约瑟夫·派恩在《体验经济》中指出的：体验是人类历史上的第四种经济提供物[①]。当标准化和批量化的产品、商品、服务都开始出现产能过剩的时候，唯有体验是供不应求的高价值承载物。作为后工业化时代的大量需求，"体验是让每个人以个性化方式参与其中的事件"。方兴未艾的沉浸式体验，正是后工业社会中通过集成技术、智慧和创意所创造的为消费者提供的一种高价值经历。当一个国家和城市跨越了中等收入阶段之后，推动消费升级的拉动力就是人们对体验消费、时尚消费、品牌消费、品质消费、审美消费等大量需求。从这个意义上说，文化创新可以为实体经济赋能，在与工业、商业、城市建设业、现代农业等不同产业的联动中，从供给侧和需求侧两端为消费升级提供新动能。

有鉴于此，研究创意经济的知名学者理查德·佛罗里达在《重启——后危机时代如何再现繁荣》中指出：决不能白白浪费一次危机，每一次危机呼唤着新的"空间修复"，而文化创新犹如冰层下的涌流，可以激发每一个人的创造天赋，集聚着技术创新、制度创新、资源创新的巨大能量，成为危机中重启繁荣的快捷键。"在危机中，创新并没有放慢脚步，它会在低迷的经济环境下先积累起来，一旦等到经济恢复便爆发出来。"事实证明，文化创新在更新观念、解放思想、塑造新人、激发活力的意义上，为更大规模的创新活动打下了重要基础。"一次真正的重启不仅会改变我们创新和生产的方式，还将开辟一个全新的经济格局"。[②]

二、把吸引力、创造力、辐射力作为文化创新力的三要素

在经历金融危机十年之后，越来越多的政府、机构和专家都在研究如何通过建立创新城市，来激发新的增长动力。英国拉夫堡大学全球化与世界城市研究组提出的 GaWC 指标、澳大利亚著名智库 2Thinknow 提出的创新城市指标等，都关注到文化在创新城市中的重要作用。同样是作为拥有强大制造

---

① B. 约瑟夫·派恩，詹姆斯·H. 吉尔摩：《体验经济》，夏业良等译，机械工业出版社，2002，第 19 页。
② 理查德·佛罗里达：《重启——后危机时代如何再现繁荣》，龙志勇，魏蔚译，浙江人民出版社，2014，第 7 页。

业的大城市，底特律仿佛经历一场浩劫，而上海、深圳、苏州、蒙特利尔却吸引到大批创意人士而成为创意城市；同样是受到严峻冲击的美国阳光地带，拉斯维加斯却突破了原来对于博彩业的高度依赖，发展起大规模的现代会展产业，吸引到大批著名会展和演艺项目的集聚。这正如《纽约时报》的一篇专论标题所描述的："国家富不富，文化最重要"。从发展的动力角度看，文化创新力包括了以下三大要素：

（一）文化吸引力：吸引全球优质文化资源集聚与整合资源的能力

在全球化深入发展的时代，一个国家的文化创新力与广泛的文化吸引力密切相关。它包括建立良好的基础设施网络，联接海内外的流通网络，适应创新型人才的生活环境，提出前瞻性的规划，创造巨大的发展机会。英国国家科学与艺术基金会报告《中国的吸引力状态》把"吸引力"定义为："有些地方比起其他地方，可以更好地吸收新思想/吸引人才和创造机会"[1]。它分析中国的例子指出：提高"吸引力"不仅仅是指单纯吸收外资，而是如同中国那样，必须把"广泛吸收""再创新""自主创新"等各类创新路径有机地结合起来，让来自世界各地的创新资源在中国迅速植根，并且与中国本土市场有机地结合。从世界的范围来看，金融危机以来，新兴经济体和新兴城市积极建设大型文化设施，作为吸引优质文化资源的沃土，进而成为本土文化创造的基础，这已经成为一股新兴的潮流。比如，近10年来全球新建的100个大型博物馆和知名美术馆，41%是在主要发达国家建设的，42%是在中国、印度等新兴经济体建设的，显示了后者吸引全球优质文化资源的更大热情。阿联酋投入巨资建立了阿布扎比卢浮宫，作为巴黎卢浮宫唯一的海外分馆，它的600多件藏品中有300件艺术品是由法国13家知名美术馆和博物馆合作租借展出，其余由阿联酋和其他阿拉伯国家等提供，并且以此为基础，进一步扩大本土文化创意和创新的活力，成为吸引海内外文化人和游客的一大亮点。

（二）文化创造力：持续地开发文化新产品并且形成竞争优势的能力

文化创新活动是以文化新产品作为主要成果的。持续地开发文化新产品

---

[1]　Nesta: CHINA'S ABSOPTIVE STATE, Oct 2013 P7-8.

并且形成竞争优势是文化创新能力的重要标志。它要求推动文化、科技和金融的融合，敏锐把握潜在的市场需求，孵化文化创新成果，形成文化创意产业的规模优势，同时又在推动全球化推广的过程中加速本地化的适应性，即通过适应不同地区居民的文化喜好而加快文化创意产品的广泛流通。2018 年吸引世界媒体的一大新闻是流媒体巨头奈飞（Netflix）的市值一度超过了多年名列世界 500 强的娱乐业巨头迪士尼。它们各自掌握了巨大的资本、技术、影视、动漫、销售网络、品牌效应，而最后的较量仍然聚焦到了开发原创文化内容这个核心领域。奈飞通过一个由工程师、统计学家、创意专家组成的团队将影片推荐引擎的效率提高了 10%，先后自主开发了《纸牌屋》《王冠》《马可波罗》等系列影视，同时也投资购买了《白夜追凶》等中国本土创作的影视作品，以扩大其内容的多元化；而迪士尼则一再宣称：WDI 幻想工程师是迪士尼最独特和最出色的团队，它由优秀的创意专家、设计师、工程师、建筑师等组成，包括在中国形成了 150 人的团队。它吸取了大量的中国文化元素，成为充满活力的幻想驱动引擎和原创集群。

（三）文化辐射力：向全世界传播文化理念和讲述故事的能力

文化创新活动是以强大的文化辐射力作为发展基础的。近年来，越来越多的学者重新审视人类的进化规律以及文化传播在人类发展史中的作用。以色列学者尤瓦尔·赫拉利在《人类简史》中指出：人类语言真正独特的功能，在于"讨论虚构的事物"[①]。在所有的动物中，只有人类才能用语言讨论、交流和相信并不真正存在的故事。这就是文化的核心，也是人类能够建设文明的奇妙之处。这些虚构故事能让千百万人为了共同的目标而合作，直至形成水滴石穿甚至是排山倒海的力量。文化创新的成果包含了核心价值观念，但是又超越了政治、伦理和意识形态，在更高的意义上创造了美。它不仅仅表达了一种对真理、伦理和科学的追求，而且包含了对美的想象力和表达力，它不但要塑造意识形态，而且要创造丰富多彩的文化内容和艺术形式。这是与技术创新、制度创新等不一样的创新特色。由于美的创造具有共享性，所以，一个国家或者城市的文化创新力越是旺盛，以艺术方式讲述的故事越是动人，

[①]　尤瓦尔·赫拉利：《人类简史——从动物到上帝》，林俊宏译，中信出版社，2014，第 394 页。

审美的魅力越是深厚与精湛，等于它向世界提供的文化公共产品越多，为人类积累的文化财富越多。在数字经济背景下，文化辐射力必然与数字化相结合。联合国贸发会议颁布的研究文献指出：数字经济是一个充满活力的结构。它犹如 7 块芯片组成的场域，包括全球经济的数字化、电子商务、数字内容、数字解决方案、互联网平台、信息技术软件和硬件、通信等七个方面[①]。其中有些要素是更加纯粹的数字经济，有些则具有复合型的特点。在互联网、大数据、区块链的时代，一个国家和城市激发文化创新力，必须具备多渠道、多语种、全媒体、多品种、全链条的立体传播网络，包括台、网、屏、院线、论坛、平台等渠道，特别是应用大数据对于各类数据的综合处理，加强讲故事的能力，深化对于各国居民的感染力和同化力。

三、把培育生态、联动辐射、传承遗产作为文化创新的路径

文化创新不但具有独特的属性和动力机制，而且还有提升能级的特有路径。它与培育创新生态、扩大联动辐射、传承文化遗产密切相关。

（一）以创新生态之"水域"吸引创新主体之"鱼群"

澳大利亚咨询研究机构 2Thinknow 提出了创新城市指标，把全球 500 个城市根据创新能力划分为五个等级：创新核心、创新枢纽、创新节点、创新启动者、创新受影响者。大量研究发现，创新企业之"鱼群"并非平均分布或者四处游动，而是集聚在创新生态最为优良的"水域"中。许多创新型的城市有大有小，发展基础也不同，但是都在争相打造最适合创新的生态系统。而一旦城市的文化创新力获得充分激发，其能量将远远辐射到周边乃至世界其他地区。比如中欧小国瑞士仅有 800 多万人，面积 4.1 万平方公里，却成为全球最富有创新活力的国家。瑞士的城市规模并不大，却形成了优良的创新生态。①研发人员的整体素质优越，拥有多层次、高质量的教育制度，瑞士社会对国际人才具有高度吸引力；②多元的本地网络：由于联邦制的政治体

---

① 联合国贸易发展大会：《世界投资报告 2017——投资与数字经济》，www.unctad.org，第 32 页。

制和多种语言文化特别是德语、法语和意大利语的流通，瑞士成为多元文化融汇的代表，从而加强了瑞士与不同地区之间知识、技术和人才交流；③灵活性高的就业市场，稳定的政治和法律环境，高质量的生活条件，在国际上处于中等偏上水平的创业便利条件等。在美国创业的瑞士公司有 1600 多家，创造了 46 万个就业岗位；在瑞士创业的美国公司有 500 多家，创造了 8.6 万个就业岗位，它们推动美国对瑞士投资 1550 亿美元，推动瑞士对美国投资 2240 亿美元。2018 年，瑞士创意产业企业达到 75071 家，占全部企业总数的 11.5%，创造 GVA 为 232.71 亿瑞士法郎，占比达到 3.7%，瑞士创意企业对斯沃琪表的设计等已经成为"软创新"的经典案例。在欧洲创新生态系统中，瑞士名列欧洲各国第一。由此可见，许多创新型城市的社会生态系统各有千秋，但是共同规律是包括了基础设施、技术条件、政府政策等，还包括了融资（孵化器、智慧资本、众筹等）、文化（观念、志向、创造力、企业家的社会地位、对失败和成功的容忍度等）、可见性（活动和聚会、创业奖励、荣誉等）、支持（会计、法律和导师等）、教育、网络（创业协会等）等，为激发创新活力提供了重要的基础。

（二）结合互联网形成各种渠道和平台的联动辐射

文化创新的重要规律是：无辐射，不创造！必须最大程度地扩散文化创新的成果，才能在创新成果的产业化和社会化应用中获得积极的反馈，从而进入新一轮的迭代更新。当代数字化技术推动信息传播从农业文明时代的"井圈型"、工业文明时代的"河流型"，向信息化时代的"海洋型"转变。文化辐射力所依托的渠道和平台，正在向电视台、广播电台、互联网、电影 / 剧场院线、自媒体等发展，而且在辐射的感染力方面，正在随着 5G 技术、大数据技术、人工智能技术等的快速发展，而进入到一个超高清晰、即时化、多视角、智能分析、精准推荐、网上和网下联动、口碑传播等的新阶段。前述的奈飞之所以发展快速，其重要原因是他们自主研发了先进的推荐引擎，可以根据大数据，精准向受众推荐他们可能喜欢的影视和娱乐作品，使得影视和娱乐作品的营业额因此而上升了 11%。从文化传播的角度看，视听技术已经跨越了"跨媒体""跨现实""跨智能"三个主要发展阶段。联合国开发计划署和联合国贸发会议的研究成果指出各类文化产品和文化服务具有三个基本的特点：需要创意的投入，具有传达符号信息（Symbolic messages）的媒介作用，包含了知识产权（Intellectual property）[1]。在数字经济背景下，大批前沿技术的开发和普及极大地促进了文化内容特别是故事的创作和叙事的传播，而且可以在不同的传播平台上快速流通，形成"内容为王"和"渠道取胜"的有机结合。这就需要我们把院线、场馆、电视台、网络、移动终端等结合起来，更加有效地扩大优质文化内容的传播。

（三）以传承遗产为基础提升文化创新的品质和规模

联合国教科文组织在《着力于文化多样性和文化间交流》的报告中指出影响文化多样性的四大关键要素是：语言、教育、文化内容与传播、创造力与市场。"创造力是社会变革和技术创新的源泉，无论在文化部门还是在商业部门，都必须投资于创造力开发。"[2]如果一种历史悠久的文化遗产无法与这四大要素兼容，它就无法保持自己的特质，也就难以保持真正意义上的多样性。许多研究指出：世界各国和各民族形成了多样化的文化遗产，要使得优秀的文化遗产在当代获得活跃的生命力，必须把"理解－对话－复原－赋能"这几个环节有机结合起来。"理解"指挖掘遗产所蕴含的文化密码，"对话"指从时代的高度解读遗产的现代意义；"复原"指用现代艺术形态展示遗产的魅力；"赋能"指融入先进科技手段赋予遗产以强烈的感染力。近年来在国内外广获好评的数字化博物馆和美术馆、"数字敦煌"等多项世界遗产的数字化保护和传播、《致敬达·芬奇》（光影艺术大展）、舞与伦比·沉醉《Gold-最后的晚餐》（沉浸式体验）等，都是遗产传承、创意研发、先进科技等的有机结合，获得了良好的社会反映。

四、中国要通过借鉴世界经验提升文化创新力

习近平主席在首届中国国际进口博览会开幕式的主旨演讲中指出："过去40年中国经济发展是在开放条件下取得的，未来中国经济实现高质量发展也必须在更加开放的条件下进行。[3]"中国建设社会主义文化强国的核心目标

---

[1] UNDP & UNCTAD：Creative Economy Report 2010.

[2] 联合国教科文组织：《智力于文化多样性和文化间对话》，www.unesco.org P20。

[3] 《习近平主席在首届中国国际进口博览会开幕式的主旨演讲》，2018年11月5日，新华网，http://www.xinhuanet.com/politics/leaders/2018-11/05/。

之一是在全球范围内获得广泛的认同，这必须依靠核心的价值观念、澎湃的创新活力、强大的文创产业，发挥出中国文化直达人心的力量。"走向世界只是起点，赢得人心才是目标"。从文化创新的角度看，中国必须形成更加广泛的文化吸引力、更加强劲的文化创造力和更加有效的文化辐射力。

（一）利用全球知识和网络，集聚中国文化创新的能量

马克思、恩格斯在《德意志意识形态》一书中提出，共产主义的实现应"以生产力的普遍发展和与此有关的世界交往的普遍发展为前提"，"交往的任何扩大都会消灭地域性的共产主义"①，而封闭的地域性的共产主义会导致愚昧、迷信和专制。这一论断对于中国实现现代化是极其重要的。中国建设世界文化强国，是从一个相对落后和封闭的国情基础上起步的，必须在一个西方国家占优势的世界市场上获得中国文化建设所需要的高端要素和市场空间，这更加需要一个开放和包容的文化战略。从打造人类命运共同体的意义上说，中国通过集聚全球文化要素，形成高质量的文化创新成果，将对世界各国形成更加广泛的影响力和号召力；从文化产业作为地缘经济合作的意义上说，可以利用信息、投资、贸易、消费等的网络，推动周边国家和"一带一路"相关地区的文化资源加快流通，形成文化产业领域中相互依存、互惠互利的关系，让相关各国和各区域的人民获得更多的文化财富。正如《中国的吸引力状态》所指出：今天的中国犹如一个古希腊神话中的阿喀琉斯巨人，正在奇迹般地成长起来。"中国是一个极具吸引力的国家，越来越善于吸引和利用全球知识和网络。中国日益增长的创新系统已成功地结合外国的技术和知识来迅速提高本土的能力和基础设施"。"习近平主席所提出的'创新与中国特色'将不会是从进口到国内创新的一个简单路径，而是很难划清中国和非中国的理念、技术和能力界线的复杂过程。"② 我们需要进一步扩大文化领域的开放，积极借鉴自贸区推动负面清单管理等体制改革的重要经验，集聚中国文化创新的丰富能量。

---

① 马克思，恩格斯：《马克思恩格斯选集》第 1 卷，人民出版社，1995，第 40 页。
② Nesta: CHINA'S ABSOPTIVE STATE, Oct 2013 P15-16。

（二）针对消费升级的需求，开发更多文化创新成果

在中国经济转型的大背景下，文化创新正在成为推动消费升级、扩大社会需求的重要引擎。大量研究证明，社会的消费升级以国民收入的增长为基础，以消费者群体的壮大为动力，又以文化创新的理念为引导，以不断开发的新产品和新服务为契机。21世纪以来，创新推动产业和社会变革的潮流是：观念创新成为制度创新的前提，即新思想引领了人们的观念变革，推动了观念创新到制度创新，再到技术创新乃至生活方式的创新，构成了一个清晰的演进路线。这在促进消费升级的意义上也是如此。根据瑞士信贷机构的研究，从2000年到2015年，中国中等收入阶级人数的平均增幅超过60%，同期美国为22%，欧洲为18%。这十年间这部分中国居民的财富增幅达到620%，而老牌发达国家中产阶级的财富增幅为100%左右。从更大的国际范围看，麦肯锡全球研究院的报告《城市化的世界——城市与消费阶层的崛起》指出，以中国和印度等新兴经济体为代表，2025年全球将有10亿人口新进入到"消费阶层"的行列，激发出30多亿美元的市场需求[①]。这是中国作为后发的世界大国必然要全力竞争的巨大市场。

必须清醒地看到，新兴经济体巨大的消费潜力，不一定能够成为拉动需求的强大动力，需要通过文化创新和制度创新、技术创新、组织管理创新等进行引导和转化。环顾世界上一些著名消费品品牌，如经典的古驰（Gucci）、路易威登（LV）、时尚餐饮的星巴克（Starbucks）等，在不断更新中成为引导消费升级的风向标。这并非它们有什么与生俱来的神奇血统，而是它们具备有效贯彻的创新战略。知名学者克里斯·比尔顿和史蒂芬·卡明顿把这种战略创新归结为战略创新、创意领导力、创意的企业家精神、创意组织化管理四个核心要素，进而再划分为六个维度：价值创新、成本创新、容量创新、市场创新、边界创新和学习创新[②]。比如2017年全球规模最大的星巴克体验店，也是全球第二家超大型星巴克臻选烘焙工坊落户上海。它创造了全新的咖啡体验模式，成为国际化的咖啡文化朝圣中心。它在2700平方米的空间，

① 麦肯锡全球研究院：《城市化的世界——城市与消费阶层的崛起》，https://www.mckinsey.com.cn/2012年6月，第3页，。

② 克里斯·比尔顿、史蒂芬·卡明顿：《创意战略》，向勇译，金城出版社，2015，第67页。

展示了精准自控冲煮、雅致手冲、法压、虹吸、冷萃、浓缩和 CLOVER 七大模式。它标志着方兴未艾的咖啡文化理念，获得了青年一代消费者的青睐，创新了咖啡消费的价值链，并且向长三角城市群的多个层次辐射①。

有鉴于此，中国要大力推动文化创新，不但针对中国乃至全球不断高涨的文化消费需求，开发大量的文化新产品、新业态、新品牌，而且要使得文化创新作为一种高级要素，对多个产业领域进行渗透、跨界、提升、拉动，推动经济发展方式的转型和升级，扩大中国文化产品和文化服务在全球市场上的占有率。

（三）根据中国的国情，形成全域性的文化创新大布局

正如马丁·雅克等国际学者所言："与近代许多单一的民族国家不同，中国实际上就是一个具备多样性的文明实体②"。中华民族在历史上以超强的凝聚力融合了极为多样的文化实体，在历史纵向轴上累积了从华夏先民到唐宗宋祖乃至明清之后的巨大遗产，如著名的三星堆、金沙、马王堆、良渚等遗址就积累了多达 5~10 层的文化层，在空间横向轴上展开了齐鲁、燕赵、三秦、三晋、湘楚、江南和巴蜀 7 大地域文化形态，和 20 多个次一级的地域文化形态。中国又是世界上邻国数量最多的国家，不仅仅与 14 个国家接壤，与另外 10 多个国家邻近。中国还是一个尚未完全实现统一的新兴大国。有鉴于此，要适应中国超辽阔国土、超众多人口、超多元的文化、超悠久历史之特殊国情，针对新时代我国社会发展不平衡不充分的主要矛盾，把文化创新的区域规划、国家战略、地缘格局这三者统筹推动，依托长江三角洲一体化发展、粤港澳大湾区建设、"一带一路"建设、长江经济带建设、京津冀一体化建设等重大区域规划，探索多样化的文化创新路径和发展模式，如国际大都市和城市群文化创新路径、工商业强市和专业街镇文化创新路径、工业资源型和转型地区的文化创新路径、生态功能型地区的文化创新路径等，发挥各地的创造性和积极性，特别是依托大城市群和核心城市，培养文化创新的增长极，同

---

① 2020 年 3 月 13 日星巴克中国"咖啡创新产业园"项目签约仪式在江苏昆山举行。时任中国国务院总理李克强致贺信，表示该"咖啡创新产业园"作为战略投资项目，对标国际最新标准、实现绿色生产，有利于创新现代化产业链和供应链。

② 马丁·雅克：《当中国统治世界——中国的崛起和西方世界的衰落》，张莉、刘曲译，中信出版社，2010，第 155 页。

时向周边辐射，让我国广阔地区的文化资源获得充分转化，文化财富获得极大增值，文化创新取得源源不断的丰富成果，成为推动产业升级和社会更新的强劲引擎。

主要参考资料

［1］ 联合国教科文组织：《智力于文化多样性和文化间对话》；www.unesco.org

［2］ 联合国教科文组织：《重塑文化政策：为发展而推动文化多样性的十年》，中文版，意娜译，张晓明点校，社会科学文献出版社，2016 年 6 月版；

［3］ 联合国贸易发展大会：《世界投资报告 2017—投资与数字经济》； www.unctad.org

［4］ 李凤亮主编：《文化科技创新发展报告（2018）》，社会科学文献出版社 2018 年 7 月版；

［5］ 杰夫·戴尔、赫尔·葛瑞格森、克莱顿·克里斯坦森：《创新者的基因》，中译本，管佳宁译，中信出版社 2013 年 2 月版；

［6］ 理查德·佛罗里达：《重启——后危机时代如何再现繁荣》，中译本，龙志勇、魏蔚译，浙江人民出版社 2014 年 7 月版；

［7］ 马丁·雅克：《当中国统治世界 – 中国的崛起和西方世界的衰落》，中译本，张莉、刘曲译，中信出版社 2010 年版。

第十章
发挥文化产业对新消费的促进作用
——背景·重点·路径分析 ①

一、面对新消费：世界潮流与中国特色

《国务院关于积极发挥新消费引领作用加快培育形成新供给新动力的指导意见》指出：随着中国现代化的历史性进程，我国已进入消费需求持续增长、消费结构加快升级、消费拉动经济作用明显增强的重要阶段。所谓新消费，包括了三个鲜明的特征：第一，以传统消费提质升级、新兴消费蓬勃兴起为主要内容的新消费，及相关产业发展、科技创新、基础设施建设和公共服务等领域的新投资新供给，蕴藏着巨大发展潜力和空间；第二，中国居民消费的趋势，正在从注重数量的满足向追求质的提升、从有形物质产品向更多服务消费、从模仿型排浪式消费向个性化多样化消费转变；这些消费升级的方向就是产业升级的重要导向；第三，促进新消费是提振中国发展动力的重要举措，只有围绕消费市场的变化趋势进行投资、创新和生产，才能最大限度地提高投资和创新的有效性，才能扩大中国的中等收入群体，跨越"中等收入陷阱"，实现民族的伟大复兴。

从消费升级的动力来看，在世界范围内，以中国和印度等为代表的新兴

---

① 本文首次发表于《同济大学学报》（社会科学版）2017年第5期（CSSCI核心期刊），由中国人民大学《复印报刊资料·文化创意产业》2018年第3期全文转载。

经济体，成为发挥消费拉动作用的重要引擎。消费力的增长是与居民收入的增长，特别是中等收入阶层的扩大密切相关的。根据瑞士信贷机构的研究，把中产阶级的成年人定义为：按照 2015 年年中价格水平衡量，拥有财富值在 5 万到 50 万美元之间的人士。世界上主要发达国家的中产阶级占人口的比重大体上在 37% 以上，日本和欧洲发达国家中产阶级占人口的比重达到 40%以上，而中国和印度等金砖国家中产阶级所占人口比重则小得多，中国占10.7%、印度占 3.0%①。然而，中国中等收入阶层增长的规模和速度为世界第一。根据瑞士信贷机构的研究，2015 年全球有 6.64 亿成年人属于中产阶级，占全球成年人的 14%。其中中国的中产阶级人数为全球最多，达到 10900 万人，第二位美国中产阶级人口为 9200 万，第三位日本中产阶级人口为 7560 万。特别是中国中产阶级的规模增长速度大大超过老牌发达国家，成为推动新消费需求的巨大动力。从 2000 年到 2015 年，中国中产阶级规模的平均增幅超过 60%，同期美国为 22%，欧洲为 18%。这十年间这部分中国居民的财富增幅达到 620%，而老牌发达国家中产阶级的财富增幅为 100% 左右。这与老牌发达国家人口老龄化程度不断加剧，日本等国家人口负增长呈现长期化，缺乏新的经济增长动力等因素密切相关。

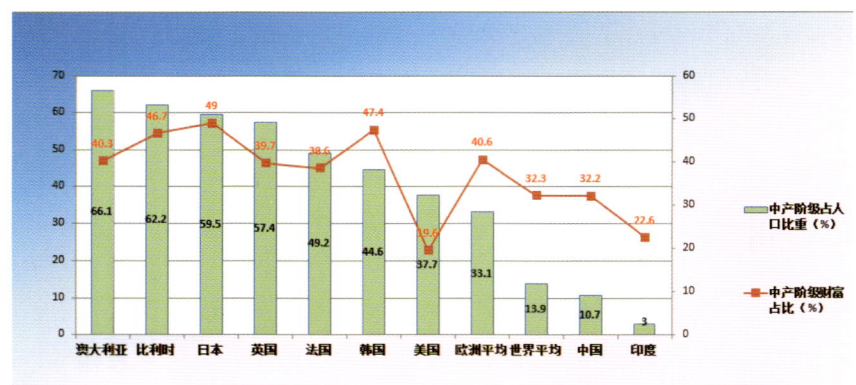

图 10-1　有关国家中产阶级占人口比重和占财富比重的情况（2015 年）②

①　转引自【英】克莱尔·麦克·安德鲁编著：《全球艺术品市场报告 TEFAF2016 年》，第 197 页。

②　本文作者根据【英】克莱尔·麦克·安德鲁编著：《全球艺术品市场报告 TEFAF2016年》，第 195 — 198 页和联合国贸发会议的有关数据整理和绘制。

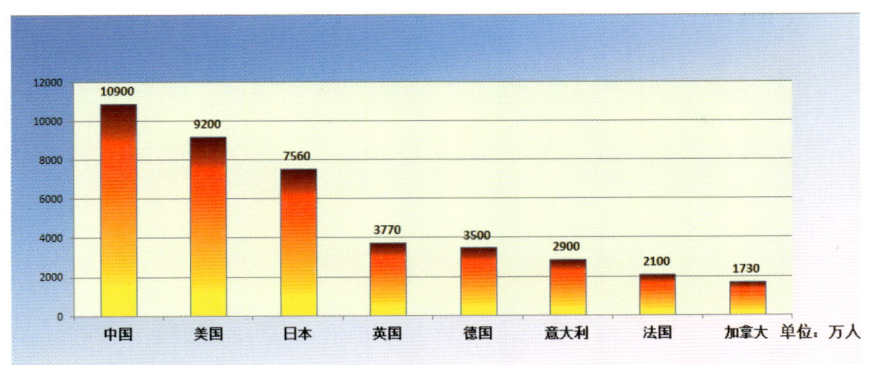

图 10-2　有关国家中产阶级人口的数量（2015 年）[①]

从消费升级的关联要素看，城市化浪潮具有推波助澜的推动作用，特别是中国、印度等国家的城市化正在以前所未有的规模和深度催生新消费的发展。根据麦肯锡全球研究院的报告《城市化的世界——城市与消费阶层的崛起》，把每年人均收入达到 3600 美元的城市人口定义为消费阶层。以中国和印度为代表，越来越多的中等收入阶层参与进入消费大军的行列，形成了对于消费升级的巨大需求。他们不但是规模庞大的劳动者群体，而且成为数量惊人的消费者群体。该报告预测：2025 年全球将有 10 亿人口新进入到"消费阶层"的行列，激发了 30 多亿美元的市场需求，而他们主要集中在中国、印度、巴西等新兴经济体中。

从消费升级的动能转换来看，必须制定正确的战略和政策，鼓励和引导投资者和经营者，围绕消费升级的变化趋势进行投资、创新和生产，才能最大限度地提高投资和创新的有效性。大量事实证明，拥有巨大消费潜力的国家和地区不一定就能够获得可持续发展的经济增长动力，正确的战略与政策是推动动力转换的关键。比如在 1960 年代，韩国和巴西的人均收入水平和经济增长情况比较接近，而且巴西的人口、区位优势、人均占有资源等都明显超过韩国。但是在 1980 年代以后，由于国家制度和战略政策的不同，巴西的

---

① 本文作者根据克莱尔·麦克·安德鲁：《全球艺术品市场报告 TEFAF2016 年》，第 195 — 198 页内容，以及联合国贸发会议的有关数据整理和绘制。

贫富差距不断扩大，中产阶级在人口中的比例比韩国小得多，难以跨越"中等收入陷阱"。2015 年韩国中产阶级所占比重达到 44.6%，而巴西仅仅为 8%[①]。庞大的中产阶级带动了韩国从出口带动增长到内需驱动和创新驱动增长的跨越，韩国在电子、汽车、造船、游戏、视听等产业的增长就是案例。

从推动消费升级的路径选择来看，中国应该在积极发挥新消费引领作用方面显示中国现代化道路的自信和自觉。随着中国居民收入水平的提高、人口结构调整和科技成果的快速普及，城乡居民的消费内容和消费模式都在发生深刻的变化，对消费质量、消费品种和消费环境提出更高要求。必须紧紧围绕居民消费升级谋发展、促发展，才能体现以人为本的宗旨，满足人民群众日益增长的物质文化需要，使发展成果更多体现为人民生活质量的提高和综合国力的增强。国务院文件所倡导的新消费门类，包括服务消费、信息消费、时尚消费、品质消费等都与文化产业形成了极为密切的关系[②]，中国文化产业必须为实现这一战略性目标做出重要贡献。近 10 年来，中国文化产业在取得稳步增长的同时，也存在有效供给不足的缺憾。根据钱纳里（Hollis B. Chenery）的理论，当人均 GDP 达到 3000 美元及以上水平的时候，居民文化消费支出应该占到居民消费总支出的 23% 左右。[③] 而根据国家统计局的相关数据，2015 年我国国民生产总值为 68.56 亿元人民币，人均 GDP 为 7258.87 美元。但是近年来，我国居民文化消费支出大体上占总支出的 10% 左右，这说明文化产业在供给侧存在很大的缺口，也说明广大居民对新消费的需求，亟待于转化成为文化产业的大量新供给。必须围绕新消费市场的趋势进行投资、创新和生产，才能最大限度地提高投资和创新有效性、优化产业结构、提升文化产业竞争力，实现更有质量和效益的增长。

---

① 克莱尔·麦克·安德鲁：《全球艺术品市场报告 TEFAF2016 年》，第 197 页。
② 《国务院关于积极发挥新消费引领作用加快培育形成新供给新动力的指导意见》，国发〔2015〕66 号。
③ 转引自：陈思维《文化消费：扩大内需的重要突破点》，《中国发展观察》2009 年第 1 期。

表 10-1　我国居民文化消费支出与居民总支出的关系（2013—2016 年）[1]

指标	2016 年第 1—3 季度	2015 年	2014 年	2013 年
居民人均消费支出，累计值（元）	24911.6	38620.5	35564.6	32324.2
居民人均教育文化娱乐消费支出，累计值（元）	2564.2	3949.8	3603.9	3298.6
教育文化娱乐消费支出占比	10.29%	10.23%	10.13%	10.20%

二、推动文化科技融合，开发文化消费新业态

要发挥文化产业对新消费的促进作用，就必须大力推动文化与科技融合创新，开发消费的新业态，重点开发智慧型、科技型、先导型的文化消费产品和服务。这些新消费业态满足了传统文化产能相对过剩的情况下，人们对于多样化、小众化、互动型、智能化、便利化文化消费的热切渴望，扩展了文化消费的深度和广度，因而成为发展最快的一片新蓝海。根据联合国教科文组织干事长作序、2015 年 12 月颁布的 EY 研究报告《文化时代——第一张全球文化创意产业热图》，全球的文化创意产业收入达到 2.25 万亿美元，文化创意产业的从业人员已经达到 2950 万人。在全球文化创意产业各个门类中，增长最快的就是数字文化内容产业，而增长最快的区域是亚洲和太平洋地区。2013 年全球数字文化产品和服务的销售达到 660 亿美元，在线和移动游戏产业的销售达到 338 亿美元。2014 全球年音乐行业总收入为 149.7 亿美元，其中数字音乐收入达 68.5 亿美元，同比增长 6.9%，首次与实体收入持平，两者分别占总市场的 46%，其余 8% 的收入来自表演权等音乐相关领域[2]。到 2016 年，全球数字音乐收入增长了 17.7%，达到 78 亿美元，流媒体激增

---

[1]　自孔少华、何群：《"十三五"文化产业供给侧要素创新研究》，《山东大学学报》2017 年第 4 期第 24 页。

[2]　《全球音乐行业市场发展现状分析》，中国产业信息网，2016 年 2 月 26 日，http://www.chyxx.com/industry/201602/389698.html。

了 60.4%，为 8 年来的最高涨幅[①]。整个国际音乐产业正在经历由实体音乐到数字音乐、从 PC 端音乐消费到移动终端音乐消费、从音乐下载消费到流媒体消费的转型。中国文化产业各个门类的发展与世界的趋势大体对应。根据国家统计局发布的数据，2016 年全国文化及相关产业增加值突破 3 万亿元，占GDP 总量的比重达到 4.07%，而我国网络文艺行业在 2016 年达到了 5159.9亿元的巨大规模和广泛影响。与互联网相关的文艺行业提供的增加值在我国文化产业增加值的比重达到了 17%，而它所依托的数字文化产业更是占据了我国文化产业 70% 的市场份额，[②] 这从一个侧面说明，网络化、多样化、数字化的文化新业态，正在成为最有活力的新增长点。

要发挥文化产业对新消费的促进作用，就必须在经纬度的两个方面大力拓展，正如西门子公司的一位专家所说："纵向创新是以技术为主导，横向创新是以客户需求为主导，必须始于横向，结合纵向，才能迈向颠覆性的创新"。[③] 文化产业在供给侧的改革创新，一方面要积极研发先进科技，为文化产业提供强大的技术装备，另一方面要敏锐把握市场需求，适应广大居民对于消费升级的迫切愿望。比如人工智能正在成为推动文化产业的又一个强大引擎。经过 60 多年的研究与开发，在移动互联网、大数据、物联网、超级计算、传感网、机器人、脑与神经科学等新技术的共同驱动下，人工智能正在快速提升，呈现跨界融合、深度学习、智能识别、人机协同、群智开放、自主操控等新特征。多语种翻译、即搜即听、语音交互、大数据驱动知识学习、跨媒体协同处理、人机协同增强智能、群体集成智能、自主智能系统等成为人工智能的发展重点，类脑智能不断取得进展，芯片化的应用趋势更加明显，并且正在把多种人工智能技术向应用的终端集成。根据 2017 年中国数字阅读大会提供的数据，中国数字阅读市场规模已达 120 亿元，预计到 2020 年将突破 150 亿元。2016 年我国数字阅读用户规模突破 3 亿，增长 12.3%，其中"80后"、"90 后"是数字阅读的主体，占比达 64.1%。特别是伴随移动互联网和智能手机的普及，海量用户被吸引进入数字阅读的领域。截至 2016 年底，我国手

---

① 国际唱片业协会《IFPI2017 全球音乐报告》，www.ifpi.org，2017 年 4 月 28 日。

② 孙建山：《期待网络文艺的转型升级》，《中国文化报》2017 年 8 月 28 日。

③ 曹理达：《融合与颠覆》，美国《财富》杂志中文版 2013 年 8 月号第 46 页。

机网民规模达到 6.95 亿，其中通过手机阅读网络新闻的用户达到 6.14 亿，通过手机阅读网络文学的用户达到 3.33 亿，通过手机进行在线教育的用户达到 1.38 亿[①]。为了顺应这一趋势，我国一批新锐的数字出版企业，正在积极推动人工智能与数字出版的深度融合。比如湖南出版集团旗下的红网，构建了省市县三级、双网（互联网和移动互联网）、两屏（户外高清大屏与室内电子屏）结合的"网报端微视屏"六位一体媒体矩阵；中国移动旗下的咪咕数字传播有限公司，把人工智能与数字传播相结合，开发语音交互、深度学习、生动演绎、即搜即听、全息投影等服务项目，实现四大跨越：即从"硬性"到"软性"，从"轰炸"到"影响"，从"规模"到"精准"，从"传达"到"互动"，从 2014 年 12 月成立以来，已经拥有每月访问客户 2.5 亿人，客户端月均活跃人群 2200 万人，2016 年业务收入达到 68 亿元，显示人工智能推动数字阅读快速发展的广阔前景。

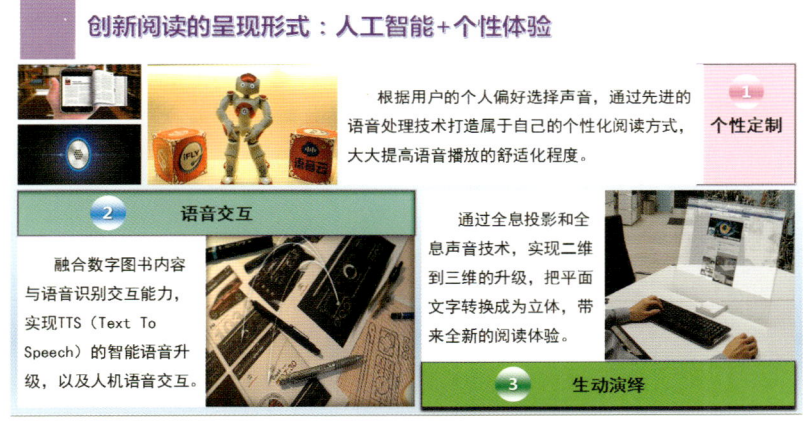

图 10-3　人工智能驱动的数字化阅读新模式

　　要发挥文化产业对新消费的促进作用，就必须在硬件装备和软件内容两方面同时并举，瞄准科技前沿，加强战略性谋篇布局，把基础研究、应用研究、开发研究结合起来。文化科技装备产业就是为满足文化产业、文化事业、公共文化需要而提供各种科学技术装备的产业总称，即为文化生产和文化消

　　① 董碧水：《中国数字阅读市场规模已达 120 亿元 用户超 3 亿，80/90 后青年占比超六成》，中青在线，http://news.cyol.com/，2017 年 4 月 14 日。

费而研发、生产、提供技术装备的产业之总称，即"生产文化设备的制造业及服务业"。它是推动新消费、促进文化投资和产业创新有效性的关键环节，具有快速更新、频繁迭代特点。文化科技装备产业受到科技进步的驱动，形成了快速更新、频繁迭代的特点。科技进步的主流，决定了文化科技装备产业的发展主线，而真正核心的技术和装备是无法从国际市场上买到的。比如长期以来，数字电影放映的关键芯片由美国德州仪器所垄断，数字电影放映的关键设备由 NEC 等三大巨头所掌控。根据 CBInsight 的统计数据，2015 年，Google、Facebook 等跨国公司在 AR 和 VR 领域的投资就突破 10 亿美元，2016 年，全球主要的可穿戴设备企业进行了 149 宗交易，获得 18.55 亿美元投资[①]。根据 2016 年洛杉矶 E3 电子娱乐展[②]、NAB-GIX 全球跨媒体创新峰会等重要会展所呈现的情况，在国际文化科技装备的研发中，人工智能和人机交互（Human machine Interface）正在成为最前沿的技术开发和投资热点。人工智能和人机交互技术推动了人自由地与虚拟世界对象进行交互，先进的文化科技设备包括头盔显示器、数据手表、数据眼镜、数据衣服、数据显示空间、三维位置传感器、三维声音产生器等正在快速更新。中国要成为真正意义上的世界文化强国，不可能依靠在国际市场上购买先进文化装备的核心技术来提升自己的文化软实力，而必须把自主研发、开发应用、集成创新、追赶创新等方式结合起来，在主要门类中形成从追赶到引领、从研发到应用、从扩大规模到形成技术和内容的优势。目前，第一个国家对外文化贸易基地文化装备产业基地 TCDIC 已经在上海正式建立运作，并且逐渐形成了主要的集成创新和产业应用重点。实践证明：在中国文化科技装备和内容的开发中，应该瞄准国际文化装备研发的前沿，结合推动中国新消费的需求，集中突破六大重点门类，即新型视听类、IP 和信息类、智能制造和应用类、会展广告类、娱乐旅游类、社会服务类，涵盖新一代超高清电影电视、移动电视、手机影视、数字音乐、音乐门户网站、网络下载音乐、互联网短视频直播、网络教育、远程培训等细分的领域，从供给侧和消费侧两端同时发力，以形成竞争的优势。

---

① 2016 Tech-IPO-Pipeline Report，www.cbinghts.com，2017 年 2 月 16 日。
② E3 展是全球规模最大、影响力最广的电脑和视频游戏及相关产品的互动娱乐贸易展会之一。

主要门类	重点领域	重点项目
新型视听类	新一代影视	新一代超高清电影电视、移动电视、手机影视等
	数字音乐	数字音乐、音乐门户网站、网络下载音乐等
	网络广播	网络电台、UGC、PGC、EPG等内容服务
IP 和信息类	互联网内容服务	门户网站、短视频直播服务、微信公众号、微信商务等
	智慧教育	网络教育、远程培训、数字图书馆、智慧校园等
	数字出版	网络文学、数字期刊、网上文艺社区、手机动漫等
智能制造和应用类	文化智能制造	3D打印、个性化设计定制、基于大数据的创意研发等
	文化科技装备	数字影视装备、会展装备、舞台装备、印刷装备等
	人工智能应用	即听即见、机器创作、深度学习、语音识别、翻译等
会展广告类	新型展览	数字化展览、数字文化产权交易、数字化艺术品拍卖
	会议服务	数字会议服务、人工智能翻译、远程会议服务等
娱乐旅游类	娱乐旅游	数字化演艺、数字化主题公园、AR和VR+文娱产业化等
	休闲健康	远程健康服务、社交网络服务、电子竞技、数字景观等
社会服务类	搜索与物流	搜索引擎、电子商务、物流配送、大数据深度开发等
	文化金融	互联网文化众筹、文化众包、文化外包服务等
	创业孵化	虚拟商务区、数字众创空间、网络孵化平台等

图 10-4　文化科技装备和内容开发的主要前沿领域

三、推动文化产品升级，拓展品质消费新领域

要发挥文化产业对新消费的促进作用，必须针对中国居民追求品质消费的趋势，为各类产品和服务提供丰富的文化内涵，提升它们的品牌价值和文化魅力。随着城乡居民收入水平的不断提高，广大消费者特别是中等收入群体对消费质量提出了更高要求，更加便利实用、更为舒适美观、更有品质情调的品牌消费市场潜力巨大。这样的品质消费涉及绝大多数的消费品和服务，将会带动传统产业改造提升和产品升级换代。随着中国社会人口结构的变动，老龄化浪潮和"80后""90后"新世代浪潮同时出现，不同收入水平和文化背景的人群提出了越来越多样化的消费需求，这给文化产业促进新消费提供了新的机遇，而关键在于文化产业的管理者和从业者必须与时俱进，以创新和创意的敏锐感觉和开拓精神，适应人口结构的变化而开发新的品质消费产品，闯出一片文化消费的新蓝海。

　　文化产业对品质消费的促进作用，可以在中国进入老龄社会的背景下把握新的机遇。据统计，2015 年中国 60 岁及以上人口达到 2.22 亿人，占总人口的 16.15%。预计到 2020 年，老年人口达到 2.48 亿人，老龄化水平达到 17.17%，其中 80 岁以上老年人口将达到 3067 万人；到 2025 年 60 岁以上人口将达到 3 亿人，成为超老年型的国家①。随着人口结构的不断老化，一些传统的文化样式和技艺逐渐式微，纸质媒体也在逐渐萎缩，但是新的消费机会却在萌发。马克思曾经高度评价"自由时间"对于人类解放的标志性意义。他指出："在必要劳动时间之外，为整个社会和社会的每个成员创造大量可以自由支配的时间（即为个人生产力的充分发展，因而也为社会生产力的充分发展创造广阔余地）"②。中国大批居民进入老年阶段后，虽然体力逐步衰退，但是自由时间却大幅度增加。特别是一大批中等收入的老龄化群体，他们在支付能力和自由时间方面都明显超过前辈。有鉴于此，中南出版传媒集团在 2009 年创办了《快乐老人报》。他们在调研中发现：这一代"老年人最大的需要就是被需要"，因而确立了"人生永不落幕"的价值观和"快乐老人生活"的现代都市媒体定位，从做媒体，到做实体，目标是纸媒订户 100 万以上，服务对象 1000 万以上，形成了报纸、杂志、枫网、快乐人生出版、美时美刻、快乐老人生活馆、电子商务七大板块，迈向"纸媒严冬中的千万大报梦"和"中国最大的老年媒体集群"之宏伟目标③。

　　文化产业要发挥对品质消费的促进作用，应该在"85 后""90 后""00 后"等新世代群体大批进入消费市场的背景下发掘新的蓝海。这一批新世代群体，是在中国改革开放取得前所未有的成就、中国融入全球经济体系、互联网广泛普及等背景下成长起来的，因而在消费需求方面具有兴趣多样、接受多元、泛娱乐化、依赖互联网、熟悉二次元/多次元等鲜明特点。中国文化产业要在动漫、游戏、视听、音乐、数字出版等领域，发掘一大批新锐的文化消费新业态，更需要发挥政府、企业、院校、文化艺术机构等的协同创新功能，在政策引导、融资渠道、技术开发、市场培育、消费引导等方面形成合力，

---

　　① 《2017 年中国人口老龄化现状分析、老龄化带来的问题及应对措施》，http://www.chyxx.com/industry/201609/450544.html，中国产业信息网，2016 年 9 月 21 日，。

　　② 马克思，恩格斯：《马克思恩格斯全集》，第 31 卷，人民出版社，1998，第 103 页。

　　③ 根据本文作者在长沙对《快乐老人报》的调研。

抢占先机。比如近年来，中国音乐产业发展迅猛，音乐市场包括演唱和演艺、数字音乐、光盘等音乐制品、乐器、音乐教育与培训等的总规模从 2012 年的 2518 亿元增长到 2015 年的 3018 亿元，增幅达到 8% 以上。成都市抢占先机，在 2016 年出台了《成都市人民政府关于支持音乐产业发展的意见》，提出未来十年打造"中国音乐之都"。到 2020 年，成都市音乐产业年产值达到 500 亿元；到 2025 年，培育出一批引领全国音乐产业发展的产业园区和领军企业，形成高端的、优势显著的现代音乐产业体系，年产值突破 1000 亿元，成为领先全国的音乐生产地、乐器及音乐设施设备集散地、版权交易地、演出聚集地以及具有世界影响力的现代音乐产业领军城市。再比如动漫游戏，被称为生于"小时代"、兴于"大蓝海"的新兴产业，已经成为中国二次元/多次元消费者群体的主要供给侧。中国国际动漫游戏博览会（CCG EXPO）以"十年磨一剑"的坚韧推进，把自己定位为"澎湃正能量的国际动漫游戏巨港"，建立了五大服务平台，推动观众人次、参展商、展会收入等指标逐年攀升。2017 年第十三届 CCG 参展人次高达 20.75 万人，其中专业观众 2.45 万人，28 岁以下观众超过 80%，展商类型遍布产业链上中下游，包括动漫创意、衍生产品、品牌授权、漫画出版、动漫演艺、基地园区、网络游戏、主机游戏、新媒体等，现场意向总交易额高达 14.4 亿元。

　　文化产业要发挥对品质消费的促进作用，就必须针对中国居民消费重点的变化，即从注重量的满足向追求质的提升，从有形物质产品消费转向更多的服务消费，从模仿型、排浪式、大众化消费转向个性化、多样化、精准化消费，从而不断提升文化产业产品和服务的品牌和品质。正如一位大型展览企业的高管所言："不是每一家企业都愿意尝试创新，不是每一个创新尝试都能获得成功。……在风雨诡诈的市场，可能下一个尝试者正在我们一次不起眼的尝试中悄然生长。[①]"比如中国会展产业，就是最直接面对消费者需求变化的灵敏触媒。近 10 年来，中国已经成为世界上第二大规模的展览业市场，随着 2010 年上海世博会、2016 年 G20 杭州峰会、2017 年厦门金砖国家峰会等重大国际会展的举办，中国会展产业发展势头强劲。国际展览业协会（UFI）2016 年度主席谢尔盖·阿莱克谢耶夫指出：全球 15 个国家占据了全

---

　　① 上海笔克展览展示有限公司：《注重长远，节节发展》，《上海会展业发展报告 2016 年》，上海科学技术文献出版社，2017，第 132 页。

球室内展览面积的 80%，前三强分别是美国、中国和德国，2011 年至 2015 年，中国可使用的展览面积增加了 29%，增幅达到全球的前列，预计未来两年还将再增加 10%。① 在中国会展产业的蓬勃发展中，越来越多品牌化、多样化、精准化的会展成为新的消费亮点，在规模庞大的工业类、商贸类展会之外，时尚类展会、特展类展览、消费类展会等，也成为异军突起的文化消费热点，形成一批展示消费品牌的大秀场，还是培育新型消费品种的新蓝海。如创办于 2005 年的中国婚博会，至今已经举办 102 届，每年展会达到 60 多万平方米，每年成交额达到 70 亿元，覆盖了全国一线的主要婚嫁品牌、知名商家，覆盖了全国主要城市上百万对以上结婚消费人群。它的旗下"梦芭莎"结婚网（www.jiehun.com.cn）成为全国婚嫁领域最具有影响力的婚嫁垂直网站，会员直投杂志《梦芭莎》成为投放上百万对结婚新人的婚嫁时尚杂志。再如在上海举办的亚洲宠物展（Pet Fair Asia），在 2016 年汇聚了 800 多家展商，71000 平方米展出面积，10 多万观众，成为中国最大规模的宠物展览，展出了大批科技型、智能化、互联网化的宠物用品，现场举行的中国宠物时尚秀座无虚席，吸引了日本、韩国、巴西等海外展团及近百个全球新品牌入驻，韩国、日本、泰国等国的大批观众组团前来参观，标志着中国宠物消费市场进入到一个高速发展的阶段。至于近年来风生水起的特展（Special Exhibition），更是衍生出大师特展、时尚特展、主题特展等分支门类，正在从北上深广杭等一线城市，逐步向二三线城市拓展，成为中国展览消费市场的一个新热点。

四、促进文化空间塑造，探索服务消费新领域

要发挥文化产业对新消费的促进作用，必须结合中国新型城镇化的潮流，进一步推动文化空间的塑造，既满足人民生活质量改善需求，又有利于积累人力资本和增强社会创造力，推动服务消费迅速增长。

关于"文化空间"，中外学者进行了许多理论和实践的探索。美国学者沙朗·佐京（Sharon Zukin）在《城市文化》一书中谈到"文化之都"时指出

---

① 《中国展会数量占全球四分之一 展商实力排名世界第二》，中国经济网，2016 年 1 月 14 日；

文化之都体现了人对于城市的自觉塑造。"把城市空间改造成为'文化空间'依赖于文化之都两方面的发展：它不仅需要廉价的空间、漂亮的建筑、充足的艺术工作者以及金融业向文化产业的投资这些物质资本，而且也需要视觉符号资本，即视城市为洋溢着艺术、文化和设计氛围的地方。"[①] 也就是说：文化空间不仅仅具有物理的实体构造和居住、交通、商业等功能，而且还形成以历史传承、人文想象、艺术审美、多元魅力为特色的城市符号空间，把美丽城市、宜居城市的魅力与创新城市、创意城市的活力结合起来，提供更加有人文魅力和优良品质的城市生活，也是知识型、创意型的劳动者喜欢购买、租赁、居住和工作的场所。有鉴于此，优质的城市文化空间是集聚人力资本、培育新生产力的有力杠杆。这些文化空间在物质供给贫乏、生产力低下的时代，未必是普遍需要的消费品，而在中国从工业化前期逐步迈向后工业化时期、迈向知识经济时代的过程中，享受美好的文化空间，越来越成为城乡居民消费的新热点。

文化产业推动文化空间、品质生活的塑造，需要传承城乡的历史文脉，也需要根据生态文明的潮流，把握城市生态环境的承受能力，限制城市规模的无限制扩张和人类活动的超密度集聚。要根据城市的区位和资源，构建基于自然环境和生态特色的城乡空间结构，推动新型城镇化的潮流，加强对各类文化空间的塑造和提升。文化空间建设包括多个层次：以创意设计优化城市空间的物理构造，以视听表达丰富文化空间的审美内容，以活动会展优化文化空间的互动服务等。芒福德（Lewis Mumford）在《城市发展史——起源、演变和前景》中指出：人类文化的重要载体，第一是语言文字，第二就是城市。所以城市是人类文明的载体，一个城市的风貌表达了这个城市的价值取向和文化追求。"城市的主要功能是化力为形，化能量为文化，化死物为活灵灵的艺术形象，化生物繁衍为社会创新"，而随着后工业时代的到来，知识型和创新型的劳动者越来越成为经济增长的主要动力，所以"城市乃是人类之爱的一个器官，因而最优化的城市经济模式应该是关怀人、陶冶人"。[②]

① 沙朗·佐京（Sharon Zukin）：《城市文化》，张廷佺、杨东霞、谈瀛洲译，上海教育出版社，2006。

② 芒福德（Lewis Mumford），《城市发展史——起源、演变和前景》倪文彦，宋俊玲译，中国建筑工业出版社，1989，第6页。

根据麦肯锡全球研究院报告《城市化的世界——城市与消费阶层的崛起》，从 2010 年到 2025 年，世界 600 座城市中快速增长的 440 座新兴城市，有 242 座在中国，包括 236 个中等城市；在世界 20 个超大型城市中，上海、圣保罗、伊斯坦布尔、拉各斯等的增长特别引人注目。大量人口进入城市，不仅仅是寻求职业和生存，也把城市空间作为必要的消费之一。而城市的文化空间依赖于城市人文精神、文化生产的设计经营。一座城市的文化空间并非自然而然地形成，而是主动创造和设计的结果，来自逐步积累完善，具有气脉相通的结构和文化意义的连续性，把物理空间的打造与引入活的文化生产主体有机地结合起来，才能让"城市让生活更美好"成为普遍的现实，这本身就是一个集聚人力资源、积累财富资源的巨大消费市场。

近年来，上海、杭州、广州、深圳、苏州、长沙等许多中心城市，在规划文化建设主要脉络与布局、打造文化"大空间"的基础上，越来越重视把文化基础设施、文化创业主体、文化遗产传承、文化民俗场所、文化地标象征、文化审美形态、文化旅游场所等多种文化要素，有机地组合起来，依托小范围的厂房、街坊、河岸、海滨、港口、楼宇、民宅等，打造紧凑型、精致型的文化"小空间"和"微空间"，这是文化产业推动城市空间塑造的一个可喜进步。过去，由于文化标识和审美力的缺席，在许多城乡产生了大量的"平庸空间"和"失落空间"，通过文化产业的贡献，将把这种没有得到合理使用的小规模空间，从文化角度重新规划，注入现代产业的活力、人文艺术的魅力、公关活动的吸引力，使之成为紧凑型、精致型的文化微空间，并且吸引近悦远来的城乡微旅游、艺术微体验。这不但可以与全球著名文化城市对话，而且体现了中国城乡文化建设的引领性和示范性。比如上海衡山坊、武康大楼等的重新规划和成功打造，就是在政府的大力推动下，引入品牌书店、小型展馆、艺术画廊、特色餐饮、艺术酒吧等经营实体，根据有关文化政策，对公益性、创业型的文化项目给予积极的扶持，对服务对象包括都市白领、时尚人群、文艺青年、中老年爱好者等进行精准定位，同时精心打造优美景观，消除粗陋、破败、脏乱差的不良印象，形成"移步换影，一步一景"的魅力空间；而徐汇滨江、黄浦滨江、浦东滨江等区段的建设，则深入研究和吸取了纽约、伦敦、巴黎、东京等世界城市水岸建设的经验，形成文脉、水脉、商脉、人脉、绿脉"五脉融合"的魅力，把艺术空间、生态空间、遗产空间、产业空间、水岸空间等相结合，成为上海迈向全球城市的卓越水岸。

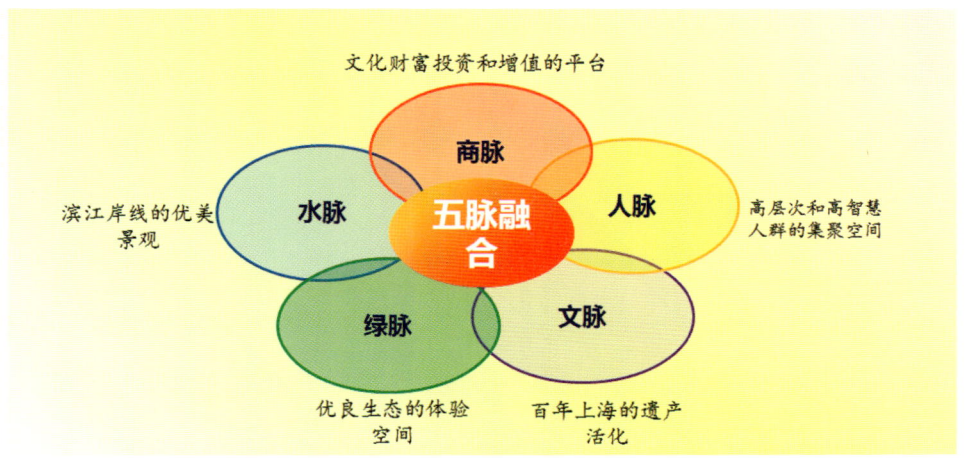

图 10-5　徐汇滨江打造世界城市的卓越水岸

　　由于对文化空间的享受是人类心灵相通的追求，因此一座城市的优质文化空间，也成为吸引世界优秀文化项目集聚的热点。由于近代工商业大都市大多依赖港口和江海建设，所以"以港兴市，依岸而建"成为它们的普遍规律。"水岸之所以引人注目，乃是因为它天生具有经济的、政治的、社会的，甚至是文化的重要意义①"。有鉴于此，徐汇滨江把发展目标确定为具有国际视野的"西岸"，这不仅仅是指它位于黄浦江西岸，更隐喻它将成为与巴黎左岸、泰晤士河沿岸、纽约水岸、东京水岸等媲美的著名文化地标。它的目标是建设成为包括 8 个美术馆、8 座剧场、4 个公共艺术中心等在内的亚洲规模最大的文化艺术群落，把码头、油罐、吊车、机场、厂房、粮库等历史文化要素融入滨江岸线，传承海派文化的魅力，打造一流的艺术场馆和会展节庆集群。它在 2016 年就进行了 113 场展览和艺术活动，吸引了 107 万人次参与。当年，西岸集团正式与法国乔治蓬皮杜国家艺术文化中心启动了为期 5 年（2019—2024 年）的展陈合作项目，之后将吸引更多的艺术爱好者和旅游者纷至沓来，

---

①　派屈克·马龙：《港湾城市再生》，胡综净译，（台湾省）创兴出版社有限公司，1999，第 28 页。

显示了打造文化空间在提升城市文化品牌，发挥文化产业对新消费的促进作用方面具有明显的杠杆作用。

第十一章
迈向世界文化强国：新里程·新动能·新地缘

一、迈向世界文化强国的新里程

党的十九大报告指出：文化是一个国家、一个民族的灵魂。文化兴国运兴，文化强民族强。没有高度的文化自信，没有文化的繁荣兴盛，就没有中华民族伟大复兴。要坚持中国特色社会主义文化发展道路，激发全民族文化创新创造活力，建设社会主义文化强国。根据党的十九大的宏观部署，我们需要更加明确地把握中国迈向世界文化强国的深刻内涵和战略进程。

诺贝尔奖获得者赫尔伯特·西蒙（Herbert Simon）在谈到"人造科学"时指出：①社会系统是设计出来的，而非自然命定的，它受到决策者思维、经验和知识的深刻影响；②设计过程比结果更重要，因为人们可以在过程中不断改变将要实现的目标，这个过程本身是一个不断调适和突破局限性的过程；③良好的设计往往鼓励看问题的新鲜角度，追求更加有价值的理想和更加睿智的路径，也不断突破自己在理性和非理性之间摇摆的局限性[1]。大量事实说明，一个大国所拥有的经济资源、人力资源和文化资源是不能自然而然地转化成为国家实力的，它必须依赖于大国国力系统的设计者和建设者所拥有的远见卓识，主动设计和实施超越前人的模型图和路线图，克服各种不利

---

① 赫尔伯特·西蒙：《管理行为》，詹正茂译，机械工业出版社，2007；靳涛：《诺贝尔殿堂里的管理学大师：赫尔伯特·西蒙》，河北大学出版社，2005。

因素而成为世界强国。

许多有识之士指出，世界大国的竞争，自然包括了地缘条件、经济实力、军事实力、科技实力等的竞争，而从整体上看，是发展战略模式的竞争。"在整个人类历史上，大国会在保障自身安全与利益的基础上积极扩大其对整个世界的影响。国家间在各方面展开竞争，失败者要被迫接受为胜利者带来成功的模式"[①]。在人类历史上多次出现过跨洲和全球性的霸权大国，包括古罗马帝国、13–17 世纪的大蒙古帝国、19 世纪的大英帝国、20 世纪中叶的苏联，它们拥有广阔的国土和殖民地，占有大量的土地、人力和矿产资源，拥有超大规模的武装力量包括常规军事力量和核武器力量[②]。但是历史的经验已经证明，庞大的帝国依靠对跨洲资源的巨大掠夺和消费，缺乏先进的核心价值观念和具有广泛吸引力的文化软实力体系；他们滥用庞大帝国的开支，挥霍国家的财力和人力，必然使得帝国的制度日趋僵化，国力严重消耗亏空，引起盟国和殖民地人民的强烈不满，难以集聚广大人民的向心力和积极性，而最终被历史的浪潮所冲刷而去。面对 21 世纪经济全球化、政治多极化、文化多样化、科技信息化的大潮流，面对科技创新引领产业转型、全球产业结构不断重组的大趋势，许多有识之士提出了"大国之问"：即"当时建立起的经济和社会体系以及国家精英所具有的相应政治特质越来越明显地阻碍国家在当代世界赢得主导地位。当前所面临的重要问题是：什么可以让大国在当代世界保证发展和具有竞争力"[③]事实证明：一个大国富有竞争力的发展模式，源自文化的自觉；文化自信是道路自信、制度自信和理论自信的基础；一个世界强国必然是一个具有核心的文化凝聚力、强大的文化生产力、广泛的文化传播力和有效的文化服务力之文化强国。

要实现这样一个世界文化强国的战略目标，需要根据充满变数的世界经济、科技、文化、生态等态势，立足于本国的独特国情，制定一个富有创造性和远见卓识的大战略。这一重大战略是体现国家使命和人类福祉、历史规

① 尼古拉·兹洛宾（华盛顿世界安全研究所俄罗斯和欧亚项目主任）：《世界寻求有吸引力的新模式》，《参考消息》2011 年 7 月 25 日。
② 蒙古帝国鼎盛时期的最大疆域面积高达 3300 万平方公里，东到太平洋，北抵北冰洋，西达黑海沿岸（鼎盛时达到匈牙利地区），南至南中国海，成为有史以来横跨亚欧的巨大帝国。
③ 尼古拉·兹洛宾（华盛顿世界安全研究所俄罗斯和欧亚项目主任）：《世界寻求有吸引力的新模式》，《参考消息》2011 年 7 月 25 日。

定性和主动创造性相统一的愿景、制度、路径的总和，是历史视野、科学头脑、操作智慧的高度统一，也是战略定力和有效举措的有机结合。这就是国家文化软实力的精髓，也是对每一个历史时期的世界大国提出的巨大挑战和机遇。正如英国学者马丁·雅克所说：历史上每一个全球性大国，都会用一种全新的方式来创造和推广世界性的体系。"比如欧洲的典型方式就是海上扩张加殖民帝国，而美国则是空中优势和全球经济霸权，中国同样也会以崭新的方式来展现其实力"①。

中国政府庄严地向全世界宣布：中国将坚持和平发展道路，推动构建人类命运共同体。这是一个伟大而艰难的目标，但是中国人民绝不会因为现实的复杂而放弃梦想，也不会因为理想的遥远而放弃追求。因此，中国的大国崛起之路，就需要有更坚定的文化自觉性、更加务实而有效的路径、更加睿智的实践步骤。有鉴于此，中国改革开放的总设计师邓小平，在 1987 年 8 月 29 日，党的十三大召开前夕会见意大利共产党领导人时，明确阐述了中国现代化的"三步走"战略：第一步，从 1981 年到 1990 年实现国民生产总值比 1980 年翻一番，解决人民的温饱问题；第二步，从 1991 年到 20 世纪末，使国民生产总值再增长一倍，人民生活达到小康水平；第三步，到 21 世纪中叶，人均国民生产总值达到中等发达国家水平，人民生活比较富裕，基本实现现代化。一个国家的领导人做出如此高瞻远瞩而又脚踏实地的现代化战略设计，并且能够动员全体人民的力量去持之以恒地实践，这在人类历史上是空前的。

从那时起经过 30 多年的奋斗，中国的现代化取得了前所未有的成果。党的十九大报告做出了新的战略部署：从党的十九大到党的二十大，是"两个一百年"奋斗目标的历史交汇期。我们既要全面建成小康社会、实现第一个百年奋斗目标，又要乘势而上开启全面建设社会主义现代化国家新征程，向第二个百年奋斗目标进军。从 2020 年到 21 世纪中叶可以分两个阶段来安排。第一个阶段，从 2020 年到 2035 年，在全面建成小康社会的基础上，再奋斗十五年，基本实现社会主义现代化，国家文化软实力显著增强，中华文化影响更加广泛深入；第二个阶段，从 2035 年到本世纪中叶，在基本实现现代化

① 马丁·雅克：《当中国统治世界——中国的崛起和西方世界的衰落》，张莉，刘曲译，中信出版社，2010，第 209 页。

的基础上，再奋斗十五年，把我国建成富强民主文明和谐美丽的社会主义现代化强国。

这就是说，从 1949 年新中国的成立开始，中国人民将经过 100 年左右实现现代化的伟大理想。考虑到中国具有 5000 年古老文明、2500 年封建制度的历史，100 年到 200 年的现代化过程并非十分漫长。如果再考虑到西方文艺复兴至今已经超过了 600 年，中国近代以来饱受西方和日本列强欺侮，长期处在割地赔款、积贫积弱的悲惨境地，而在新中国成立特别是改革开放以来，中国以相当于西方大国现代化进程 1/4 到 1/3 的时间就逐步赶上其现代化的步伐，努力跨越"中等收入陷阱"，逐步进入世界范围内现代化国家的第一阵营，这一个时间进程不能算很长，而且创造了世界近代史以来一个后发国家迅速迈向世界强国的历史性奇迹。

与此同时，我们必须清醒地看到，中国迈向现代化强国的长期性和艰巨性，来自社会主义初级阶段的长期性。正如党的十九大报告所指出的："我国仍处于并将长期处于社会主义初级阶段的基本国情没有变，我国是世界最大的发展中国家的国际地位没有变。"这不仅仅与中国历史上长期处于封建制度之下、在历史上曾经是小农经济的汪洋大海、社会文明程度和人均生产力水平还远低于发达国家有关，还与中国要进一步融入全球化和国际价值链体系的进程密切相关。马克思、恩格斯在《德意志意识形态》一书中提出，共产主义的实现应"以生产力的普遍发展和与此有关的世界交往的普遍发展为前提"，"交往的任何扩大都会消灭地域性的共产主义"[1]，而封闭的地域性的共产主义会导致愚昧、迷信和专制。这一论断对于中国实现现代化是极其重要的。中国建设世界文化强国，是从一个相对落后和封闭的国情基础上起步的，必须在一个资本主义占优势的世界市场上获得中国社会主义文化建设所需要的资源、要素和市场空间，这更加需要一个开放的战略。有鉴于此，中国建设文化强国的目标与阶段，应该与中华民族伟大复兴"两个一百年"奋斗目标的阶段相适应：

（一）第一步，从 1980 年代到 2020 年，基本形成国家文化软实力体系

中国与全面建成小康社会相适应，建立具有中国特色、时代特点的国家

---

[1]　马克思，恩格斯，《马克思恩格斯选集》第 1 卷，人民出版社，1995，第 40 页。

文化软实力体系，树立共产主义远大理想和中国特色社会主义的共同理想，在全社会培育和践行社会主义核心价值观，不断解决文化发展中的不平衡和不充分问题，保障各级政府对文化建设的常年基础性投入，逐步建立和健全公共文化服务体系、现代文化产业体系和市场体系，形成管理文化生产、文化服务、文化交流、文化消费的法律和体制性框架，满足广大人民群众的基本文化消费需求，显示中国坚持和平发展的大国形象。

（二）第二步，从 2020 年到 2035 年，建设世界文化大国

中国在基本实现现代化的过程中，将形成以创新为引领的文化生产力体系，创造出达到和高于资本主义国家水平的优质文化产品和文化服务。中国将与作为全球第二大经济体、世界第一货物贸易大国[①]、世界第二对外投资大国的地位相适应，继续保持世界第一文化产品出口大国的地位，逐步成为世界文化服务出口大国，形成具有全球领先规模的各类文化要素市场和文化消费市场，使国民的文化消费质量达到中等发达国家的水平，并且成为引领世界文化贸易的重要力量。

（三）第三步，从 2035 年到 21 世纪中叶，成为全球文化强国

中国在建设成为现代化强国的过程中，为新的国际文化体系包括国际文化市场提供强大的正能量。中国在文化内容的创新、文化产业的规模、文化地缘的布局、文化传播的国际化、文化民生的服务等方面，全面体现人类文明的前沿水平、高尚境界和世界规模。中国在全球文化市场的链条体系，即文化要素的供应链、文化产品的价值链、文化消费的服务链、文化时尚的品牌链等方面，从中枢位置逐步进入中高端，有力地推动着全球文化潮流和文明的进步。中国的国家文化软实力，不但成为中华民族伟大复兴的精神支柱，而且成为推动 21 世纪人类和平与发展的理想导航与伟大动力。

---

① 根据世界贸易组织秘书处统计数据，2013 年中国已成为世界第一货物贸易大国。2013 年，中国货物进出口总额为 4.16 万亿美元，其中出口额 2.21 万亿美元，进口额 1.95 万亿美元。从此以后，中国长期保持在世界第一大货物贸易大国的地位。参看国家商务部官方网站。

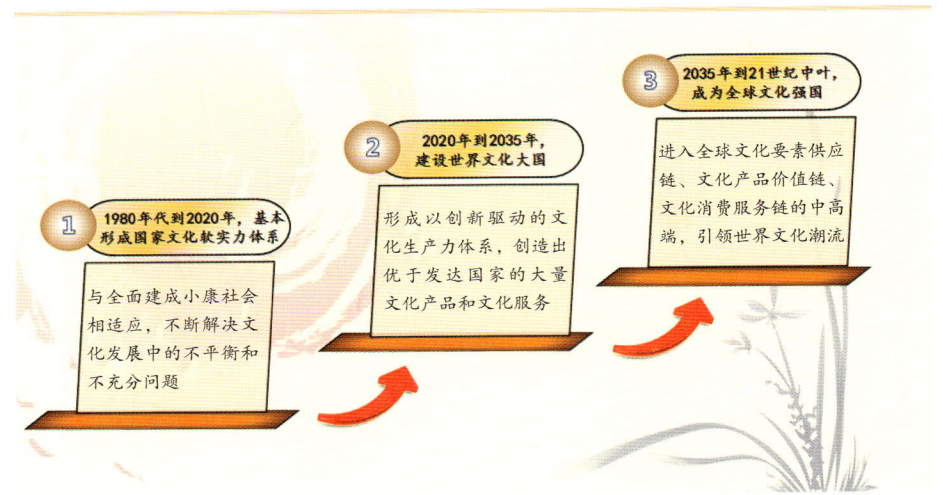

1 1980年代到2020年，基本形成国家文化软实力体系

与全面建成小康社会相适应，不断解决文化发展中的不平衡和不充分问题

2 2020年到2035年，建设世界文化大国

形成以创新驱动的文化生产力体系，创造出优于发达国家的大量文化产品和文化服务

3 2035年到21世纪中叶，成为全球文化强国

进入全球文化要素供应链、文化产品价值链、文化消费服务链的中高端，引领世界文化潮流

图 11-1　中国建设文化强国的三个阶段

二、激发文化创造创新的新动能

中国迈向世界文化强国的新里程，是在创新全球化的时代大背景下进行的。紧紧把握住创新的时代特点和规律，激发全民族的文化创新创造活力，创造出比大多数发达国家更高水平的文化生产力，是中国实现文化强国目标的内在动力和突破关键。中国改革开放的总设计师邓小平 1985 年 4 月 15 日在会见坦桑尼亚联合共和国副总统姆维尼时明确指出："社会主义的首要任务是发展生产力，逐步提高人民的物质和文化生活水平。[①]"中国特色的社会主义通过坚持改革开放，应该而且可以创造出比资本主义国家更高的生产力，其中就包括创造出更高的文化生产力。中国要创造这种更高水平的文化生产力，必然要吸取世界范围内先进的生产力和生产关系要素，融入创新全球化的潮流，形成创新驱动的国家文化软实力体系。

从全球化作为一种世界历史的潮流来看，它经历了三个阶段：第一阶段

---

① 邓小平：《邓小平文选》第三卷，人民出版社，1993，第 116 页。

的制造业全球化（Manufacturing Globalization），特点是制造业的国际分工，出现了大量的 OEM 和加工外包等，形成从研发到加工到应用和消费的产业链，拥有矿产、石油、森林等自然资源和沿海港口的地区具有明显的优势，新兴经济体通过参与制造业全球化而分享了发展的红利；第二阶段的服务业全球化（Services Globalization），特点是信息、研发、金融、法律等服务业的跨境流动，大量的服务外包是它的典型表现形式，全球的产业分工逐步告别传统的地缘导向发展模式，通过服务业转移调整产业结构；第三阶段的创新全球化（Innovation Globalization），特点是科技、创意、资本、人才等创新资源加速在全球的重新布局，知识和技术成为最有价值的要素，互联网、大数据、智能制造等推动了实体经济的转型，成为推动创新全球化的主要力量，而创新全球化又推动了全球产业结构的深度调整，正所谓"大国竞争，岂止在战场"！2015 年 10 月底，美国国家经济委员会和科技政策办公室联合发布新版《美国国家创新战略》，公布了维持美国创新生态系统的关键要素。在这之前，欧盟发布以开放式创新 2.0 为核心的"都柏林宣言"，部署了新一代创新政策，包括 11 项策略与政策路径；日本则部署了改良版的"科技政策学"项目，强调将创新生态作为日本维持今后持续创新能力的根基所在。这些都标志着主要发达国家创新战略的不断升级和前沿领域的不断推进。

在创新全球化的背景下，中国要形成比资本主义国家更高水平的文化生产力，必须不断激发新动能，扬弃旧动能，这是全球范围内增长的新旧动能转换之大趋势所决定的。所谓新动能，指的是在当前经济社会的发展中，采用质量效益型目标导向、创新型主体驱动、可持续发展的制度设计、新兴和高端产业发展、中高端要素配置、智能化生产管理模式、互联互通的全球化联接等内容，这是与过去的旧动能，包括大规模初级要素粗放投入、大规模房地产开发、大规模的模仿型扩张产能、大规模的低端产品生产等内容不同的增长模式。中国要创造出比资本主义国家更高的文化生产力，必须通过新旧动能转换而突破决胜之关键，大量创造出文化新科技、新业态、新内容、新模式，形成中国文化成果对世界文化潮流的引领作用，这就是"无创新，不强国"的深刻规律。

近年来，中国文化生产和文化产品出口的规模有了空前的增长，根据联合国教科文组织关于全球文化贸易的报告，中国从 2004 年到 2013 年的文化产品出口增长率为各国最高，2013 年的文化产品包括设计、视觉艺术、工艺品、图书等出口总量达到 601 亿美元，为世界第一位，美国、英国名列第二和第三位。但是，在文化服务出口领域包括知识产权授权使用、电脑服务、工程与建筑及技术服务、音乐服务、视听外包服务等，美国的增长率和总量保持全球第一位，美国文化服务出口额达到 687 亿美元，在全球文化服务出口额最高的 15 个国家中，包括英国、法国、德国、韩国、芬兰、比利时等发达国家，中国不在其中[①]。可见，中国对外文化贸易的优势主要在资源密集型和劳动力密集型的文化产品领域，而发达国家对外文化贸易的优势主要在资金、技术和智力密集型的文化服务领域。这两者在全球文化价值链上处在不同的阶梯。可见中国下一阶段提升文化生产力，重点不在产能的扩张，而在质量的提升，即通过提升文化创新力，激发各类社会主体的文化创新创造活力，逐步进入全球文化价值链的中高端。

在当前创新全球化的激烈竞争中，中国的文化创新，必须紧紧把握好数字化、信息化的潮流，推动文化与科技的融合，在全球文化产业的价值链、文化品牌的服务链、文化资源的供应链中逐步攀升。根据联合国贸发会议颁布的新版《2017 世界投资报告》和《2017 信息经济报告》[②]，数字经济已经成为全球经济发展的新动能，成为综合国力竞争的前沿制高点。在数字经济的推动下，智慧型、科技型、先导型的文化消费产品和服务大量涌现，它们在新旧动能转换的大背景下，满足了人们对于个性化、互动型、智能化、便利化文化消费的热切渴望，因而成为发展最快的一片新蓝海。联合国贸发会议的上述文献指出：数字经济是一个充满活力的系统。它犹如 7 块芯片组成的场域，包括全球经济的数字化、电子商务、数字内容、数字解决方案、互联网平台、信息技术软件和硬件、通信等七个方面，它们之间释放出强烈的能量，又对系统之外发挥广泛的辐射作用。

---

① EY：Cultural Times—First Global Map of Cultural and Creative Industry. Dec 2015.

② UNCTAD: World Investment Report 2017—Investment and Digital Economy.

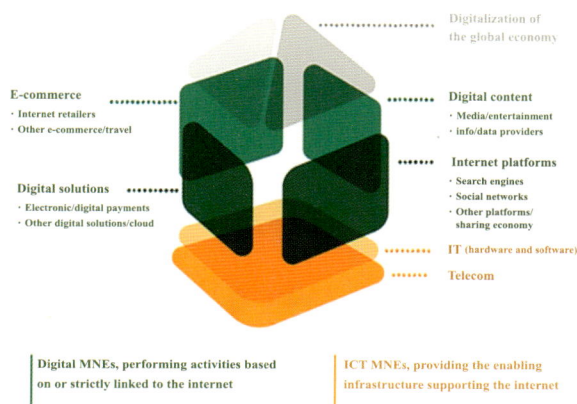

① 本文作者根据 UNCTAD: World Investment Report 2017—Investment and Digital Economy 的内容修改和绘制。
② EY：Cultural Times—First Global Map of Cultural and Creative Industry. Dec 2015.

图 11-2　数字经济的结构①

　　数字经济对主要的经济行业都有影响，而对文化产业的影响力在所有行业中名列第一。目前在全球范围内受到数字化影响最大的 10 个产业，依次为媒体和娱乐，零售，高技术，医疗体系和服务，旅游，运输和物流，通信，专业服务，金融服务，汽车和配件，消费型包装品。这其中至少有五个是与文化产业有直接和间接的关系，换句话说，数字经济对文化产业的影响之广度和深度，在各个产业中是第一位的。根据联合国教科文组织干事长作序的 EY 研究报告《文化时代——第一张全球文化创意产业热图》，全球的文化创意产业市场规模达到 2.25 万亿美元，文化创意产业的从业人员已经达到 2950 万人②。在文化创意产业各个门类中，增长最快的就是数字文化内容产业，而全球五大区域中增长最快的是包括中国在内的亚洲和太平洋地区。比如，2013 年全球数字文化产品和服务的销售达到 660 亿美元，在线和移动游戏产业的销售达到 338 亿美元，2016 年全球数字音乐收入增长了 17.7%，达到 78

亿美元，流媒体激增了 60.4%，为 8 年来的最高涨幅①，数字出版、数字影视、社交媒体等都呈现出较快的增长速度。这些都是中国建设世界文化强国、激发文化生产力新动能必然要占领的一个制高点，也是中国依托数字经济发展文化产业的重大历史性机遇。

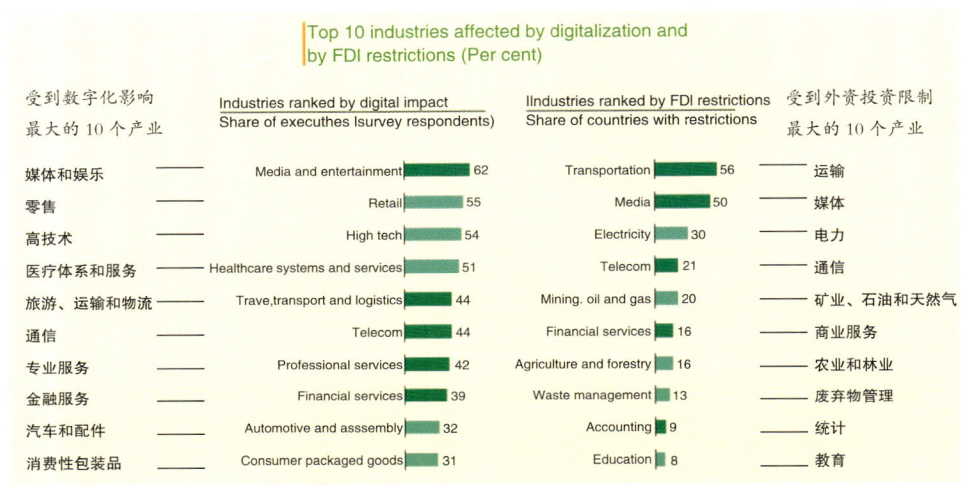

图 11-3　世界范围内受到数字化影响最大的和受外资投资限制最大的 10 个产业 10 个产业②

　　中国要激发文化创造创新的新动能，必须在政府的宏观指导下，大力培育科技型、智慧型、创新型的文化企业和文化机构，把今后五到十年作为培育中国创新型文化领军企业和文化跨国公司的最佳窗口期。近年来，中国政府紧紧把握住数字经济、互联网、人工智能等先进科技和新兴产业的重要机遇，颁布了《国务院关于积极推进"互联网＋"行动的指导意见》《国务院关于印发新一代人工智能发展规划的通知》等重要文件和政策。根据麦肯锡咨询公司 2017 年 12 月颁布的《中国数字经济如何引领全球趋势》报告，中国已经成为全球领先的数字化投资和应用大国。中国政府采用"先试水、后监管"的鼓励创新之方针，推动中国电商交易额占到全球总额的 40% 以上，超过英、

---

① 国际唱片业协会《IFPI2017 全球音乐报告》，www.ifpi.org ，2017 年 4 月 28 日。
② 本文作者根据 UNCTAD: World Investment Report 2017—Investment and Digital Economy 的内容修改和绘制。

美、日、法、德五国总和。2016 年，中国与个人消费相关移动支付交易额高达 7900 亿美元，相当于美国的 11 倍。全球 262 家"独角兽"公司中，三分之一是中国公司，占其总估值的 43%。中国对一些关键数字技术的风险投资规模高居世界第三位，包括虚拟现实、自动驾驶汽车、3D 打印、机器人、无人机及人工智能等[①]。

中国要激发文化创造创新的新动能，必须要让文化创新企业之"鱼"，自由地生活在创新生态的"水"中。近年来，中国政府鼓励"大众创业、万众创新"，全面实施创新驱动发展战略，加快新旧动能接续转换，着力振兴实体经济，着力推动"放管服"改革，正逐步形成有利于培育新型文化生产力的生态环境。一个令人鼓舞的重要指标是：尽管从总体上看，中国的国际服务贸易仍然处于逆差，其中 2014 年逆差为 1720 亿美元，2015 年逆差为 1820 亿美元，但在数字服务领域包括数字内容、媒体和娱乐等，中国不断创造新技术、新模式、新路径，已采用"弯道超车"，一举实现对外贸易顺差。从 2011 年到 2017 年，中国数字服务贸易连续保持年均 100 亿至 150 亿美元贸易顺差。就用于跨境数据流动的带宽而言，中国已经跻身全球前六大国家，而在 2005 年中国还仅仅排在第 13 位。中国在数字文化领域的后来居上，得益于新旧动力模式的转换。以腾讯、阿里巴巴、百度等为代表的一批中国数字文化领军企业，正在建立生机勃勃的数字化生态，发展平台型、网络型、互联互通型的文化生产力模式，推动本国数字文化产业发展。2016 年，这三家企业占中国风投市场的份额高达 42%。根据联合国贸发会议的《2017 信息经济报告》，全世界四大地区中，以年营业额超过 10 亿美元的一批跨国公司为引领，正在呈现出优胜劣汰、强者争先的数字经济梯度大格局。其中，北美地区有谷歌、亚马逊、Facebook 等 63 家跨国公司，规模达到 2.8 万亿美元；亚洲地区有腾讯、阿里巴巴、百度、华为等 42 家跨国公司，规模达到 6700 亿；欧洲地区有 27 家跨国公司，规模为 1610 亿元；非洲和拉丁美洲有 3 家跨国公司，规模为 610 亿元[②]。以中国、日本、韩国、印度等为代表的亚洲国家，在腾讯等领军企业的推动下，明显占据了全球数字经济的第二方阵，是欧洲

[①]　《中国跻身全球数字经济引领者行列》，《参考消息》2017 年 9 月 13 日。

[②]　UNCTAD: Information Economy Report 2017——Digitalization, Trade and Development.

国家的 4 倍以上规模，但是与北美地区相比较，亚洲地区为前者规模的 23% 左右，在世界市场上所占份额有限，所以还有着巨大的增长空间。目前，中国在数字文化产业的主要领域，都在加紧开发，奋力追赶，而且显示了越来越有效的成果。比如，在技术研发、产业投资、内容开发等多种动力的驱动下，2017 年中国游戏市场实际销售收入达到 2036.1 亿元，同比增长 23.0%；中国数字出版产业在 2016 年的总收入达到 5720 亿元，同比增长 29.9%[①]。可见中国在国家文化软实力建设领域，通过新旧动能转换，大量创造出文化新科技、新业态、新内容、新模式，可以焕发出更高的文化生产力，提供更高质量的对外文化出口产品和出口服务，逐步迈向世界文化强国。

三、形成文化地缘的空间新布局

中国建设世界文化强国，必然要立足于中国作为发展中大国的特点，不断解决文化发展不平衡不充分的问题，形成文化地缘的空间大布局。地理是人类赖以生存的物理基础，而地缘是在一定地理条件下的国家利益、政治格局、文化能量等的总和，是国家提升综合实力包括文化软实力的生存空间。美国地缘政治学家斯皮克曼曾说过："地理是各国外交中的最基本的因素，部长们来去匆匆，而山脉是始终不可动摇的。"设计文化地缘战略的立足点，是把国家的文化实力、文化资源、文化利益、文化安全上升到与地缘政治、地缘经济同样重要的高度，成为国家在较长时间内充分利用地缘格局内的资源，把各种地缘局限化害为利，获得国家文化软实力持续增长的宏观设计和基本模型。

中国学者黄仁伟教授指出，地缘经济理论着眼于世界经济的区域一体化以及走向全球化的机制，是大国共同治理世界的一个重要理论来源[②]。现在中国面临的是一种二元亚洲地缘环境，即以中国为主的地缘经济结构和以美国

---

① 《2016-2017 年中国数字出版产业年度报告》，http://www.cjiyou.net/html/2017-07/451444.htm，2017 年 7 月 15 日。

② 黄仁伟：《地缘理论演变与中国和平发展道路——2010 年 9 月 17 日在复旦大学社会科学高等研究院"中国深度研究高级讲坛"的演讲》，复旦新闻文化网，www.news.fudan.edu.cn，并参看黄仁伟：《中国崛起的时间与空间》，上海社会科学院出版社 2002 年 9 月版。

为主的地缘政治结构。在这种结构更高的层面上是中美之间的相互依存，而中日关系则是二元结构中最为纠结的地缘政治问题。笔者认为：在这一个地缘政治的大变局中，文化软实力是一个内涵丰富而微妙的领域。我们应该立足全球化潮流和中国的国情，研究和把握三种地缘战略：①地缘政治理论，它强调地理是国家安全的基本要素；②地缘经济理论，它强调可以利用邻近国家和地区的地理条件，开展经贸合作和互利；③地缘文化理论，它认为可以通过文化的交流和文化的贸易，影响相关国家的地缘政治和地缘经济。后者方兴未艾，正是有待于深入展开研究和实践的前沿领域。

从文化产业所蕴含的意识形态和价值观念意义上说，文化产业是推动地缘政治结构的一张大牌，是国家软实力竞争的重要组成部分，而从文化产业作为经济活动而言，文化产业又是地缘经济合作最活跃的领域，可以跨越意识形态的冲突，利用信息、投资、贸易、消费等的网络，把邻近国家之间的资本、信息、创意、品牌、市场等组合起来，形成文化产业领域中相互依存、共享和竞争的关系，让参与合作的区域获得互惠互利。它往往是两国间接触和交往最频繁的地带。地缘格局中的文化竞争、文化贸易、文化合作、文化交流等，成为区域文化竞争力最为活跃的领域，也应该是中国作为新兴的全球大国，在增强文化软实力的进程中，必须把握的战略制高点。

有鉴于此，中国建设文化强国，必须建立有中国特色的文化地缘大格局，重点是立足于中国的特殊国情，包括超大型的人口规模、超广阔的国土海域、超深厚的历史积淀、超多样的文化融合，全面把握好中国文化资源在地缘分布的多样性、文化建设在区域投入的有效性、文化实力在地缘布局的科学性、文化贸易在地缘合作中的共享性，以构建既高度统一又包容多样、既突出中国文化优势又与各国互联互通的文化强国之地缘大布局。正如马丁·雅克等国际学者所言："与近代许多单一的民族国家不同，中国实际上就是一个具备多样性的文明实体[①]"。中国位于亚洲海岸线的中央，从对外的角度而言，中国是海洋秩序和大陆秩序之间的重要枢纽。中国向东直接融入以海洋贸易为代表的世界市场，向西直接联系着以亚欧国家为代表的大陆秩序；中国作

---

① 马丁·雅克：《当中国统治世界——中国的崛起和西方世界的衰落》，张莉，刘曲译，中信出版社，2010，第155页。

为一个海陆兼备的超大枢纽型国家，对全球秩序具有了极为重要、不可替代的价值。从对内的角度而言，中国是一个多元复合结构的体系；中华民族在历史上以超强的凝聚力融合了极为多样的文化实体，在历史纵向轴上累积了从华夏先民到唐宗宋祖乃至明清之后的巨大遗产，如著名的三星堆、金沙、马王堆、良渚等遗址就积累了多达 5~10 层的文化层，在空间横向轴上展开了齐鲁、燕赵、三秦、三晋、湘楚、吴越和巴蜀 7 大地域文化形态和 20 多个次一级的地域文化形态。中国又是一个尚未完全实现统一的新兴大国。相比之下，历史上英、美、德、日、俄等大国，在崛起前至少 10 年就基本完成了国家的统一。

中国建设世界文化强国，必须以"一带一路"和长江经济带等为联动轴，打造中国文化产业和文化贸易发展的"π"型动力带，形成中国文化软实力的强劲引擎。"一带一路"和长江经济带至少包括三大发展轴。第一条发展轴：中国沿海的南海、东海、黄海和环渤海的 11 个省市的发展轴，是典型的新月型海陆枢纽地带，联通西太平洋和印度洋，为 21 世纪海上丝绸之路经济带的起点和重要引擎。第二条发展轴：中国的亚欧大陆桥发展轴，以江苏连云港为起点，向西通过海陆联动江苏、安徽、河南、山西、甘肃、青海、新疆 7 个省区，贯穿我国东中西部，从新疆进入巴基斯坦，联动西亚、中亚和欧洲，也是 21 世纪新丝绸之路的重要发展轴。第三条发展轴：长江经济带，它联通上海、江苏、浙江、安徽、江西、湖北、湖南、四川、重庆、贵州、云南 11 个长江流域的省市，并且与中南半岛铁路网联通，进入东南亚和印度洋。中国学者王战、郁鸿胜等指出：中国地图上这三条发展轴，如同一个巨大的"π"字[①]，奔腾着中华民族伟大复兴的澎湃动能。此外，"一带一路"还包括中蒙俄、渝新欧（重庆、新疆、欧洲）、蓉新欧（成都、新疆、欧洲）和义新欧（义乌、新疆、欧洲）等经济走廊和动力发展轴，成为中国推动"一带一路"建设的能量引擎。

这三大发展轴和有关经济走廊所联接的各个省市和地区，目前存在着明显的发展不平衡与不充分的问题。以长江经济带为例，它从东海沿岸一直延

---

① "上海参与建设长江流域经济新支撑带的若干问题研究"课题组：《"π"型战略格局中，上海该怎么做》，《解放日报》2014 年 12 月 25 日。

伸到内陆的腹地。2017 年在位于长江入海口的长三角地区，江苏省、浙江省、上海市的 GDP 总量分别达到 8.59 万亿元、5.18 万亿元、3.01 万亿元人民币，按常住人口计算的人均 GDP，已经进入到人均 GDP 1.5 万到 2 万美元的区间；在长江中游的湖北省、湖南省、江西省，2017 年的 GDP 总量分别达到 3.65 万亿元、3.46 万亿元和 2.08 万亿元，进入到人均 GDP 7000 美元到 1 万美元的区间，而在更靠上游的贵州省，2017 年 GDP 总量达到 1.35 万亿元，人均 GDP 在 6000 多美元的区间 ①。如果孤立地看，这些地区差异带来的结果是消极的，可能是一种增长的负担；但是在中国特色社会主义制度下，这些地区之间的发展不平衡不充分，有可能转化成为各类文化生产力要素流通与整合的广阔潜力空间，通过梯度有序的市场流通，以东部地区比较充裕的资金、技术、创意、品牌、国际联系等资源与中西部地区拥有的土地、劳动力等资源相整合，形成各具特色又相互联系的文化生产力集聚带。2017 年，联合国教科文组织颁布了新入选的全球创意城市（UNESCO Creative Cities Network），包括中国的 4 座新入选城市澳门、青岛、武汉、长沙，加上自 2008 年以来先后入选的深圳、上海、成都、北京、杭州、苏州、顺德、景德镇，中国拥有的世界创意城市已达到 12 座，是世界各国中拥有创意城市最多的国家。它们主要集聚在中国沿海经济带和长江经济带，涵盖了创意之都、美食之都、媒体艺术之都、手工艺和民间艺术之都等多种类型，形成以沿海经济带为巨大的"弯弓"，以长江经济带为强劲"长箭"的大格局。这一组创意城市在中国呈现带状集聚的大格局，犹如珍珠成串、长藤结瓜，深刻地揭示出中国在建设文化强国过程中，需要结合地缘特色，形成文化创新动力带，扩大对于"一带一路"和世界更加广阔地区之文化辐射的必要性和可行性。

---

① 以上数据由本文作者根据各地公开发表的资料整理。

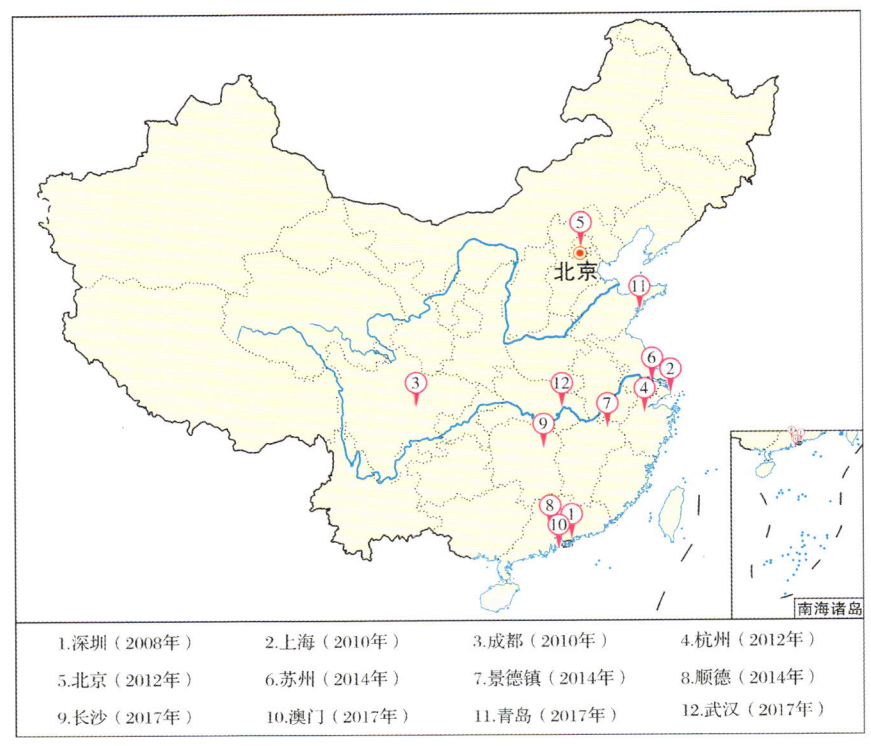

1.深圳（2008年）	2.上海（2010年）	3.成都（2010年）	4.杭州（2012年）
5.北京（2012年）	6.苏州（2014年）	7.景德镇（2014年）	8.顺德（2014年）
9.长沙（2017年）	10.澳门（2017年）	11.青岛（2017年）	12.武汉（2017年）

图 11-4　中国拥有的联合国教科文组织创意城市分布图 [①]

　　从全球范围看，国家文化软实力的增长，显示出集约化、规模化、网络状分布的趋势。它们并非在各个地区均衡分布，而是集中在文化、科技、金融高度发达、科技综合实力强、法律制度和市场体系完善、具有广泛全球化联系的城市群。它们是全球供应链的节点，也是建立文化地缘大格局的关键，比如美国的沿太平洋海岸，是著名的新兴产业集聚带，洛杉矶是世界视听和娱乐产业的中心；西雅图是亚马逊、微软、波音等企业巨头的聚集地；硅谷面积 4700 平方公里，人口仅为 300 多万，却成为一个世界级的高科技创新集聚区；硅谷－旧金山湾区拥有 40 多万个高科技就业岗位，集聚了美国风险资本投资的 46，成为通信和电脑、人工智能、生物工程、数字内容和新型视听

　　① 　本文作者根据联合国教科文组织颁布的资料设计和绘制。

产业发展的引擎①。有学者把这种创新全球化的潮流，称之为"超级供应链和超级城市化"的时代，各种信息、资本、技术、人才等要素流通的网络通过关键节点覆盖全世界，"现在的全球供应链已经是高度整合，这些供应链成了全球互联程度的测量仪②"。正因如此，从中国各地追赶世界先进潮流的巨大决心和竞争热情来看，中国的沿海城市自然有明显的优势，而远离沿海地带的内陆城市、各地的中小城镇，如果树立了全球化视野和文化创新之自觉，也有可能在建设文化强国的进程中打造成为关键节点。以联合国教科文组织创意城市——成都为例，它确立了建设西部文创中心，打造创意之城、设计之都、美食之都的目标，成为联接中国西部与世界文创精英的关键节点，成为联系大陆文化与海洋活力的枢纽城市。成都继 2016 年引入具有"设计奥斯卡"之称的德国 iF 设计奖之后，2017 年 iF 成都设计中心正式揭幕，以邀集各国精英联手打造世界级水平的 iF 成都国际设计论坛和成都创意设计周；根据《成都市人民政府关于支持音乐产业发展的意见（2016）》，成都将抓住中国音乐产业快速发展的机遇，培育一批植根成都、覆盖全国、辐射国际的音乐人才和企业。到 2020 年音乐产业年产值达到 500 亿元，2025 年形成优势显著的现代音乐产业体系，年产值突破 1000 亿元。成都、长沙、武汉等内陆城市作为世界创意之都的文化贡献力，对于中国中西部的更多城镇具有广泛的启发意义。中国的文化地缘大格局，既需要面对海洋，也需要面对内陆，还需要海陆大流通和大联动，要在广阔的东中西部，依托各类城镇，形成与海港、空港、陆港、信息港相结合的互联互通之关键节点，打造沿海型、内陆型、边贸型等各类文化中心城镇，不仅为中国人民创造大量的文化财富，也在不断攀升全球文化价值链的过程中，为世界文化贡献更多的正能量。

---

① Stanley Kwong：Innovation，Disruptive Technology and Silicon Valley Nov，2016.

② 帕拉格·康纳：《超级版图——全球供应链、超级城市与新商业文明的崛起》，崔成刚、周大昕译，中信出版社，2016，第 22 页。

第十二章
中国艺术品产业的发展战略——迈向"十三五"的国际视野和中国路径 [①]

一、产业特点：历史沿革与现代形态

（一）艺术品产业的基本定义和地位

艺术品是具有视觉审美价值和物理载体的人工产品。狭义的"艺术品"专指视觉造型的艺术品，包括绘画、雕塑、装置艺术等，是人类创造力的集中表达；广义的"艺术品"还包括视听审美的艺术品，如储存于网络服务器和数字化传播的视觉和音乐制品等。这里所指的"艺术品产业"，重点指以造型艺术品为主的各种文化经济活动的总和，也是体现一个国家文化创造活力的核心领域。

从文化创意产业的结构看，各门类犹如一个从中心向周边层层扩展的同心圆，而艺术品产业正处在核心的地位。联合国教科文组织和开发计划署把创意产业分为文化遗产、艺术、传媒、创新功能这四大领域 [②]。艺术品产业凝聚了高度的人文价值，成为出版、印刷、版权、设计、新媒体、数字互动服

[①] 基金项目：2013 年国家社会科学基金重大项目"增强我国文化整体实力和竞争力研究"（项目编号 13&ZD038）研究成果。

本文首次发表于《上海财经大学学报》（哲学社会科学版）2015 年第 5 期（CSSCI 核心期刊）；由中国人民大学《复印报刊资料·文化创意产业》2016 年第 1 期全文转载。

[②] UNDP & UNESCO: Creative Economy Report 2013 Special Edition.

务等形态的源头之一，是全球文化创意的产业链、服务链和品牌链中的关键环节之一。有鉴于此，它在联合国 2002 年和 2009 年两次颁布的文化统计框架中，都被列入 ABCDEF6 个主要门类的核心领域 C 类。

图 12-1　联合国教科文组织文化统计框架

（二）艺术品产业的当地价值和意义

从艺术品开发的能力角度看，艺术品产业体现了一国国民所拥有的人文精神和创造力技能。正如丹麦学者本尼·奥塞林所说：艺术品的创造力，源自对儿童早期教育和国民终生教育的大量投入。尽管许多欧洲国家缺乏石油、矿产等自然资源，但是只要它打造一个"学习的国度"，那就会成为一个"创造力的国度"，并且终究成为一个"竞争力的国度"[①]。这一深刻的理念逐渐成为现代艺术品产业的核心，使得越来越多的国家和国民重视和支持艺术品产业。

从产业发展政策的角度看，艺术品产业被许多有识之士作为知识经济背景下建设创新型国家的一项重要政策。早在 1970—1980 年代，英国经济率先进入历史性转型期。英国政府就认识到，创意、设计和艺术，对于提高工业产品的价值具有重要作用。1993 年，英国政府发布以"创造性的未来（Creative

---

① 　Bennye'D Austring: Arts, Aesthetics, and Learning（2014 April）.

Future）为主题的国家文化发展战略，指出文化发展的核心就是创造和创新，又在 1998 年和 2001 年两次发布有关英国创意产业发展战略的报告。英国政府提出的"创造性未来"和"创意产业"这两大理念对欧盟国家产生了深远的影响。欧盟理事会借用英国提出的"创造性的未来"概念，正式提出"创造性的欧洲"（Creative Europe）文化战略目标和欧盟文化政策总体框架。2014 年《欧盟文化创意产业出口和国际化战略的报告》指出：艺术品是欧盟国家最重要的文化产业门类之一，应该把它作为欧盟国家开展国际文化贸易和发挥国际文化影响力的关键领域① 。

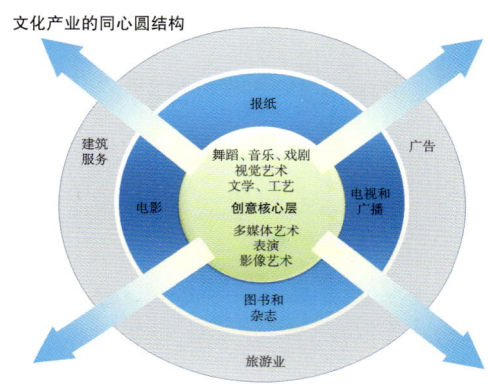

图 12-2　欧盟文化创意产业出口和国际化战略②

（三）艺术品产业的市场演化过程

艺术品成为一种历史悠久的产业，经历了"消费型市场""收藏型市场""投资型市场""类金融化市场"四个重要的发展阶段。

艺术品作为人类审美理想的优秀载体，很早就催生了消费型市场的雏形。比如，从公元前 2600 年的良渚时期开始，那些天圆地方的玉琮、造型雄浑的玉钺等，就显示了很高的艺术成就，成为社会上层的重要用品。良渚、三星堆、金沙、马王堆等地的考古发现证明中华先民很早就有对艺术品的喜爱和消费，社会上层用艺术品作为礼器、祭品、装饰品，成为当时社会普遍的时尚。

---

① 　《法国核心竞争力——文化创意产业全景报告》（法兰西共和国总统奥朗德资助项目），《首都文化智库》2014 年 11 月第 6 期。

② 　根据 2014 年《欧盟文化创意产业出口和国际化战略的报告》资料绘制。

　　从文艺复兴运动开始，艺术品逐步进入到收藏型市场的阶段。当时的富裕阶层和社会精英，把有价值的艺术品作为收藏对象。比如 1452 年出生于意大利的达·芬奇，有许多杰作被王室和贵族收藏。这种艺术收藏市场包括如下环节：作为生产者的艺术家、作为出资人和收藏者的艺术馆和富人，作为评论者的学者等。出资人和收藏者重视艺术品的艺术、历史、学术价值，看重艺术家的地位和名望，而比较少地考虑其他世俗因素，如艺术品的商业价格，交易的获利多少等。由于艺术品流通周期比较长，这类收藏趋向于以时间换增值。

　　从 20 世纪初叶开始，艺术品进入到投资型市场的阶段。1905 年，Andre Level 在法国创立了熊皮基金。这个基金筛选了大量具有盈利前景的艺术品，特别是瞄准了梵高、毕加索等大艺术家的精品，成为工业资本投资艺术品产业的先驱。它标志着艺术品产业从个人收藏向机构投资的深刻转变。在艺术品投资基金的操作下，艺术品投资者尽管没有特别的艺术专业背景，却可以经常性地介入艺术品的投资和交易。高收入人群名义财富的增长，成为艺术品投资的直接需求来源，艺术品投资不仅仅在经济景气时可以获得可观的收益，在通货膨胀高涨时也是良好的抗通货膨胀选择。

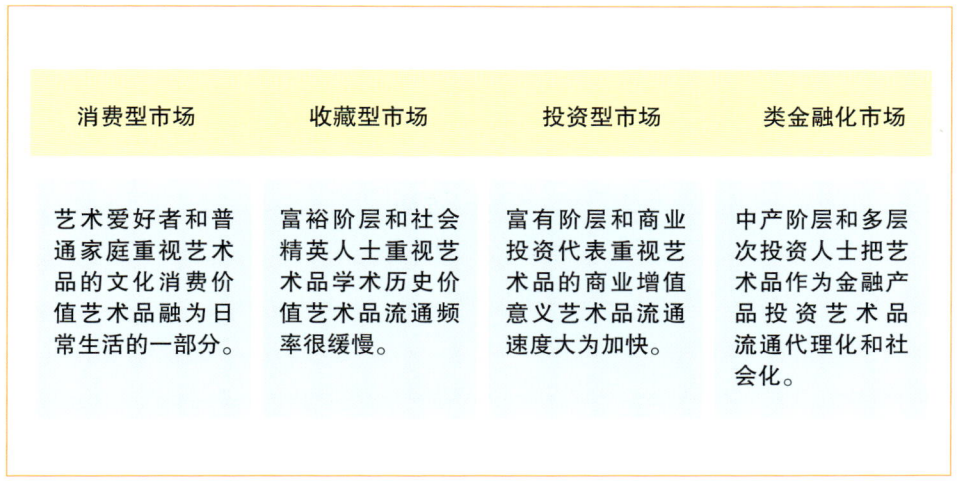

消费型市场	收藏型市场	投资型市场	类金融化市场
艺术爱好者和普通家庭重视艺术品的文化消费价值艺术品融为日常生活的一部分。	富裕阶层和社会精英人士重视艺术品学术历史价值艺术品流通频率很缓慢。	富有阶层和商业投资代表重视艺术品的商业增值意义艺术品流通速度大为加快。	中产阶层和多层次投资人士把艺术品作为金融产品投资艺术品流通代理化和社会化。

图 12-3　艺术品产业投资发展的四大阶段

从 20 世纪中叶开始，艺术品进入到"类金融化市场"的阶段。艺术品交易所和艺术品证券化的出现，为大量投资者提供了一条低门槛的大众化艺术品投资路径。与艺术品相关的基金、信托、抵押等金融工具，活跃了艺术品投资市场，改变了只有竞买而没有竞卖的传统，创造出在价值形态上不但有竞买，而且有竞卖的双向流通机制，吸引了大量投资机构和中小投资者，成为具有类金融特点的经济形态。它推动了艺术品生产、评估、抵押、流通、保管等环节，也凸显了艺术品在保值和增值方面的价值。有研究者指出：100年前，道琼斯股票有 33 家蓝筹股公司，如今仅剩下通用电气 GE，而 1900 年的 100 个印象派和古典派艺术家，至今还有 95 个大家的画作活跃在各大顶级拍卖会上[①]。

二、全球趋势：中心城市与内在规律

（一）市场的增长与全球大格局

在当代文化创意产业和国际文化贸易的视野中，艺术品产业是一个不断增长的领域，具有独特的发展规律。根据联合国贸发会议数据库的资料，从2002 年到 2011 年，全球创意经济出口量从 2800 多亿美元，增长到了 6200 亿美元以上，增长了 1 倍多。其中在 2008 年以后由于全球金融风暴的影响而有所下滑，在 2009 年跌入小低谷，而后又进入到上升通道。而在全球所有文化创意产业产品的出口中，视觉艺术品的增长率达到 12.8%，高于全球所有创意产品出口的平均增长率 11.5%，特别是远高于出版物的增长率 7.3% 和视听产品的增长率 7.2%，说明艺术品产业的国际流通性优于其他许多门类，获得了投资、国际贸易、消费三大动力的推动。

---

① 董艺婷：《另类投资系列之一——艺术品投资综述及投资实务探讨》，《国信证券研究报告》2010 年 5 月 5 日。

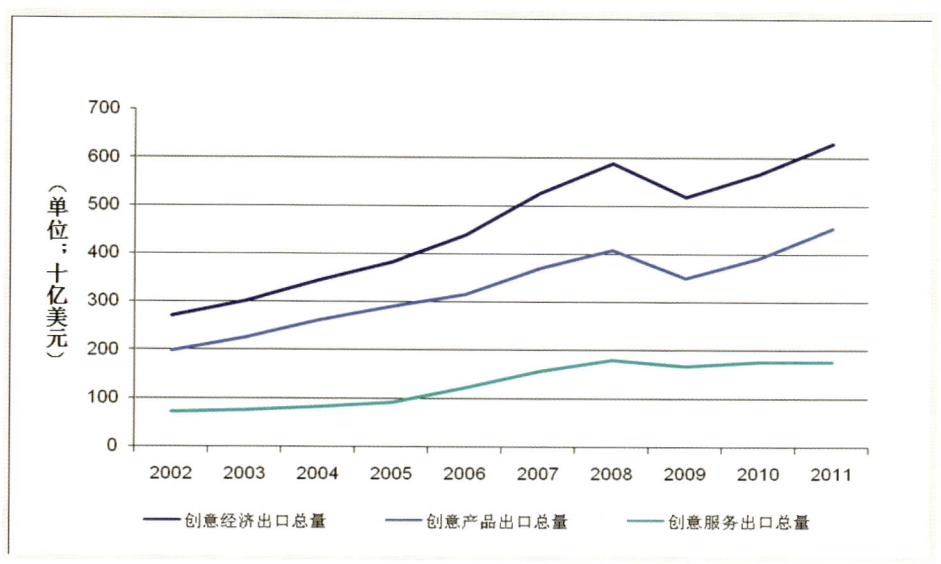

图 12-4　创意经济的全球出口量（2002—2011 年）①

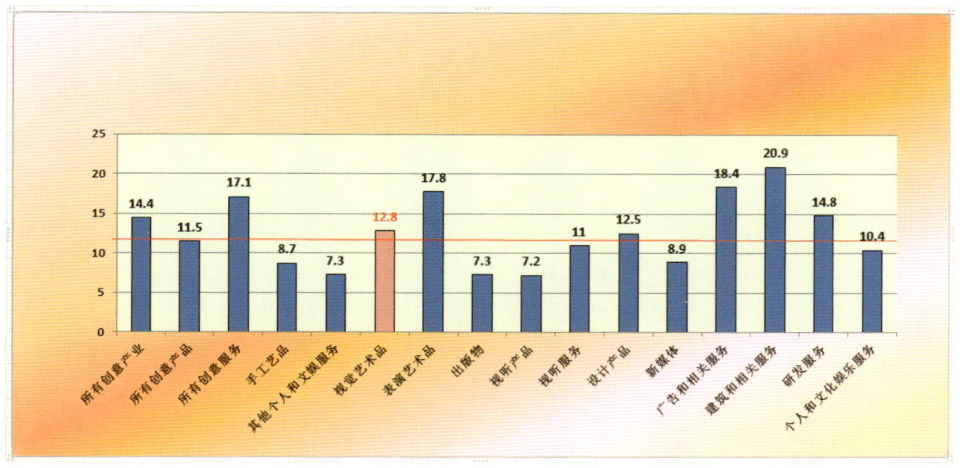

图 12-5　全球所有创意产业各门类出口额的增长率（％）（2002—2010）②

---

① 本文作者根据联合国贸发会议 UNCTAD 的数据库资料绘制。

② 本文作者根据联合国计划开发署和联合国教科文组织，全球创意经济报告 2013 年的资料绘制。

从全球视野看，发达国家和地区的财富积累，是艺术品产业长期需求的基本支撑；实际经济增长和通货膨胀共同决定的名义财富，成为艺术品产业的稳定动力；而艺术品作为高风险、高收益、低标准化/非标准化的资产，又高度依赖于成熟的投资和消费市场体系。全球的艺术品产业大国必然是经济大国，但是经济大国未必一定是艺术品产业大国。这就是马克思所说的，艺术的繁荣时期绝不是同社会一般发展成比例，艺术生产与物质生产既有内在联系又不平衡的深刻道理。[①]

根据欧洲艺术基金会 2014 年年度报告《全球艺术品市场：聚焦美国和中国》[②]，2013 年，全球共有 30.8525 万户商家从事艺术品和古董贸易，形成了一个庞大的艺术商业群体。当年全球艺术品和古董市场的交易总额达到 474 亿欧元，比 2012 年同期上涨 8%。美国以 38% 的市场份额再次成为全球最大的艺术品市场，比 2012 年增加 5%。中国连续两年蝉联全球艺术品交易的第二位，占全球艺术品市场份额的 24%，约为 113.7 亿欧元，是全球增长最快的新兴市场。有关研究者预测：中国艺术品市场的潜在规模可能是这一规模的 2 至 3 倍，即可能增长到 230 亿欧元到 340 亿欧元，全球艺术品产业基本上形成了美国、欧盟、中国三足鼎立的大格局。

（二）中心城市与多元动力模式

在全球艺术品产业的发展中，有一个重要的规律即"城市中心、高端掌控、多元模式、实力竞争"，特别是一批艺术品中心城市发挥了关键性作用。它们既是吸引大量艺术投资和培育艺术家的基地，又是以艺术品会展和评论推介艺术品新锐的舞台，更是推动艺术品流通和交易的平台。

1. 纽约模式：全球金融中心＋工商业大都市＋多元大熔炉

纽约市是全球艺术品产业的第一重镇，2014 年纽约的艺术品公开销售总

---

① 马克思：《〈政治经济学批判〉导言》，《马克思恩格斯全集》第 46 卷，上册，人民出版社，1979。

② European Fine Art Foundation：The TEFAF Art Market Report 2014 – The Global Art Market with a focus on the US and China –《全球艺术品市场：聚焦美国和中国——2014 年全球艺术品市场年度报告》。从数据分析看，这里所指的主要是二级市场，即艺术经纪人、画廊与艺术品拍卖公司从一级市场获得的艺术品再次投入流通的市场交易规模，美国、中国和全球的总体艺术品市场规模要大大超过这一数字。

额达 46.8 亿美元，占据了美国艺术品公开销售市场的 50% 以上，也占据了全球艺术品公开销售额的五分之一。2014 年有超过 2 万件艺术品在纽约拍出，其中 83 件的价格超过了 1000 万美元。纽约充分利用金融中心的优势，推动艺术品产业向投资型和金融型发展。国际金融中心是指能够提供最便捷的国际融资服务、最有效的国际支付清算系统、最活跃的国际金融交易场所的中心城市。纽约不但有第五大道上的"博物馆一英里"，集聚了古根海姆艺术博物馆、大都会博物馆等一批顶级艺术品展馆，也有 SOHO 等非主流的艺术创作集聚区，更有苏富比拍卖行和所罗门·古根海姆基金会。前者从 2010 年到 2013 年创造了 81 亿美元的拍卖业绩，具有了类金融的特点，而后者把艺术博物馆发展成为兼有展览、投资、交易功能的综合实体，展示了金融资本推动艺术品产业的活力。

2. 伦敦模式：中央活动区 + 文化财富管理中心 + 创意集聚区

伦敦是全球最早倡导创意产业的城市，而它的艺术品产业集聚在伦敦中央活动区（Central Activity Zone，简称 CAZ），CAZ 是一个重要的理念创新，由 2000 年到 2004 年编制的"大伦敦空间发展战略"规划提出。它沿泰晤士河蜿蜒约长 13 公里，建设用地 8.5 平方公里，集聚 150 多万人。CAZ 不但是伦敦金融城和大批跨国公司总部所在地，也汇聚了著名艺术机构如大英博物馆、泰特现代艺术馆等，汇聚了来自世界各地的大量优秀艺术品，更与皇家艺术学院、著名剧院、文化遗产公园等相映成趣，成为活跃的文化艺术和金融商贸集聚区。根据专业财富管理咨询公司 Scorpio Partnership 估算，有超过 300 家资产在 1 亿英镑以上的超级富豪在伦敦开设了理财机构，进行全球资产包括古典艺术、现代艺术品、古董、证券、债权、不动产、珠宝等的投资和管理，形成全球文化资产管理中心。

3. 巴塞尔模式：顶级艺术展 + 吸引高净值人群 + 全球画廊网络

巴塞尔是瑞士第四大城市，与德国和法国交界，面积约 37 平方公里，常住人口不足 20 万人，是个类似日内瓦的国际化城市。瑞士从 19 世纪初以来，就是著名的中立国，建立了稳固的银行和交易体系，所以巴塞尔拥有在国际金融方面举足轻重的国际结算银行（BIS/BIZ），每年举行影响巨大的国际样品展示会。依托这些有利条件，巴塞尔形成了独特的艺术品产业模式，而巴塞尔艺术展则是它的王牌，至今已经举办 46 届，成为全球画廊和艺术品投资人关注的风向标。2014 年的巴塞尔艺术展吸引了来自 34 个国家的 285 家国际顶尖画廊参展，并且巧妙地把高雅艺术和奢侈品营销结合起来。巴塞尔艺术节成功地进行了品牌推广活动，2002 年派生出迈阿密海滩巴塞尔艺术节，2012 年派生出香港巴塞尔艺术节，使巴塞尔艺术展的品牌成为一个巨大的财富来源。

4. 东京模式：中高端收藏＋城市新复兴＋东方生态时空

东京在"城市复兴新政策"的引导下，于 2004 年全面建成了六本木新城（Roppongi Hills），建筑面积 80 万平方米，耗资 25 亿美元，既是体现 21 世纪文化理想的新地标，又是高端艺术场馆的汇聚中心。这里不但是金融、保险和诸多跨国公司总部所在地，而且集中了三座具有世界影响的艺术殿堂：以现代艺术为主题的森美术馆（Mori Arts Center）、由时装设计师三宅一生基金会资助的艺术博物馆以及由设计师黑川纪章设计的新国立美术馆。具有日本园林风格的六本木中庭，与三大美术馆相映成趣，演绎着大都会的艺术畅想曲，把基于商业、金融、时尚、奢侈品等而汇聚过来的大量资金流和人流，融入艺术品产业的领域，为现代城市人和财富家庭参与艺术创造了良好的条件。

5. 圣达菲模式：多元文化遗产＋艺术旅游＋西部风情体验

圣达菲作为美国新墨西哥州的首府，开创了西部小城艺术旅游的另一种模式，成为美国第四大艺术品交易中心。这里位于浩瀚的沙漠之中，历史上是印第安人的家园和西班牙、英格兰殖民者的据点，也曾经是墨西哥的一部分。它把传承多元的文化遗产与艺术品开发结合起来，拓展到艺术旅游和生活美学体验的领域。在著名的大峡谷大道两侧，集中了近百家印地安民居风格的美术品商店、艺术博物馆、艺术咖啡馆、音乐花店和中小型创意企业。这座常住人口 7 万人的沙漠小城，发展出一个完整的艺术品产业－多元文化－创意旅游生态系统，形成强烈的艺术体验感染力，每年吸引了大量的海内外游客。

（三）主导理念和政策框架

各国艺术品产业竞争的另一个重要规律，是设计出有效而完整的主导理念和法律政策框架。因为艺术品产业作为一个系统工程，需要国家在宏观上对艺术品的经济作用、产业定位、社会价值、人文导向等，给予系统的规定。

作为全球艺术品产业大国的美国，很早就形成了法律政策框架，用美国洛克菲勒基金会研究报告的话说，就是把艺术品业作为"为美国社会积累大量社会财富的有效途径"，特别是采用法律、资助、基金作为三大动力杠杆。美国从建国之初就明确了对文化艺术的法律保护。1787 年的美国《宪法》第一条第八款规定："为了促进科学和实用艺术的进步，对作家和发明家的著作和发明，在一定期限内给予专利权的保障"。美国政府的资助是推动艺术品产业的活水，美国国会每年向国家艺术基金会、国家人文基金会以及博物馆与图书馆事业学会提供大量拨款；而基金会是美国政府推动艺术品产业的强力杠杆。1965 年美国国会通过了支持文化艺术基金会发展的《国家艺术及人文事业基金法》。美国也鼓励各类私人和社区基金会，2010 年美国全国基金会有 5 万多家，其中比较重要的有 1600 多家，有 15% 左右与文化艺术有密切关系。作为美国 20 世纪三大基金会之一的洛克菲勒基金会，就是艺术品产业的大力推动者。

欧盟的文化艺术政策框架，以"鼓励创造""参与和分享"作为两大杠杆，激励绵绵不绝的艺术品创造。1789 年的法国大革命期间颁布的《人权和公民权利宣言》就有了文化权利的内容。1919 年的德国魏玛宪法中，对公民参与和分享文化权利做了更加明确的规定。欧盟在文化人权的理念引导下，于 1994 年通过法律，规定艺术品进入到欧盟任何一个国家，应该缴纳最低为 5% 的进口增值税。但如果是"临时性进口"，就可以暂不缴纳，直到进口艺术品卖出，暂缓期限为 2 年。在欧盟法律的框架内，对画家、画廊、拍卖公司、艺术博览会等艺术品产业链的各要素的经营者采取不同的税收政策，以平衡各方面的利益。

日本针对艺术品产业确立了两大理念。①文化财理念。日语"文化财"是日本为保护文化遗产、自然遗产所建立的标准，依日本《文化财保护法》订立。文化、历史、学术等成果一旦列入"文化财"，可以获得很高的社会地位。②鼓励文化出口政策。1996 年以来，日本先后制定多项鼓励文化艺术出口的政策。2011 年 5 月 12 日，日本朝野十多位著名人士联名提出《新日本的创造——为了让文化和产业、日本和海外紧密联系——酷日本官民有识之士会议提议》，提出向世界推广"超越二分法的日本流——日本的创造性"，它包括中体日用/西体日用/日本画·西洋画/神道佛教相融合/混俗和光/文戏·武戏/萧瑟·美好等多种要素，到 2020 年使得"日本流"——日本向海外销售的文化产品达到 8 万至 10 万亿日元 [①]。日本的税收制度在国税里引入了公益信托，针对艺术普及和文化财产保存与开发的机构法人，建立文化艺术业务公益信托的制度等。

三、中国实力：基础条件和面对问题

经过多年的改革开放，中国一跃成为全球第二大规模的经济体，也是全球第二大艺术品市场和艺术品大国，在发展成为全球艺术品强国的道路上打下了坚实的基础，也面临着一系列亟待改善的问题。

（一）中国艺术品市场潜力巨大，亟待完善产业框架

2012 年《文化部"十二五"时期文化产业倍增计划》对艺术品业首次提出了要求："繁荣美术创作，推动当代艺术品产业健康发展。创建艺术原创、学术评价、艺术品市场互为推进的艺术发展体系。引导、培育和建设艺术品一级市场。完善艺术区管理模式，鼓励艺术品产业集聚发展。建立中国艺术品行业登记认证数据库。积极扶持新媒体艺术。"该计划提出发展艺术品产业的基本目标为：到 2015 年，艺术品市场交易总额达 2000 亿元，形成 2~3 家具有世界影响的艺术产业集聚区，将中国建设成为世界艺术品重要交易中心。

从近年来的实践看，上述计划发挥了开拓和引导的作用，但是缺乏对艺术品产业的体系做出深入和完整的界定，主要把艺术品产业集中在艺术品一级市场方面，缺乏对艺术品产业主体培育、平台建设、投资交易、国际贸易等的系统性要求。2013 年全国市场交易总额达到 2003 亿元，同比增长 12%。其中包括多种成分：二级市场即艺术品拍卖市场成交额为 438 亿元，三级市场即艺术授权市场中，狭义艺术授权产业即以原作授权品（复制品）为主，2013 年达到 52.1 亿元，广义艺术授权产业包括艺术复制品、艺术授权品、艺术衍生产品等，2013 年交易额为 200 亿元。而全国艺术品出口和网上交易合计不到 100 亿元，所占比例很不相称。这说明中国的艺术品产业规模增长很快，

① 2011 年 5 月 12 日，《新日本的创造——为了让文化和产业、日本和海外紧密联系——酷日本官民有识之士会议提议》。

但是整个产业体系不够成熟，主要环节不够均衡。

表 12-1　2013 年中国艺术品市场的基本概况 ①

排序	市场分类	金额（亿元人民币）
1	画廊、艺术品经纪、艺术博览会	475
2	艺术品拍卖（原创艺术品）	438
3	艺术品出口	60
4	艺术品网上交易	30
5	现当代原创工艺美术品	800
6	艺术授权产品、艺术复制品、艺术衍生产品	200
合计		2003

（二）国民投资艺术品的热情高涨，亟待投资便利化服务

改革开放 30 多年来，中国的公共财富和个人财富都获得了巨大增长，形成了投资艺术品的广泛社会基础。中国在 2014 年成为全球第二个突破 10 万亿美元的超大型经济体。伴随着国家经济的增长，国民的个人财富也不断增多，2013 年末，全国居民储蓄存款余额达 44.76 万亿元，比 1978 年增长 2124 倍。② 中国出现了一大批高净值人群和超高经值人群。根据国际惯例的高净值人群 HNWI（可以直接投资的资金超过 100 万美元），2012 年为 64.3 万人，同比增长 14%。2013 年，全球最富有的人群中，中国人的比重仅次于美国和日本。中国的超高净值人群（拥有 3000 万元以上资产）位居全球第二。越来

---

① 文化部文化市场司：《2013 中国艺术品市场年度报告》，人民美术出版社，2013。
② 白天亮、刘志强：《幸福中国 温暖民心（共和国辉煌 65 年）》，《人民日报》2014 年 9 月 27 日 4 版。

越多的财富人群喜欢把古代书画、当代艺术品、工艺美术品等作为投资的对象，认为投资艺术品体现了较高的文化修养，同时也有长期的保值和增值效益，对通货膨胀有一定的对冲功能。

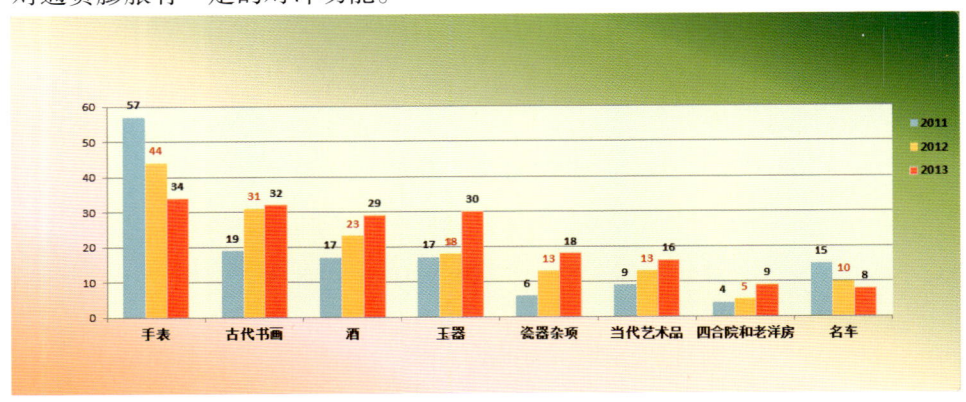

图 12-6　中国财富人群喜欢的收藏品种类（%）①

　　但是在中国财富人群较为集中的沿海发达地区，艺术品产业发育并不平衡。以京津唐地区为中心的艺术品交易市场份额在 2012 年占到了 47.20%，北京作为政治首都和文化中心，在发展艺术品产业方面，汇聚的机构门类更加齐全，集聚的艺术品基金最多。以上海为中心的长三角地区占艺术品市场份额的 13.90%，珠三角占 7.60%②。而从两个城市群占全国 GDP 总量来看，长三角约占全国 GDP 总量的 18%，珠三角约占全国 GDP 总量的 9%。这恰恰说明，以长三角和珠三角之经济实力和财富人群而言，艺术品产业的发展明显滞后，缺乏对艺术品投资的便利性服务，艺术品产业的投资潜力远远没有被释放出来。

（三）艺术品产业集聚区逐步发育，主体集聚不够均衡

　　国内外大量研究表明，艺术品产业是一个高度综合的体系，它以艺术价值链为核心，包括了艺术品投资和金融、艺术品创作和评论、艺术品仓储和会展、艺术馆和博物馆会展、艺术旅游和创意体验、艺术授权和艺术衍生产品六大环节，而且衍生到出版、印刷、旅游等相关产业。有鉴于此，建设艺

①　文化部文化市场司：《2013 中国艺术品市场年度报告》，人民美术出版社，2014。
②　庄毓敏等：《中国艺术品金融研究报告（2014）》，中国人民大学出版社，2014。

术品产业集聚区必须集聚多样化的主体和环节，使得它们形成一个"开放式环形"模式。这样的产业链结构不但具有强大的造血功能，而且可以与社会资金和资源相互融通。

但是根据我们对北京、浙江、上海、广东、广西等 10 多个艺术品产业集聚区的调研发现，上述理想的产业链模式很少，许多是偏重某一个环节的"花心模式"和"梯型模式"。前者是以一批艺术家和工作室为核心，在周围集聚许多艺术品的器材、仿制、物流和零售企业，成为一个艺术品的开发和生产基地，这就难以拓展完整的产业链；而后者是指以艺术创作与会展及旅游为主，集聚了较多的创作主体，但是缺乏艺术品投资和交易机构。由于艺术品产业需要大量的资金支持，它们往往以开发房地产作为"压舱石"。使得集聚区过分依赖房地产的反哺，淡化了文化艺术的主题和造血功能，难以对整个产业链发挥带动作用。

（四）艺术品进出口渠道不够便利，亟待接轨国际规则

中国已经成为全球第二大艺术品市场，但是还不是艺术品出口强国。近年来中国艺术品出口额，不但低于美国的艺术品出口量，也低于一些欧盟国家的水平，这与中国艺术品进出口的税率较高有一定的关系。英、法、德、瑞士、日等国家大多艺术品进出口采用了宽松的税收制度。比如 2011 年法国文化产品各门类的进出口额中，艺术品所占比重最大，出口达到 11.56 亿欧元，进口达到 4.93 亿欧元，超过图书报刊、视听产品、乐器和乐谱等的进出口额[①]。其中有大量的艺术品是被国际旅游者购买的，这也带动了法国艺术品向国外出口。

中国扩大艺术品进出口，还必须逐步完善国际化的仓储和通关服务。艺术品属于文化产业中高价值的物品，但是高昂的运输费用和国际税金，使得艺术品流通的速度放缓。有鉴于此，中国亟待借鉴国际有益经验，依托自由贸易区等提供国际化的仓储和通关服务，包括借鉴新加坡自由港（Singapore Free Port）对"特殊资产"的仓储服务模式、迪拜媒体城享受自由贸易园区的艺术品优惠政策、瑞士日内瓦自由贸易区的仓储和通关服务模式等。[②]

---

① 《法国核心竞争力——文化创意产业全景报告》（法兰西共和国总统奥朗德资助项目），《首都文化智库》2014 年 11 月第 6 期。

② 《艺术知识》，自由贸易区的揭秘，Marie Maertens，2013 年 1 月。（Revue Connaissance des arts, Dans le secret des ports-francs, Marie Maertens, janvier）

四、宏观战略：建设艺术品产业强国

"十三五"规划时期，是中国从艺术品市场大国迈向全球艺术品产业强国的关键时期。我们要根据党的十八大关于建设文化强国的战略，把艺术品产业作为提升国家文化软实力，提高全民族文化素质和文化创造活力，推动中华文化走向世界的重点领域，通过制定长远的规划和有效的举措，培育大批优秀的艺术家和艺术品专业人才，建设优秀的艺术品产业服务平台和配套设施，吸引全球艺术品产业的资源在中国集聚、展示、交易，形成包括艺术品产业六大环节的全产业链，形成全球艺术品产业强国的基本实力。

中国建设艺术品产业强国，要建设 5 个以上的艺术品产业中心城市，依托丰富的历史文化遗产，形成一批国家级的艺术品产业集聚区，成为培育艺术品产业的基础平台和集聚空间。每个国家级集聚区能够集聚 100 家以上的艺术品企业和服务机构，常年联系的艺术品专业工作者和工作室有 200 家（人）以上，每年举办 10 次以上具有国内外广泛影响力的艺术品会展包括博览会、交易会、主题展览会等。每个艺术品中心城市都要形成发达的艺术品投资和商贸机制，每年吸引 200 万以上的艺术旅游人次。到 2020 年使得我国艺术品市场的总量突破 4000 亿元，艺术品对外出口突破 200 亿元。

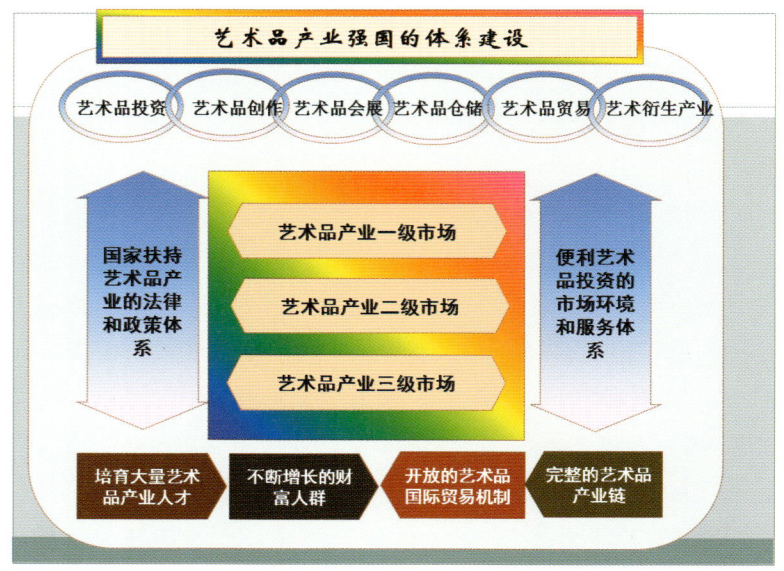

图 12-7　中国迈向艺术品产业强国的体系建设

中国建设艺术品产业强国，要建立完善的法律和政策服务体系，推动三大要素的流动。①资金流：把大量的艺术品资源和项目设计成为投资产品，吸引大量的社会投资，通过金融工具包括艺术品基金、艺术品信托、艺术品众筹等，形成活跃的艺术品投资和交易市场。②艺术品流：通过专业和业余的艺术品教育，培养大量的艺术品人才，提高他们的创作热情和技艺，为艺术品市场提供源源不断的资源供给。③人流：发展与艺术品相关的衍生产品商贸和旅游，吸引大量的艺术品观众、收藏者和消费者，拉动相关的产业。

中国建设艺术品产业强国，要顺应中国进一步提高对外文化开放水平的趋势。2015 年 6 月 1 日，中韩自由贸易协定 FTA 正式签署。这是我国迄今为止对外签署的覆盖范围最广、涉及国别贸易额最大的自贸协定之一。根据韩国自贸协定官方网站公布的文本，"韩版"的韩中自贸协定文本共 22 个章节，第二章"同等国民待遇"、第八章"服务贸易备"受关注，这显示了中国推动对外文化开放的自信心，也预示着未来的中日韩、中拉、中非、中欧、中蒙俄等高标准自贸区谈判，会向高标准、全方位的方向发展。有鉴于此，中国艺术品产业的发展，要深入对接国际艺术品市场规则，整合国内和国际两大艺术品市场，推动艺术品国际贸易，形成互联互通、合作共赢的大格局。

五、实施重点：因地制宜和有效举措

（一）传承历史文化遗产，激发创作活力

中华民族悠久的历史文化遗产，是中国发展艺术品产业所应该重点开发的资源。在全球范围内，中国是一个罕见的超大型文明实体，拥有超大型的国土、超众多的人口和超悠久的历史遗产，正如著名学者马丁·雅克所言：中国与近代许多民族国家不同，"她首先是一个文明国家，其次才是一个民族国家"[①]。中国在历史纵向轴上累积了从华夏先民到唐宗宋祖的巨大遗产，而在空间横向轴上展开了齐鲁、燕赵、三秦、三晋、湘楚、吴越和巴蜀 7 大地域文化形态和 20 多个次级地域文化形态。而每一个历史和地域文化形态，

---

① 马丁·雅克：《当中国统治世界——中国的崛起和西方世界的衰落》，张莉、刘曲译，中信出版社，2010。

又包含了大量的艺术元素。从三星堆、金沙等出土的瑰丽青铜艺术、太阳神鸟黄金箔片，直到汉唐明清以来的书画艺术佳作，都应该在发展中国艺术品产业的过程中，获得深刻的传承。有鉴于此，中国"十三五"期间的艺术品产业建设，要把握好艺术品资源在地缘分布的多样性、艺术品产业在区域投资的有效性、艺术品市场在地缘开发中的层次性，以构建一个既有系统运作又包容多样的艺术品产业强国之地缘大布局。

（二）发展艺术品产业集聚区，探索多种模式

艺术品产业集聚区是建设艺术品产业强国必要的空间载体。我国已经在东中西和东北四大区域建立了国家级的 12 个文化产业示范园区和 340 多家示范基地，培育了深圳大芬村、北京 798、上海 M50 艺术品创意基地等一批以艺术品产业集聚区。在"十三五"期间，要进一步形成多层次的艺术品集聚区大布局，包括在北京、上海、广东、四川等省市建设一批具有全产业链功能的国家级艺术品产业集聚区，发挥率先示范、带动全局的影响力；也要总结上海金山农民画集聚区、广西临桂五通农民画集聚区、浙江东阳木雕·红木家具产业集聚区等的多层次经验，把发展艺术品产业与推动当地经济的升级结合起来，让悠久的文化和技艺传统焕发活力。如东阳的工艺美术产业集群，集聚了木雕·红木家具规模以上企业 95 家，经过工商登记注册的木雕·红木家具生产企业 1035 家，成为国内外规模最大的木雕·红木家具产业集聚区。2012 年该产业的产值 155 亿元，从业人员 13.4 万人，产品远销 80 多个国家和地区，上交税收高达 44800 万元[①]。类似这样从"草根"走向世界的艺术品产业集聚区应该是多多益善。

（三）发展艺术品金融和交易，完善配套服务

艺术品金融和交易是建设艺术品产业强国的增压泵和动力阀。要积极培育艺术品的投资基金、信托、担保等机构，同时用发展完善的配套服务，吸引更多的财富人群和社会群体参与艺术品的消费、收藏、投资和交易。正如上海文化产权交易所等的经验所启发的，针对艺术品的标准化程度低、鉴定比较困难、价值难以准确判定的特点，艺术品的投资和交易，将遵循一条从

---

① 根据本文作者及团队在浙江东阳市的实地调研。

易到难、循序渐进的道路。在初级阶段，主要是针对有相对定评的艺术品，解决确真、确权、评估、保管、交割等问题。在这个基础上开发评估、登记、托管、仓储、市场指数、结算、鉴证、保险、信托、版权保护、资信评级等配套服务，推动艺术品交易向类金融化发展，也要开发交易难度更高的艺术品品种，包括翡翠玉器、装置艺术、艺术房地产等，推动更广泛的艺术品金融配套服务，打通投资和需求之间的"堰塞湖"。

（四）探索互联网 + 艺术品的新业态，推动互联互通

互联网 + 艺术品是建设艺术品产业强国的新增长点。过去，艺术品产业被分割为在地生产（包括艺术品创作、印刷等）、在场生产（艺术展览、节庆等）、在线生产（艺术品网络传播等）三大门类。随着移动互联网、大数据、云计算等技术的普及，这三大门类被整合为一个整体；虚拟 3D 技术、线上结合线下的浏览方式和新型视听表达技术，让人们便捷地从现场观赏进入虚拟用户体验阶段。比如，中华艺术宫数字博物馆是我国首次实现全场景虚拟浏览的博物馆官方网站，它率先将高精度的图像、全场景虚拟浏览以及大数据容量这三大观众体验要素整合起来，形成了"数字艺术博物馆"的基本要素。现在，越来越多的全球艺术爱好者突破空间局限，在网络上获得对艺术品的极致体验和海量信息，参与远程交易。2014 年 5 月，北京保利与淘宝合作推出"傅抱石家族书画作品"专场，成交率达 95.08%，其中有 31 件作品成交价格超过起拍价 10 倍；2014 年 3 月，佳士得拍卖行首次举办中国工艺品在线拍卖，57 件德化瓷拍出近 30 万美元的价格。在亚马逊艺术画廊（www.amazon.com/art）、谷歌"艺术计划"等跨国巨头争相开发数字化艺术服务的热潮中，中国作为互联网大国和艺术品市场大国，也应该在开发互联网艺术品新业态方面有更大的建树。

（五）完善艺术品产业政策体系，优化实施细则

完善的艺术品产业政策是建设艺术品产业强国的重要保障。根据专家研究，在我国 1978 年到 2012 年出台的 517 条文化产业政策中，针对图书出版、广播电视电影、旅游等传统行业的政策数量占明显优势，分别为 18.57%、11.22%、8.9%，有关网络文化和动漫产业的政策数量增长明显，分别为 12.19% 和 14.12%，但是对艺术产业包括艺术品、演艺、音乐等的政策比较少，

合起来仅占 7.0%[①]，说明国家和各地艺术品产业的政策相对缺乏，扶持艺术品产业的实施细则比较滞后。有鉴于此，"十三五"期间国家和地方层面，都应该加快完善艺术品产业政策和实施细则。比如，我国现行税收政策对艺术品产业的进口海关税、增值税等太高，建议逐步降低到与中国香港，以及日本、欧盟国家等相当的水平；针对中国目前关于文化艺术作品和文化服务的著作权、商标权、文化专利技术非专利技术等无形资产购进项目中不可用进项税额抵扣的现状，建议借鉴韩国的做法，准许进项税额税前抵扣，以减轻艺术品企业的税收负担；中小微艺术品企业是我国文化产业发展的主力军，税收优惠应贯穿于中小微企业的创办、发展、转让等各个环节，要实行税收扶持手段多样化，广泛运用亏损结转、税收抵免、费用扣除、加速折旧、出口退税、提取风险准备金等间接税收优惠支持方式。

（六）建立艺术品产业平台体系，加大服务力度

艺术品产业服务平台体系是建设艺术品产业强国的必要基础。"十三五"期间，要大力发展艺术创作与展示服务平台，集聚丰富的原创资源，策划艺术品会展；发展艺术品体验与旅游服务平台，推动"中华特色"和"艺术体验"的推广等，更要培育更多的"平企合一"的艺术品企业。正如雅昌从一个获得国际盛誉的优秀印刷企业，发展到综合型的艺术品平台型企业，包括颁布中国艺术品市场指数、汇聚大量艺术品信息、推介艺术品企业、雅昌艺术品拍卖网等，以推动艺术品产业做深、做透、做大，显示了平台型艺术品企业将有广阔的前景和生命力。

（七）开发艺术品衍生产业，扩大艺术惠民

艺术品授权产业（Arts Authorization Industry）是建设艺术品产业强国，开展艺术品贸易的有效形态。它是艺术著作权方、授权开发方、支持保障方、推介服务方等的有机组合，也是潜力巨大的一个文化消费市场。它的核心是把获得知识产权保护、具有原创价值的艺术内容，通过授权衍生开发而扩大市场化的应用，使得艺术原创和再创造的价值获得更多的商业回报。它包括三大门类：艺术品原作授权、艺术衍生产品授权、艺术品数字化授权。根据

---

① 李思屈：《中国文化产业政策研究》，浙江大学出版社，2012。

美、法、英等国家的统计，艺术品衍生产业的贡献值可以占直接产业贡献值的 6%~10%。著名的拉斯维加斯品牌授权展举办超过 30 年。2013 年 6 月的该届展会吸引全球近 400 家品牌参展企业，其中 21% 为美国本土以外的企业。它们带来了 5000 多个品牌，吸引了全世界各地的 14000 多位专业买家到会参观，可见全球艺术品和品牌授权市场之兴旺。2014 年 11 月，上海自贸区国家对外文化贸易基地首次举办文化授权交易会，依托自贸区体制创新，为文化授权产业的原创作者、开发商、授权经营商、代理机构等搭建一个合作的平台，汇聚了许江、尔冬强等著名艺术家和美国、法国、以色列、德国、俄罗斯、日本等国家的 1000 多件艺术授权展品，而且首创了酒店客房 + 主题单元的体验式展示，显示了中国艺术品衍生产业潜力深厚、大有可为。

后
记

《文化湖湘——关于文化产业的系列深度思考》汇聚了我 10 多年来对湖南文化产业及一系列文化产业重要问题的研究成果。在改革开放时代的中国文化产业版图上，湖南引领潮流，长盛不衰，创造了一系列先行先试的宝贵经验。湖南作为内陆省份，既不靠海，又不靠边，既不享受经济特区政策，没有辐射全球的巨港优势，又不是当年全国文化体制改革的试点单位。但是，湖南人发扬光大了可贵的湖湘文化精神，其内涵包括：①爱国情怀，心忧天下；②锐意进取，敢为天下之先；③实事求是，经世致用；④尊重市场，焕发活力。这些精神一旦获得了政策创新和体制改革的激励，在经济增长和社会转型的基础上，就会转化成为强大的文化生产力，并对全国文化产业的发展产生积极的影响。

我结合湖南文化产业的研究，拓展到长三角文化产业高质量一体化发展、"一带一路"与中国文化产业空间新布局、中国文化地缘战略与中国文化"走出去"的新格局、在线新经济与文化产业新业态等重要问题的研究。从宏观角度看，以"一带一路"和长江经济带等为强大的联动轴，打造文化产业发展的"π"型动力带，是中国文化产业空间新布局的核心内容。根据中国领导人提出的"一带一路"倡议，发展多样化的文化产业区域模式，是加强中国文化地缘战略的重要举措。中国辽阔的疆域、巨大的人口、广袤的市场，形成了区域资源的多样性和区域发展的不平衡性。如果孤立地看待，沿长江经济带各地的差距是一种消极的地区发展不平衡的标志，但在中国社会主义制度优势的背景下，它们连接成一个整体时空，恰恰可以通过要素流通、产业转移、发展互动，体现资源和模式的多样性，释放出巨大的资源禀赋、市场潜力和发展后劲。这正是我汇聚这些研究成果而形成本书的内在根据。

在此，我衷心感谢湖南省人大教科文卫委员会副主任、时任湖南省委宣传部常务副部长蒋祖烜对我的亲切关怀和指导。在时任湖南省委宣传部部长蒋建国等领导的支持下，蒋祖烜副部长亲自安排和多次陪同我对湖南文化产业进行了广泛的调研，与相关的政府、企业、园区、专家代表等进行了深入的交流，从长株潭核心区的文化产业领军企业、环洞庭湖的山水胜景和文化亮点，再到大湘西的悠久文脉和名人故里以及大湘南的人杰地灵和蓬勃生机，踏遍湖湘，深入基层，研究对策，获益良多。蒋祖烜副部长更亲自为本书作序，让我深为感动。我在此调研基础上提炼而成的研究报告《关于湖南文化产业体制改革、机制创新的对策建议》获得了时任中共湖南省委书记、省人大常委会主任张春贤的重要批示和好评。张春贤书记肯定这份研究报告视野开阔、论证科学、充满真知灼见，是一份理论与实际相结合的生动文本，是一套切实可行的对策建议。这让我倍受鼓舞，更添动力。

我非常感谢时任上海社会科学院党委书记兼院长王荣华先生对我的热情关怀。王荣华院长积极推动建设新型智库，鼓励专家学者坚持前瞻性、战略性、可行性，针对社会重大理论和现实问题开展研究。王荣华院长多次对我给予亲切勉励，支持我参与地方和国家的重大文化建设项目，提供高质量的决策研究成果。在王荣华院长和上海社会科学院领导的支持下，我的上述研究报告获得了"上海市第九届哲学社会科学优秀成果奖"。本文集中的多篇成果还获得了"上海市第十一届中国特色社会主义理论体系研究和宣传优秀成果奖"、第一届和第二届"中国文化创意产业优秀论文奖"等重要奖项。这与各级领导和同事们的大力支持是密不可分的。

我热忱感谢湖南省社科院文化创意产业研究中心主任、省文化创意产业协会秘书长王毅老师多年来的支持。王毅老师和同事对我在湖南多次进行文化产业的调研、会议、合作等给予了细致的关心和帮助，多次陪同我进行实地调研，对我的多项研究成果提出了宝贵的意见。王毅老师对本书的题目和结构等提出了许多有益的建议，对本书的出版倾注了诸多的心血。

我感谢多年来湖南省委宣传部、湖南广电、湖南报业、湖南出版、长沙市委宣传部、湖南省有关地市县、有关文化企业、园区、院校、专家等对我的美意和支持；也感谢中南出版传媒集团和湖南科学技术出版社等的领导和编辑等对本书的支持。他们在湖南文化建设中创造的丰硕成果和锐意进取的精神，成为鼓励我开展研究和实践的强大精神力量，也长久温暖着我的心胸。

本书包括我承担的浙江音乐学院实验室及科学研究平台开放基金资助项目"数字化背景下的中外文化产业发展与趋势研究"（ZY2022A01）、南方科技大学全球城市文明典范研究院2023年开放性课题"文化竞合与自信自强的世界图景与中国道路"（IGU23A002）等的科研成果，从广阔的国际视野研究了当代文化产业的发展和中国的贡献。在研究过程中有刘平、张小影、刘国太、马宗焕、刘安等参与了调研、资料、图文等工作。在此感谢有关领导和同事们的支持。

我谨以此书祝愿湖南文化产业如日中天，迈向更大的辉煌，也祝愿祖国的文化建设如江海交汇，为人类文明建设做出更大的贡献。

花建

2023 年 9 月

图书在版编目（CIP）数据

文化湖湘 ： 关于文化产业的系列深度思考 / 花建编著. —
长沙 ： 湖南科学技术出版社，2024.3
ISBN 978-7-5710-2092-7

Ⅰ．①文… Ⅱ．①花… Ⅲ．①文化产业－研究－湖南
Ⅳ．①G127.64

中国国家版本馆 CIP 数据核字(2023)第 212669 号

WENHUA HUXIANG:GUANYU WENHUA CHANYE DE XILIE SHENDU SIKAO
文化湖湘 ： 关于文化产业的系列深度思考
编　著：花　建
出　版　人：潘晓山
责任编辑：王梦娜
出版发行：湖南科学技术出版社
社　　址：长沙市芙蓉中路一段 416 号泊富国际金融中心
网　　址：http://www.hnstp.com
湖南科学技术出版社天猫旗舰店网址：
　　　　　http://hnkjcbs.tmall.com
邮购联系：0731-84375808
印　　刷：湖南省众鑫印务有限公司
　　　　（印装质量问题请直接与本厂联系）
厂　　址：长沙县榔梨街道梨江大道 20 号
邮　　编：410100
版　　次：2024 年 3 月第 1 版
印　　次：2024 年 3 月第 1 次印刷
开　　本：710mm×1000mm　1/16
印　　张：18
字　　数：292 千字
审 图 号：GS（2024）0312 号
书　　号：ISBN 978-7-5710-2092-7
定　　价：108.00 元